我們害怕的，始終只是自己

雪兒・史翠德的人生相談室——為愛與生命而寫的62封真誠情書

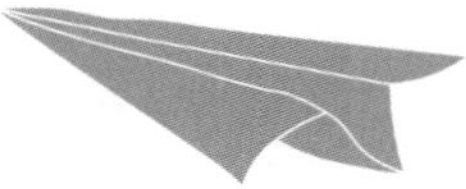

雪兒・史翠德 Cheryl Strayed　賈可笛、楊詠翔 譯

海內外推薦好評

「這些篇章活力充沛，生氣勃勃。而正是這種才華橫溢、深具啟發性的作品，能夠激勵年輕人懷抱作家夢。在《沙龍》雜誌辦公室裡，讀她的專欄，我們總是要用掉一盒盒的衛生紙，為她的發聲握拳喝采，或是因驚異、被逗樂而大大搖頭。」

——莎拉・赫波拉（Sarah Hepola），《沙龍》雜誌（*Salon*）作家

「Sugar從不『溺愛』她的讀者。她傾聽他們的故事背後更深一層的故事，並相信他們值得最好的選擇。她的同情與理解的層次令人驚嘆，她不耽溺於傷感，總在讀者自己發現前，一針見血地看穿問題窠臼所在。Sugar從不承諾會讓任何人感到心情好一點，但她對問題的理解之深，使她得以接下給予答案的重任。」

——薩沙・弗雷—瓊斯（Sasha Frere-Jones），《紐約客》雜誌（*The New Yorker*）評論家

「震撼！深情！《我們害怕的，始終只是自己》注定成為此類作品的經典。這是一本讀者行遍人生時，會塞進皮包或背包裡，彷彿紀念品或護身符一般，伴隨他們渡過最艱難時光的書。因為，在書頁間，散發著的是智慧與深度的光芒。」

——艾米・班德（Aimee Bender），小說《檸檬蛋糕的特種憂傷》（*The Particular Sadness of Lemon Cake*）作者

「Sugar徹底顛覆了答客問專欄的一切。」

——潔西卡・法蘭西絲・肯恩（Jessica Francis Kane），小說《報告》（*Report*）作者

「Sugar的專欄輕易地成為我這一年來所讀到最美麗的作品。它們應被放進學校課本裡。它們應被印在一張張小紙條上，空投到世界各地去，讓所有人都有機會看見。」

——米契・阿姆斯壯（Meakin Armstrong），《格爾尼卡》（*Guernica*）雜誌編輯

「親愛的Sugar會拯救你的心靈。我是Sugar大教堂的忠實信徒。」

——薩曼莎・鄧恩（Samantha Dunn），小說《失敗巴黎》（*Failing Paris*）作者

「迷人、特立獨行、平易近人、深具啟發、粗俗又異端——Sugar將一種既有的、早在一九三三年納旦尼爾．韋斯特的《寂寞芳心小姐》（*Miss Lonelyhearts*）就已存在的文學體裁徹底改寫。在她的版本中，她堅韌的愛幅員甚廣，有時是嬉皮姊姊式的疼愛，有時又像個嚴厲的女家庭教師。在世間一片虛偽汪洋中，Sugar如燈塔般矗立發光。」

——露絲．富蘭克林（Ruth Franklin），《新共和》雜誌（*The New Republic*）

打開書稿，先是想說：蛤～勵志對話書怎麼會找我？我自認暗黑系，本人超不勵志。後來看到序言的標題：「激進派的溫柔同情」，我就笑了。

然後我往下閱讀，發現Sugar給的完全不是那種一句話妙答、一句話幫你的人生下結論、一句話就要你這樣那樣。Sugar把自己打開，絲毫不虛偽假裝，她聽你的痛、也吐出她自己的。

作為一種激進派給予的溫柔，Sugar讓你覺得她的方法不見得有效、她的見解你甚至可以完全不同意。但是你會知道有人在乎，有人可以給你那一點點的溫柔。

其實那就夠了。

——周芷萱，女性主義者

目次

十周年紀念版序

一直以來我都相信，文學最強大的超能力，是它如何讓我們變得不那麼孤單。跨越世代、文化、階級、種族、性別、和其他所有隔閡，故事和文句總能讓我們覺得「真的，我也這麼覺得，愛、失落、斬獲成功、失敗後再爬起來就是這種感覺。」而身為作家，我唯一想達成的事，就是讓人們覺得不那麼孤單、讓他們感覺到更多人性、感受到我身為讀者時體會到這麼多次的東西：故事透過闡釋我們人生中最為美麗和最為糟糕的事，擁有拯救我們的力量。

有機會能夠以「親愛的Sugar」的身分在我的作品中直接做到這件事，是個幸運的驚喜。二〇一〇年初，開始為The Rumpus網站無償匿名撰寫專欄時，我才剛完成我的第二本書《那時候，我只剩下勇敢》（*Wild*）的初稿。答應撰寫《親愛的Sugar》專欄，是因為我覺得應該會很好玩。結果沒花多久就發現我錯了。這**的確**很好玩——但也遠遠超越了好玩。這份一開始只是消遣的工作，很快就開始擁有真正的意義，並成了我奉獻所有的事物。

最終，這也成了一本書，而這本書在過去十年啟發了一檔podcast、一齣劇本、一檔影集，以及這本擴充的十周年紀念版，包含六篇新的專欄文章。

自始至終我都沒有忘記，要是沒有這些寫信給我的人，那麼一切都不可能成真。在這個大家熱烈討論網路、疫情、花太多時間活在虛擬世界所帶來的疏離時代，《親愛的Sugar》的概念一直都很簡單，就是某個人寫信給另一個人。無論是痛苦或勇敢、是困惑或明白、是愛、是害怕、還是相信，《親愛的Sugar》一直都是和彼此連結有關，以及相信我們只要有膽坦然說出自己是誰、想要什麼、又有多麼擔心、難過、迷失、不確定有沒有可能改變，那麼就一定可以找到光明，也能夠鼓起勇氣和憐憫。

而身為其中的一份子，是我一生最棒的恩惠之一。

雪兒・史翠德

二〇二二年十一月

引言

我也曾是「Sugar」：激進派的溫柔同情

史蒂夫・阿蒙德（小說家）

很久以前，在Sugar還沒有「誕生」的時候，有一個叫做斯蒂芬・埃利奧特（Stephen Elliott）的人。他想出了關於一個名為喧囂（TheRumpus.net）的網站的主意——我得承認，這個主意聽起來真是糟透了——但他真正想做的，是圍繞「文學」這個主題，打造一個線上社群。也因為他沒什麼錢（身為一個作家，這是當然的啦），於是，斯蒂芬把腦筋動到了他那些同樣過得苦哈哈的作家朋友們身上。

而我們，對啦，就是他的朋友們，因為深愛著斯蒂芬，同時也因為我們（如果我能代表大家發言的話）全都迫切需要某種名正言順能分散注意力的事情。我對這個網站的貢獻是個答客問專欄。我提議將專欄取名為「親愛的糖屁股」（Dear Sugar Butt）——靈感來自於斯蒂芬和我的email通信中對彼此的「愛稱」。在此我就不多花篇幅贅述關於「糖屁股」可能會引發哪些可笑的同性戀暗示了。總之，專欄名稱最後，謝天謝地，簡化成「親愛的Sugar」。

授予自己一個為人解惑的專欄作家的頭銜，似乎太過自以為是了，對我而言尤其如此。但我說服了自己——假設，我能創造一個完全不同類型的答客問專欄呢？我要玩世不恭離經叛道，同時又誠實得近乎殘忍。這麼做最大的問題在於：我將Sugar當作是一個角色，一副面具。這個女人有著複雜的過往與背景，還有些口不擇言，時而會發表一些膽大妄為的言論。

某些時刻，我會覺得她是真實存在的一個人，感受到自己被鎖在來信讀者的巨大傷痛之中無法自拔；但更多的時候，我都在裝模作樣，仗著一點風趣機智的小聰明，彌補我心靈層面的不足。在經過整整一年匆匆趕著專欄的日子以後，我決定退出。

若不是剛好在那個時候，我偶然間看見了雪兒．史翠德的一篇散文，Sugar的生命可能將就此劃下句點。我最初認識雪兒這個作家，是透過她的著作《火炬》（*Torch*），一本精采絕倫而又痛徹心扉的小說。然而卻是她那一篇文章，敘述著關於不忠與悲悼的回憶，火灼般撕心裂肺，突然帶給了我直覺似的預感。我寫信給她，問她願不願意接手成為Sugar。

這是個很瘋狂的邀約。雪兒和我一樣，家裡有兩個孩子，背著堆得像山一樣高的債務，並且沒有固定的學術工作。她最不需要的，就是多負擔這份一毛錢也賺不到的線上答客問專欄。當然，我這麼做，還是有張王牌在手裡的——我作為Sugar這個身分所收到的唯一一封粉絲來函，就是雪兒寫的。

*****

真正讓Sugar引起轟動迴響的那一則專欄文章裡，她回覆的那封信，是任何人都會視而不見，將之歸類為垃圾信件的一封信。

「**親愛的Sugar，**」應該是個年輕人吧，這麼寫道：「**去他媽的、去他媽的、去他媽的什麼鬼？我這麼問，是因為這個問題適用於我的人生裡，每一天所遭遇的每一件事情。**」

雪兒是這樣回覆的：

親愛的去他媽的什麼鬼：

在我三歲和四歲和五歲時，我父親的父親逼我為他打手槍。我技術爛透了。我的手太小，又抓不住正確的節奏，根本不瞭解自己在做什麼——我只知道一件事：我不想這麼做。那種痛苦陰鬱、緊張焦慮的感受如此清晰而明確，明確到直到這一刻，我仍然能夠在喉嚨裡感覺到那種多年如一日的反胃與作嘔。

這樣出人意表的回覆真是破天荒的頭一遭。畢竟，一直以來，答客問專欄作家都共享著一種不成文的默契：把重點放在來信的讀者身上，給他們一點陳腔濫調老掉牙的意見，讓他們覺得，好像這一切比較能夠忍受了。揭露你自己受到性侵害的遭遇，絕對不屬於這種默契的範疇。

但雪兒這麼做，並不只是為了嚇嚇某些乳臭未乾的小子，讓他們更具同情惻隱之心。她更是在宣告她作為Sugar的使命。我們每個人都可能會遭遇無法解釋的悲傷經歷——這才是她的話背後的含意。人生不是某種你可以在電腦上玩的自我中心的網路遊戲。一切都很重要——所有的罪惡、所有的懊悔、所有的痛楚。做為證據，她分享自己經歷過的痛苦，面對在她尚年幼到甚至無法理解箇中意義的時候，就發生了的殘酷事實。

「**所以，你應該要問好一點的問題，親愛的。**」她如此總結，溫柔滿溢：「**你說，這他媽的什麼鬼——那個『鬼』就是你的人生。面對它，回應它。**」

在閱讀這段文章時，如同很多人一樣，我眼眶含淚難以自已——這正是讀者在面對Sugar時，時常懷抱的心情。

Sugar不是那種專業得有如例行公事一般的「答客問」服務，她不會在五花八門的現代社會焦慮症之間穿梭自如，置身事外隔岸觀火，然後說幾句自以為幽默的老套安慰來應付。她是一個真實存在的、活生生的人，將最私密的自我攤在陽光下，悍然無畏，令我們能夠有機會真正地去理解自身的困境與窘迫。

*****

我深信，美國正一點一滴地因寂寞孤索而失去生氣。我們生而為人，漸漸迷失在「省事、便利」的虛假幻夢裡，不願與自己的心靈有更深層的交流，忽視如瀑布般奔湧流淌的、所謂「麻煩」的情感。我們只留給真實自我一個無情的背影，然後轉而奔向被那些身在「貪婪」產業裡的朋友們稱為「自由市場」的東西。

我們在時間、空間、汪洋般的資訊裡橫衝直撞，越來越急促匆忙，尋找著網絡裡的連結關係。但同時，卻逐漸遠離家人、鄰居、和自我。

我們自戀地在網路上搜尋關於自己的資訊，在社群網路上更新狀態，一遍遍溫習著哪個名人又是如何把自己的生活弄得一團糟。但這不是我們真正的想找的答案，不是真的能治癒我們的藥方。

而我認為這一點，恰好是Sugar對許多人而言變得如此重要的原因。因為她所給予的，她所提供的，正是一種在我們的文化裡幾乎前所未聞的東西——激進派的溫柔同情。

許多人懷抱著痛徹心扉的痛苦來找她，而她以獨一無二的方式給予幫助；她將自己的故事娓娓道來，告訴他們，在人生的路上，她曾感到多麼迷惘而挫敗，然後又是如何尋回了自我。在她的筆下，原先純屬「心理勵志」一類的素材，被轉化為真正的文學藝術。

說到此處，我想起了一名因喪子之痛而一蹶不振的男子，他寫信給Sugar，問她他應該怎麼做，才能重新活得像個有血有肉的「人」而不是像現在那樣的行屍走肉。Sugar的回應是這樣的。「最奇怪也最痛苦的真相是，很早就失去了母親，反而讓我成為了一個更好的人。」她寫道，「當你說，閱讀我的文字帶給你神聖的感覺，你觸及的其實是我心底的聖壇，我母親存在的位置。Sugar是我在屬於我的那個斷垣殘壁的地方所建築的一座神殿。」

以這個角度來看，《我們害怕的，始終只是自己》可以被視為一種特殊形式的自傳回憶錄。但這份回憶錄自有其目的。以無盡的耐心與斐然的文采，她撫慰著她的讀者，向我們保證，生命裡所有的羞愧與失落與憤怒，都有其意義。而在那些意義之中，存在的是救贖的可能。

*****

很奇妙，Sugar竟然是在網路上誕生的——在那個世界裡，人們多半在尋求逃離真實自我的機會，選擇一種最簡便、最容易「改變身分」的方式，在大眾面前發光發亮。當然，網路有許多不同的面向。但在絕大多數的情況下，它是生活中一種轉移注意力的污水池，我們沉迷於這種現代社會的全民運動，帶著惡意與挖苦，幸災樂禍，以自身偏執的眼光批判審視，恣意嘲笑他人的痛苦，然後隨便將它拋諸腦後。

然而，我們這些總是潛伏在網路世界裡的人，也有自己埋藏心底的夢。那就是或許某一天，我們也可能會坦白自己的痛苦與掙扎，可能找到一個願意傾聽的人，在面對我們最醜陋不堪的告白時，不會轉身離去。這個人，就是Sugar。

你可以告訴她任何事情；不管你說了什麼，都不會讓她質疑你的人性與美好。這正是為什麼她的讀者，不論男女老少，一個個提起筆向她傾訴最私密的、無法與他人分享的事情：各種不可言說的衝動，無解的悲傷。她知道因愛而起的行為，始終是關注。她知道最終這個世界上，人類日益稀缺的資源不是價格便宜的石油或者飲用水，甚至不是基本常識——而是寬容與悲憫。

她的每一篇作品——我不太願意用「專欄」這個字眼，感覺好像讓她所做的事情聽起來變得廉價了許多——都有著奇蹟般的魔法。她像塊海綿，吸收著我們所有人的故事。她敞開心胸，讓這些故事進駐，讓它們喚起她自己人生中的點滴。

同時，她很清楚，在我們習慣給予外界的故事背後，往往隱藏著一個更真實的版本，包括了諸般我們不能或不願正視的東西，那些遁詞與逃避、妄想與虛幻，那些讓我們泥足深陷的所在。Sugar或許溫柔蘊藉，但從不用糖衣包裝的謊言哄騙她的讀者。換句話說，她所給予的，是我們期望從每一名母親身上所看見的：足夠的惻隱與同情，讓人感到安全可靠；足夠的智慧，讓人仍能保有希望。

在此我問，勇敢的人們：如今世上，還有誰在做這件事？不是好萊塢裡那些名利販售商，賣弄著爆破特效與閃閃發亮的乳頭；也不是那些所謂「第四階級」中利欲薰心、善於煽動人心的媒體人；更不是為了財團企業的贊助而湮滅道德人性，還把這種行為稱為「政策」的政客。

是Sugar。這正是她能成為一個真正的「藝術家」的緣故。

*****

在成為Sugar之前，雪兒．史翠德早已是個藝術家了。那些曾有幸讀過她的小說《火炬》或者她的自傳《那時候，我只剩下勇敢》的讀者，應該對此已然知之甚詳。

對雪兒來說，在兩種截然不同的生活中取得平衡，並不容易——一方面，她是個匿名的專欄作家，有著大批的忠實粉絲；另一方面，她同時也是一名作家，一位母親，在柴米油鹽中盡力餬口度日。

可以想見，對於這種雪兒／Sugar的分歧，將引起許多評論家與網路酸民見獵心喜，蒼蠅般蜂擁直上、群起而攻。然而，對於讀者來說，真正重要的從來不是署名處寫的是什麼名字，而是構成文章本身的那字字句句。

如同雪兒其他的作品一樣，《我們害怕的，始終只是自己》將以文學藝術的姿態留存於世。箇中原因非常單純：這些作品，都具有文學藝術所應抱持的使命——讓我們比過去更具「人性」。我們需要書籍，尤其是像雪兒所寫的這種書籍，因為在內心深處的祕密王國裡，我們都迫切渴求著一個明智、真誠的朋友的陪伴。那個人不會因我們的（或是她自己的）情感而感到尷尬；那個人，理解人生短暫，而最終我們真正能付出的，不過是愛而已。

激進派的溫柔同情並非現下社會的主流。晚期資本主義竭盡所能讓我們把焦點放在商品，而不是活生生的人身上。這也是為什麼現在的我們如此需要Sugar。翻開書頁，你會明白我的意思。

朝向黑暗奔跑吧，親愛的。然後，在暗夜中，開始閃閃發光。

第一部

我們害怕的，始終只是自己

這本書是什麼？

這本書是「親愛的Sugar」專欄文章的選集。其中多數最初是刊載於TheRumpus.net網站上；也有部分全新的文章，首度於本書發表。出現在書中的信件是透過網站的匿名系統發送、或是直接寄到Sugar的電子郵件信箱。來信者絕大多數並不知道我就是雪兒·史翠德；相同地，對我來說，這些來信者幾乎也都是完全匿名的。這本書，是一系列陌生人之間的親密交流。

出書之前，妳有修改過這些來信嗎？

在部分的情況下，為了文章長度／表達清晰等原因，我曾對來信稍加修改；但大多數的信件都沒有經過潤飾，原原本本地保留了那些受到觸動而寫信給我的人所寫下的文字。

妳會選擇回覆哪種類型的信件呢？

所有類型。關於愛情，關於悲傷與失去，關於金錢或家庭問題……在「親愛的Sugar」專欄中，我篩選來信的標準是完全不科學並且非常主觀的。我願意答覆任何能引起我的興趣、對我有所挑戰、或是有深深觸動我的地方的問題。

妳通常會給出什麼類型的建議呢？

我所能想到最好的答覆。

恍若鈴音

親愛的 Sugar：

我的二十年婚姻分崩離析了。這是誰的錯？我的錯？我妻子的錯？還是整個社會的錯？我不知道。當時我們太過青澀，急匆匆地在八〇年代步入婚姻；而之後，我們又竭盡所能地逃避現實，不去面對彼此間那些揮之不去的不快樂。

但這些都是過去的事了。離婚後這三年來，我有過幾段感情。其中之一是很輕鬆隨意的約會，另一段是認真的；還有一段，是現在進行式。第一段並沒有什麼問題；我很明確地表示，暫時並沒有想要安定下來的想法。而第二段戀情在剛開始的時候，也是很隨性的，我甚至在她開始認真時說了分手。但我發現自己無法就這樣一走了之，因此承諾會好好考慮兩人間長遠的未來。我也對她說了我愛她——愛，這個我逃避了整整一年不願宣之於口，並且從未真正瞭解過的字眼。然而，在最終來到那個抉擇的交叉路口時，我退縮了，自此失去了她——一個戀人，同時也是一個摯友。

現在，我又再次遇上一個與我非常契合的女人。我們交往已經四個月了，關係變得越來越親密。她正經歷一段苦澀難熬的離婚時光，並不打算在愛情裡尋求什麼承諾。這聽起來很完美；但事實是，我們都沒興趣同時再和別的人約會。因此，我們兩人現在正處於沒有第三者存在的感情關係之中。

她似乎已陷入愛河——雖然她不願意說出那個字，而我也總是避免提及，但很明顯地，那個字眼已經印在我們兩人心底，難以迴避。對於將那一個字說出口，我有些退卻；在過往的經驗之中，「愛」這個字往往伴隨著沉重的負擔與承諾，易碎、脆弱、不堪一擊。

我想問妳的是，究竟什麼時候才是正確的時機，踏出那關鍵的一步，說出我愛你三個字？而「愛」，到底又是什麼？

祝順利，

強尼

親愛的強尼：

「愛」是我的母親對我所說的最後一個字。當時她病得太重、太過虛弱，根本無法將「你」、「我」等等詞語組織成句——但這無關緊要。那短短的一個字本身就具有強大無比的力量。

我母親過世的時候，我沒有陪在她身邊。沒有人陪在她身邊。她孤孤單單地在醫院一間病房裡死去。這令我多年來耿耿於懷；每當想起這一點，我的身體裡四分之三的器官就彷彿瞬間凝結成冰，冷硬而淒涼。我將往事不斷重複播放：那一連串發生的事情、我當初所做的選擇，讓我在母親離開人世的那一刻，不曾守護在她身旁。但想這些是沒有用的。這些念頭在腦海盤旋不去，感覺像是整個人深深潛入一個裝滿了屎的無底木桶之中。

母親過世時，我就是沒辦法陪在她身邊。她就是不會再死而復生了。我們最後的交流，永遠都會是「最後」的尾聲，我和她相處的最終章。那包括了我彎下腰親吻她的動作，包括在我靠近時，她說「拜託，不要」的語氣（她已無法再承受任何多餘身體碰觸所帶來的痛楚）。那包括我告訴她我隔日早上就會回來的承諾，還有她僅能輕輕點了點頭對我做出的回應。那包括我拿起外套，對她說「我愛妳」——她沉默良久，直到我幾乎都已走出門外，一個「愛」字才自她雙唇間輕輕逸出。那還包括了我隔天早晨回到醫院，她依舊靜靜躺在病床上的模樣，彷彿不曾動過，卻早已撒手人寰。

她對我說的那最後一個字，如同晚餐鈴一般，在我心底迴盪輕響：**愛、愛、愛、愛、愛**。

你可能會想，強尼，我說的這些看來與你的問題根本毫無關聯；但這與我的答案有關——與我曾給過任何人的任何答案都有關。這是Sugar的源起與開篇。在我收到你來信，說你對「愛」的定義感到疑惑後，這五週以來我的思緒翻湧，腦中不斷閃現的正是這些念頭。

其實這並不如你所假裝的那麼難以理解，親愛的。「愛」是對那些我們真心在意、敬慕的人所自然抱持的感受。它可以輕如給朋友的一個擁抱，也可以重似為了子女所做出的犧牲。愛可以是浪漫的、柏拉圖式的、家庭式的、稍縱即逝的、永恆持久的、有條件性的、無條件性的、悲痛滿溢的、情慾充斥的、因辱虐傷害而受玷污的、因仁慈體貼而更強烈的、由背叛而漸扭曲的、隨時間而越加深的、遭困境而蒙上陰影的、遇寬容而獲得轉機的、因風趣幽默而獲得滋養的……以及，「伴隨著沉重的負擔與承諾」的——那些我們或許願意、或許不願意擁有並信守的負擔與承諾。在人生中，你能做出最好的事情，就是他媽的丟下遲疑與猶豫，果斷面對「愛」的議題。是的，強尼，針對這一點，你還有些事情要做。

但在那之前，我想先對你說：**親愛的，從某個角度而言，我是愛你的。**

我愛你抱持著那樣一顆充滿質疑、顫懼、傻氣、淡漠、自我壓抑的男兒心（dudelio heart[*1]）寫信給我。我愛你令我不由自主寫下「dudelio」這個字眼；儘管我在道德精神層面上向來反對使用「dude」和所有與之相關的詞彙，而且這根本就不是一個真正的字。我愛這漫長的五週以來，我幾乎每天都在思考：「那強尼呢？我該和強尼說什麼？」我愛不久前的那個晚上，我和Sugar先生並肩躺在床上，他閱覽著《紐約客》（*The New Yorker*），而我原本正捧讀《兒童與大腦》（*Brain, Child*[*2]），卻不得不將雜誌放下，攤在胸口，只因我無法不去想你，和你問我的那些問題。Sugar先生跟著把雜誌放在胸前，問我在想些什麼。我告訴了他；我們花了點時間討論那些困擾你的事情，然後關上燈。他睡著了，我閉著眼睛躺在那裡，異常清醒，不自覺地在腦中寫下給你的回覆，直到過了許久許久，我才恍然：這將是個無眠的夜晚。於是我爬起身，穿過屋子走到另一頭，為自己倒了杯水，然後在廚房餐桌前坐下來，透過窗戶向外望著潮濕的街道，任憑黑暗將我籠罩。我的貓出現了，跳上桌坐在我身旁。半晌，我轉頭看她，開口問道：「我該和強尼說什麼？」她低低地呼嚕一聲。

我知道我要跟你說什麼——我一直都知道。「不知道」其實並不是問題的關鍵所在。令我反覆思索的是該如何層層抽絲剝繭，將你信中所隱蘊的內涵一一展露出來——你未曾寫下的諸多疑惑，在你信裡所提出的問題背後昭然若揭，再明顯不過。

你害怕的並不是愛本身，而是被你硬生生與愛綑綁束縛在一起的那些不討喜的垃圾。然後你說服自己，拒絕對你真心愛著的女人說出那短短的一個字，以為這樣就能免於受到那些垃圾的傷害。但這是沒有用的。無論是否將愛宣之於口，我們對於自己真心在乎的人、以及願意任其在乎自己的人，始終都有著責任；其中最主要的責任，就是坦承與直率——如果闡明自己的情感與愛意能夠帶來具有意義或是澄清事實的效果，那就該這麼做。

你的情況正是如此。你問我，究竟什麼時候才是說出我愛你三字的正確時機？我的答案是，當你感受到你愛她的時候。同時，這也是你該告訴她，這樣的愛對你本身有何意義的時刻。如果你繼續以逃避作為感情中的主要應對策略，你毀掉的不僅是你的幸福，還包括了你的人生。

我給你的建議，是不要再鑽牛角尖，不要再深陷「究竟是誰的錯」的泥沼之中；親愛的，你那二十年婚姻的破裂，不是誰的錯，但它仍是你必須一肩扛下的責任。它理應能夠令你去反省那段感情路上的錯與對，所有好的和不好的部分，並細思深索，在你現有及／或未來將有的感情中，如何將好的部分延續，而將不好的部分遺留在過去。

有人說，接觸毒品後，吸毒者的情感便再也無法發展成長，而永遠停留在那一刻；我認識的毒癮者不少，足夠令我體會到這句話言之不假。我認為，在長期的單一配偶狀態下，也可能發生相同的情況。或許你對於說出「愛」這個字的狹隘解讀，是來自於那許多年以前的遺留產物——也就是當你第一次對前妻許下諾言要相守一生的時候。正如你所言，這已經是過去的事了；但我猜測，有一部分的你，依然停留在那個時候，冰封凍結，一步也不曾向前邁進。

宣告你的愛，並非一定伴隨著「沉重的負擔與承諾，易碎、脆弱、不堪一擊」。在任何一段感情之中，你是否說了「我愛你」，是與雙方關係息息相關的（儘管這三個字並不能用來「定義」兩人的關係）。「我愛你」的意思可能是：**我覺得你超有魅力、令人難以自拔；我願窮盡所有力量，讓你成為我餘生的伴侶**。「我愛你」的意思可能是：**我覺得你超有魅力、令人難以自拔；但我正在經歷一段過渡期，所以，讓我們暫時別太糾結承諾，順其自然吧！**「我愛你」的意思也可能是：**我覺得你超有魅力、令人難以自拔；但我無心對你許下長久諾言——現在不想，以後大概也不想——不管你多有魅力、多令人難以自拔都一樣。**

重點在於，強尼，**你有機會說出來**。你有機會定義自己的人生。你對這個女人的情感或許複雜又矛盾，但你有機會尋得出路、向她說個清楚。你有機會述說你對她獨一無二的那種「噢該死我一點都不想談戀愛但我好像不小心愛上妳了」的愛。你們兩人有機會一起找出解答，在她苦澀的離婚過程與你已破裂二十年依舊陰魂不散的婚姻之中，你們這一段特殊的、契合的、未曾許諾卻又忠於彼此的關係，究竟有什麼含意。

去吧，說出來，讓你們的關係從那壓抑隱忍的緊張糾結中解脫。你有發現嗎？單單是你拒絕對你的愛人說出「愛」這個字，就像是建立了一個排斥的強大力場。壓抑與隱忍會扭曲現實，讓拒絕付出的那個人變得醜陋不堪、小心眼，又讓被排拒在外的那個人變得瘋狂，失去理智，絕望又迫切以至於無法認識到自己真正的感覺。

所以，放過自己吧！不要步步為營，不要忸怩退縮——這是最傻的蠢蛋才會做的事。勇敢一點，誠實一點。練習向你愛的人說「愛」，這樣當遇到最需要說出口的那一刻時，你才不至於畏縮不前。

我們全都會死，強尼。就當作現在是晚餐時間——敲響那個鈴吧！

Sugar

如何掙脫困境

親愛的 Sugar：

大約十八個月前，我懷孕了。儘管事發突然，但我和男友決定要生下這個寶寶。這件事並不在預期之中，然而我們非常興奮，滿心期待成為一對父母。這個孩子的到來是受到歡迎的，她是被深深愛著的。我在懷孕六個半月時流產。之後，我再也不曾從打擊裡重新站起來。

每一天，我都想著那個孩子要是活了下來，會是什麼樣子。那是個女孩，她已取了名字。每一天我醒來，想的是「現在我的孩子應該有六個月大了」或是「我的女兒現在應該開始會爬了吧」。有時候，我腦中被「女兒」這個字眼狠狠填滿，一遍一遍又一遍重複播放，再也塞不下任何其他的東西。

當然，我身邊所有人都在懷孕生子；不論走到哪裡，看見的全是幼兒與寶寶們。我得強迫自己為他們感到開心，將我真正感受到的巨大空虛隱藏起來。事實是，我覺得早已痛到麻木，卻不知道為什麼，痛楚還是如此清晰。我的親友們都認為，過了這麼久，我應該已經走出傷痛了。就如同有一個人向我指出的，「只不過是流產而已」，他說。所以我也覺得內疚，對自己深陷沉淪於過去的陰霾，為一個還未出生的孩子哀悼過度而感到羞愧——我應該要瀟灑放下才對。

我很少提起這件事，假裝它從未發生過。我去上班、跟朋友約會、微笑、裝作一切都很好。我的男友對我非常好，給我很大的鼓勵與支持，但我猜他並不瞭解我的狀況有多糟。他想和我結婚，然後再嘗試懷上一個小孩——他認為這會讓我高興起來。但一點都不。這只讓我想狠狠地在他腦袋上揍一拳，痛恨他沒有和我一樣痛苦，一樣受到折磨。

還有我流產的原因。在醫院裡，我的醫生說他並不意外我會流產；因為體重過重，我的懷孕本來就是高風險的。聽到這其實是我的錯，真的很難承受。一部分的我覺得那個醫生是個徹頭徹尾的混蛋；但另一部分的我卻想，「他可能說得對」。這可能真的是我自找的，是我害自己失去了寶寶……每每想到這裡，總令我痛不欲生。有時內疚感太過強烈，我甚至無法呼吸。出院以後，我找了個私人教練，開始節食、減肥——然後情況漸漸失控。有時我會好幾天都不吃東西；有時我又暴飲暴食，把視線所及的所有食物全塞進嘴裡，接著又全吐出來。我花費大量的時間在健身房裡，在跑步機上不停地走，直到再也沒有力氣抬起雙腿。

我的朋友和家人都以為我恢復得很好，Sugar，但事實剛好相反。我滿腦子想的都是自己是如何把一切都搞砸了。一切感覺起來都已失控，我無法處理、無法面對。理智的那個我心裡很清楚，如果再這樣一蹶不振下去，我真的會毀掉自己。我明白，但我不在乎。

我想要知道如何把那個在乎的自己找回來。我想要知道如何才能不那麼羞愧自責——如何才能遏制那個「我殺了我的寶寶」的感受。

我的女兒。她有個名字。她是被愛的。而我覺得這些似乎只有我一個人在乎。而這又讓我覺得自己很傻、很蠢、很沒用，為了近一年前的一個「小小的流產」而哀慟逾恆。我被困住了。

祝順利，

困獸

親愛的困獸：

我很遺憾妳的寶貝女兒過世了。真的、真的非常遺憾。我能感覺到妳的痛苦，穿過我的電腦螢幕襲來，劇烈地顫抖著。這是很自然的；本來就是這樣子的。儘管我們生活在一個不斷試圖抑制真實情感的時空與文化中，但當真正可怕的事情發生時，痛楚與挫折依然是我們最真實、最自然的反應。

那些說妳「現在應該要放下妳女兒的死了」的聲音——別聽他們的。最大聲宣傳這種說法的人，往往從未遭遇過任何需要他們「放下」的事情；或者至少，沒有碰過真正會令一個人的世界天翻地覆、心靈受創的經歷。在他們之中，有些是真心以為自己在想辦法減少妳的痛苦，在「幫妳的忙」；有些對妳遭遇的極端不幸感到恐慌不安，於是試著用言語將妳的悲慟驅散。這些人裡面，很多都是真心愛妳、也值得妳的愛回報的人；但在療傷癒合、撫平妳失去女兒的創痛的路上，他們沒有辦法給予妳足夠幫助。

他們活在「地球」。妳活在「我的寶寶死了」這個星球上。

妳似乎覺得自己是孤軍奮戰的——但妳不是。在別的地方，也有女性正閱讀這篇文章，眼中滿是淚水；也有人鎮日對著自己不斷重複默唸著：**女兒**、**女兒**或是**兒子**、**兒子**⋯⋯；也有人為了各種自己曾做過或沒有做的事情日夜飽受折磨，害怕那正是她們的孩子夭折的肇因。妳得找到這些女人，她們是妳的盟友。

我明白，因為我也曾在幾個非地球的地方住過。

與一個和妳有過相似經歷、瞬間就能明白妳所說的感受的人交流，即使只是最微不足道的小事，帶來的療癒力量亦是彌足珍貴、強大無比。打電話給當地的醫院、生產中心，詢問有關針對在生產前後失去了寶寶的人所組成的互助團體資訊。閱讀伊莉莎白．麥克萊肯（Elizabeth McCracken）的自傳《虛幻臆想的完美翻版》（*An Exact Replica of a Figment of My Imagination*[*3]）。找到適合妳情況的線上社群，讓妳無需戴上面具假作坦然不介意，也能侃侃而談與人交流。

另外，不要再瞞著妳貼心的男友了。告訴他妳有多想一拳揍在他腦袋上，再告訴他妳為什麼有這種感受。問他對你們的女兒過世有什麼想法，然後耐心傾聽，盡可能不要將他的經驗拿來和妳自己的做比較。我認為妳需要一個心理治療師（妳應該自己一個人去，也應該和男友一起去）。我強烈建議妳今天就拿起電話預約。心理治療師能協助妳將那些深藏心底的複雜哀慟挖掘出來，細細檢視，並幫妳面對、處理妳的（或許是情境性的）憂鬱症。

這就是能讓妳脫困的方法，困獸。主動伸出手，去摸索、去觸碰、去探尋。並非要妳從此把深愛的女兒拋在腦後，而是過回屬於自己的人生——依然包含了失去她的悲痛，但不至於被這種悲痛所綁架而失去生氣。妳最終將一步步來到一個階段，仍舊哀悼她的夭折，卻也覺得自己非常幸運，曾得到了愛她的機會。那是一個情感濃烈、漫無邊際的所在，充滿著駭人扭曲的美與無盡的黑暗與隱約閃爍的微光。妳得非常、非常、非常努力才能到達那裡；但妳可以的。透過妳信中那閃耀著哀慟悲傷光芒的每一個字，我看得出來，妳是個能夠勇敢遠行至那一端的女人。

擁有「Sugar」這個身分，有時會像幽靈一樣縈繞徘徊，揮之不去。這很有趣、很好玩；非常引人入勝又令人著迷。但往往每隔一陣子，就會有一個問題悄然滲透我的腦海，就像是我在創作其他形式的作品時，那些溜進我腦中的角色、場景、情境一般，令我魂縈夢牽。我無法放手。我回答了問題，但還有某種懸而未決的東西；在我弄明白究竟那是什麼之前，這封回信都不算真正寫完了。我能感覺它在那裡，便如豌豆公主*4能感覺到藏在二十層床墊和二十層羽絨被底下的那顆豆子一樣。不將它拿走，我就無法高枕安眠。這正是我在看見妳的來信後的感受，親愛的。所以，妳當然應該要找到屬於妳的族群與盟友、和妳男友好好對話、預約心理治療師……但我還有其他更真實的話想對妳說。

幾年前，我接手了一所中學的輔導課程，這群剛踏入青春期、勉強可以算是少女的女孩，多數是就讀七、八年級的貧窮白人小孩，沒人有稱職的父親——有人的父親在坐牢，有的根本「父不詳」，有的流落街頭嗑藥吸毒，有的甚至跟她們上床。而她們的母親，大半是沉淪於毒品與酒精之中的年輕女性，往往本身就有施虐的傾向。這二十幾名被學校教職員評為「高風險群」的女孩被分派給我，我們以團體的方式聚會，也常一對一見面。

我的職稱是**青少年倡權顧問**（youth advocate）。我應抱持無條件的、正面的尊重態度，幫助這些女孩「成功達到目的」。儘管她們的人生中充斥著混亂、墮落、焦慮、痛苦的悲慘景況。所謂成功達到目的，指的是在高中畢業以前沒有不小心懷孕，也沒有被扔進牢裡，並且最終可以保住一份塔可鐘（Taco Bell）快餐店或是沃爾瑪（Walmart）超市的工作。就只是這樣而已！那是如此渺小的目標，卻又艱難無比，像是企圖用你的小指去推動一台貨櫃車一般——一如螳臂擋車。

嚴格地說，我並沒有資格擔任什麼「青少年倡權顧問」，我從來沒有從事過與青少年相關的工作，沒有對任何人提供過諮詢，更沒有教育或心理學的學位。在過去的幾年裡，為了餬口，我是個端盤子的服務生，並把握每一段空檔拼命寫作。然而，不知道為什麼，我非常想要這個職位。於是我說服校方給我這個機會。

理論上，我不該讓那群女孩知道我是刻意要幫她們「成功達陣」。我應該要帶她們去一些從未去過的地方、做一些從未做過的事情，潤物細無聲，悄悄地**潛移默化**。我帶她們去攀岩場、看芭蕾表演，還去了一間獨立書店參與詩篇朗讀。這麼做的目的在於，如果她們喜歡憑藉著塑膠鵝卵石做的扶手和足踏，將自己如花初綻的青春軀體一步步拉上人造岩壁，那麼或許她們就不會隨隨便便讓自己懷孕。如果她們能夠捕捉到藝術之美——真切鮮活在眼前創造誕生的藝術之美——那麼或許她們就不會在僅十五歲時就染上安非他命毒癮或是偷拿別人的錢包然後入獄服刑。

相反的，她們會長大，然後在沃爾瑪找個工作餬口。這就是我這個職位的期許、目的、以及學校付我薪水的原因。而在做這些潛移默化的事情的同時，我還應該對她們談及性、毒品、男孩、母親、感情、做作業的好習慣、自尊的重要性等等話題，誠實回答她們的所有問題，並且以同樣無條件的、正面的尊重態度面對她們告訴我的所有故事。

最初，我其實很怕她們——怕得要命。她們十三歲；我二十八。她們的名字絕大多數不外乎以下三個：克莉絲朵（Crystal）、布蘭妮（Brittany）、或是黛希蕾（Desiré）。這群女孩疏離、乖戾、無禮、拒人於千里之外，對一切嗤之以鼻。她們以各式女用美妝品和髮妝品將自己層層覆蓋包裹起來，那些東西聞起來全都有點像草莓口味的口香糖。世上的一切她們都討厭，所有的事情都又無聊、又蠢，不是超級「酷」就是超級「基」（gay[*5]）——我得開口禁止她們用「基」這個字來作為「蠢」的代名詞，而她們則認為我非常「甲」（fag[*6]），竟然以為她們說很「基」真的是指同性戀的意思——當然，我又不得不再一次叫她們不要使用「甲」這個詞，結果這讓我們都笑了出來。過了一會兒，我將事先買好的日誌本分發給她們。

「給我們的？我們能留下嗎？」她們嚷嚷起來，快樂又滿是企盼的女孩嗓音迴響著。

「可以。」我說，「打開吧！」

我要求她們每個人在本子裡寫下關於自己的事情——三件真的，還有另一件是假的——然後我們圍成一圈，輪流大聲唸出來，猜測哪一條才是謊話。活動才進行了一半，她們已經變得很愛很愛我了。

不是愛上「我」，而是愛上我對她們而言所扮演的角色；或者，也不是因為我的角色，而是我對待她們的方式：一種無條件的、正面的尊重態度。

我從來沒有像這樣成為矚目與渴望的焦點。如果那天我的頭髮上別著一根小花髮夾，她們會想把它拿下來，別到自己的頭髮上去。如果我有一隻筆，她們就問我是否可以送給她們。如果我有一塊三明治，她們會想咬一口嘗嘗味道。如果我帶著皮包，她們會想看看裡面裝了什麼。更重要的是，她們想要把所有的事都告訴我。所有的事。於是，她們將關於自己的一切，真的全都告訴了我。

我聽著，不得不瞇起了眼睛，彷彿這個動作能築起一道防護牆，讓那些駭人聽聞、恐怖至極、難以置信、悽慘可悲、殘酷無情的事情離我遠一點，不要那麼清晰而可怖。她們告訴我的一切，讓我事後緊緊關上了辦公室的門，哭得撕心裂肺難以自已——那一樁接著一樁、無休無止的虐待、背叛、忽視、毀滅，太多的不幸不斷迴繞、蔓生，彷彿雜亂的藤蔓瘋長，纏繞糾結變形扭曲，最終成為一團永恆無解的絕望境地。

其中一個女孩長得非常美，有點像年輕版的伊莉莎白．泰勒（Elizabeth Taylor），只是沒有那誘人的臀線。她有著剔透無瑕的皮膚，水藍的雙眼，光澤如鏡的一頭黑色長髮，胸部很豐滿，其他部分卻窈窕有致，像是模特兒一般的苗條身材。我認識她時，她才剛滿十三歲，卻已經與五個男人上過床，口交的人數更是這個的兩倍。她第一次的性經驗發生在十一歲，對象是她母親的前男友——那個傢伙如今正因為偷了台電視而蹲在牢裡。她現任的情人三十二歲；大多數的日子裡，他會到學校的停車場邊接她放學。我說服了她跟我去趟計畫生育中心，注射一劑狄波—普維拉（Depo-Provera）。但在我們抵達以後，她最終並沒有打那一針。她拒絕讓女性醫師內診，醫生也不願在未進行婦科骨盆腔檢查的情況下為她注射避孕藥劑。她不斷哭泣、哭泣、再哭泣，哭得聲嘶力竭、肝腸寸斷，聲音裡的痛楚與恐懼會讓你以為有人走進房間裡，拿著燒紅的熨斗狠狠烙在她漂亮的臀部上。我費盡口舌，試圖以言語安撫她、鼓舞她、給她力量；而那名女醫師說話的聲調令人安心，但帶著一絲威嚴，極具說服力。然而那個女孩——那個在剛滿十三歲的年紀就已和五名男性上床、為十名男性口交的女孩——卻抵死不從，即使那房間燈光明亮，只有兩名心懷善意的女性陪伴，她就是不肯躺在內診檢查椅上短短三分鐘的時間。

另外一個女孩，她穿著寬大得離譜的帽T，衣長及膝，不論天氣冷暖，總將帽子拉過頭頂。染成龐克粉紅的厚重頭髮，窗簾般蓋住了她的面龐，看來就像是她身體前後都是背面，沒有臉。要走動的時候，她會小心翼翼地將頭側向不同的方向，然後從那一簾長髮底下悄悄向外窺視。長達數週的時間，她都拒絕說話；她是最後一個開口問能不能把我的筆送給她的女孩。想和她拉近關係，就像是要討好一隻難馴的野貓一樣困難——幾乎是不可能的任務。邁進一步，後退數里。但當我終於馴服了她的時候，她將長髮分開，露出蒼白、脆弱、滿是青春痘的臉。她告訴我，大多數的晚上，她都在與母親一起生活的公寓後方一條小巷子裡過夜，睡在破敗坍塌的小棚屋裡，因為她無法忍受跟母親共處一室，無法忍受母親的咆哮、謾罵、狂怒、酗酒，甚至有時會變得暴力、動手打人。她將帽T的袖子捲起來，讓我看手臂上的累累刀痕；那是她一遍又一遍用刮鬍刀片自己劃出來的，因為「這麼做感覺真的很棒」。

還有一個女孩，她母親的男友抓狂的時候，將她拖到後院裡，打開水龍頭，把水管裡冰冷的水往她臉上灌，直到她幾乎淹死，然後將她鎖在屋外整整兩個小時。那時是十一月，氣溫只有四度[*7]。這不是他第一次這麼做；自然也不是最後一次。

我告訴那群女孩們，這些事情是不對的，不能容忍的，犯法的。我說，我要打電話告發，相關單位會介入，然後這一切都會停止的。我打電話給警察局和州立兒童保護部門，天天都打，但日復一日，沒有人做出任何應對措施。一個人都沒有。一個動作都沒有。從來沒有。不論那個男人在他的後院裡，多少次拿起水管，幾乎將那小女孩淹死；不論那名三十二歲的成年男子，多少次從校園停車場接走一個胸部豐滿的十三歲少女；也不論那身著帽T的無臉女孩，多少次必須在巷弄的小棚架底下過夜，以躲避母親的狂怒——始終無人行動，無人介入。

我的人生並非一帆風順。我有屬於我的艱難和悲痛。我以為自己非常瞭解這個世界是如何運行的，然而這一切令我驚詫愕然、難以置信。我以為，只要讓人知道有不幸的事發生在孩子身上，那麼這些事情就會被阻止。但我終於意識到，我們所置身的這個社會，不是這樣的——世上根本沒有這樣的社會。

有一天，當我照例致電兒童保護部門，我忍不住開口詢問電話那一頭的女人，要求她向我說明，究竟為什麼沒有人去保護這些孩子？她說，他們沒有資金去照應非陷身於迫切危險中的青少年；州政府已經山窮水盡了，所以兒童保護部門能做的，就是分出優先順序來。對於十二歲以下的兒童，他們會迅速介入處理；但那些十二歲以上的孩子，他們只能在有人來電舉發時寫份報告建檔，再在一份長長的清單底下加入那個孩子的名字，然後，或許某一天有了資金與時間時，會有人去訪查一下他們的情況——如果真的有那一天的話。「但青少年有個好處，」她私下悄悄告訴我，「如果家裡的情況真的夠糟，他們往往會離家出走。我們在逃家兒童部分的資金比較充裕。」

我茫然掛上電話，感覺自己的胸骨正在一根根碎裂。甚至還來不及呼吸，那個一遍遍在後院裡被母親男友拿著水管虐待、無數次幾乎溺斃的女孩走了進來。她在我辦公桌旁的一張椅子坐下——所有的女孩都是坐在這張椅子上，敘述一個又一個她們人生中恐怖又荒誕的故事。她坐在那裡，將另一件可怕的事告訴我，但這一次，我對她說出了與過往不一樣的話作為答覆。

我說，這是不對的，不能容忍的，犯法的。我說，我會打電話舉發這件事。但我不再告訴她，這樣子那些恐怖的事情就會停止了；我不再向她保證有人會出面介入。相反地，我對她說，這種情況很可能還會繼續下去，而她必須熬過來。她得自己找出辦法，不僅僅是逃離這種困境，更要超脫出去；如果她辦不到，那麼她未來的整個人生也同樣會充滿不幸與悲慘，永遠永遠永遠無法改變。逃離很難，但如果她不想踏上與母親相同的命運，她就必須挺身為自己的人生奮鬥。「撐住」是不夠的——她得主動伸手去爭取、去追索，彷彿追逐生命中最渴求的目標那般努力迫切。她是一個溺水的人，人生中碰到的每一件好事都是一塊浮木，得孤注一擲奮力抓取，再拚命地游、拚命逃開所有不幸的慘況。她得一天天地數日子，一年年地熬過去，長大成人，然後朝向她最美好、最快樂的夢想全力奔逃，跑得越遠越好，一路跨過那座由她的渴望所修築而起的療癒之橋。

她以那種青少年特有的漫不經心、輕蔑又不屑一顧的態度聽著，但似乎聽了進去。這番話，我告訴了所有走進我的辦公室並坐進那把恐怖故事椅的女孩們，簡直像傳福音一樣，成為我的信念與教條。這變成我最常對她們說的話；因為，這才是最實際的真相。

對妳來說也是如此，困獸，還有其他那些同樣遭遇過極度悲慘經歷的人們。

妳永遠不會停止對女兒的愛，也永遠不會忘記她。妳會一直一直記得她的名字。但她已經死了，永永遠遠地死了。沒有人能夠出面介入並改變這個事實；也沒有人會這麼做。沒有人能靜默不語讓時光倒流，也沒有人能開口就讓一切煙消雲散。妳的痛苦與折磨，沒有人能保護。哭泣、暴食或者挨餓，轉身離去或者狠狠迎擊，甚至心理治療也無法將它驅趕；痛苦就是在那裡屹立不搖，而妳只能熬過去。妳得撐住，妳得忍受它，妳得自己一步步經歷過那些感受，學會愛它，繼續向前邁進，為了它讓自己變得更好，然後——朝向妳最美好、最快樂的夢想全力奔跑，跑得越遠越好，一路跨過那座由妳的渴望所修築而起的療癒之橋。在途中，妳的心理治療師、朋友、那些跟妳一起生活在「我的寶寶死了」這個星球上的人，他們能夠給予妳某些幫助，但要好起來——真真切切、腳踏實地的好起來——完全得靠妳自己。

在那所中學任職，是我這輩子做過最棒的工作，但我只待了一年的時間。那份工作太沉重，而我是個作家，所以最終我換了個不需投入那麼多的情緒、那麼深的感情的工作，以便繼續寫作。離職七年後，有天我在那所中學附近的一間塔可鐘快餐店吃午餐。正當我收拾東西準備離去時，一名穿著塔可鐘制服的女性趨近前來，喚出了我的名字。是那個總是在坍塌小棚屋裡過夜的無臉女孩。她的頭髮如今向後梳成了馬尾。她長大了。她二十歲，而我三十五。

「是妳？」我驚呼，和她相擁。

我們聊到她即將要升職為那間塔可鐘快餐店的副經理；聊到那群女孩中誰還與她有聯絡、她們的近況又是如何；聊到當初我帶她們去攀岩、去看芭蕾舞、在獨立書店讀詩；聊到她從那以後再也沒有做過類似的這些事情。

「我從來沒有忘記過妳，即使過了這麼多年也一樣。」她告訴我。

「我真的非常為妳感到驕傲。」我說，攬了攬她的肩膀。

「我做到了。」她說，「是不是？」

「對，」我回答，「妳真的做到了。」

我也從來沒有忘記過她。

她的名字叫做黛希蕾。

給自己的狂歡嘉年華

親愛的Sugar：

我是個二十一歲男大學生。儘管我有一份全職工作，能支付部分的生活所需，但我的食宿仍然依賴著父母。我不介意跟他們一起生活——前提是，如果我不是同性戀的話。我的父母是基本教義派基督教徒（fundamentalist Christians），深信同性戀和酗酒、吸毒同樣是一種「罪」，所以同性戀者應該要懺悔以見耶穌。

我的父母知道我是同性戀，但並不承認這件事。他們只是相信我已經懺悔了，也找到了主。十七歲時，我媽威脅要將我逐出家門，因為「在她的屋簷下不允許這種病態的行為」。為了能留在父母的房子裡，我得接受基督教輔導（Christian counseling）來「消除」我的同性戀傾向。我去了，但那一點用都沒有，只是讓我感到更加困惑。我不恨我的父母，但我厭惡他們對待我的方式。他們認為我現在是異性戀了，但依然不信任我。我媽動不動就衝進我的房間察看，好像想抓到我在做什麼醜事一樣。我要出門的時候，得清楚交代我和誰出去，否則就不准用家裡的車。要是我一個人在家，他們就會把網路切斷，甚至睡前還將數據機藏起來，深怕我瀏覽了什麼「有罪」的東西，會讓我回到同性戀的生活模式。

儘管我在父母與妹妹[*8]面前假裝我是異性戀，但對朋友、同事及哥哥[*9]——不論我是什麼樣子，我哥都無條件地接受我——我則是出櫃的狀態。這種雙面生活的壓力非常大。我曾有過兩段同性戀情，我父母知道我現任男友是同性戀者，而他們看待他的態度，就像看著一種病菌，認為他會將「同性戀因子」再一次傳染到我身上。

我想搬出去，卻沒辦法找到任何符合預算的租屋處。最近出現了另一條路可走：一個朋友問我要不要跟她一起搬到西北岸去（我住在東岸）。我正認真地考慮這個選項。事實是，我不想逃避問題，也真的很喜歡目前跟我約會的這個男生。然而現在，我只覺得身陷於絕望中。我的雙重生活裡，來自雙方的期待壓得我難以呼吸，幾乎窒息——一方如果知道我仍是同性戀，會激烈地詛咒、譴責我；另一方則希望我能與家人切斷關係，遠遠離開他們。

妳能給我一點有用的意見嗎？

窒息者

親愛的窒息者：

可以。我可以給你一點有用的建議——離開那一棟屋子。你真的不能再和想要毀滅你的人共同生活在一起，即使你愛他們、即使他們是你的父母也一樣。你已經是個成年人了！想辦法付你的房租，你的心理健康比免費用車的機會重要太多了。

有一對無知短見、食古不化的父母，確實是很令人苦惱的。我很遺憾他們讓你這麼痛苦，親愛的。他們對於同性戀的看法全然錯誤（對酗酒或吸毒者的看法也是如此）。我們都有權力擁有不同的意見與信仰；但這不代表任何人能編造一些愚蠢荒誕的見解，然後以這種見解去壓迫他人。這正是你的父母對你做的事情。而你，為了安撫他們而選擇假裝自己是個異性戀者，也是同樣地正在對自己做出這種行為。

你得停止這個舉動。「停止」不是要你逃避問題，而是要你解決它。你在來信中說，你覺得「來自雙方的期待壓得我難以呼吸，幾乎窒息」——然而事實是，根本沒有什麼「雙方」。你的人生裡只有「一方」，那就是你自己。真正的你。全然真實的你。身為同性戀者的你。

做你自己。

你或許還沒有準備好向父母出櫃，但我懇求你，不要再和他們生活在一起了。收拾你的行李，離開吧。去西北岸，去城市的另一端，到你古怪表親在塔斯卡盧薩（Tuscaloosa）住處的地下室——都無所謂。總之，不要再與將你（正常、健康）的性向視為「疾病」，並因此把你送去再教育的人共同生活了。

這不代表你得切斷與他們之間所有的連結。還是有折衷的路可以走，只是這條路必須是單行道，通往光明的方向。屬於你的光明，是當你知道方向正確時，會在胸口心底一**明**一**滅閃爍**的那道光。傾聽它，信任它，讓它將你變得更加堅強。

不論你是否坦承相告，你那兩個愚不可及的家長終究會發現你是同性戀。事實上，他們其實早就知道了。他們可不是怕你會去看史酷比卡通（Scooby Doo）才不准你用網路的，對不對？我支持你離開父母的家，原因並不是這樣你就能向全世界高調做出「**我是同性戀！**」的宣告，而是唯有如此，你才能有尊嚴地與接受你的人一起生活，與父母保持安全的情感距離，才能釐清、整理你們之間的關係。不管是你主動告知，或你父母自己發現了這件事，遲早有一天，他們都得面對現實——你是個同性戀者，而（他們信仰的）上帝對此毫無辦法。當來到這一日時，最樂觀的狀況是你會失去他們的認可與肯定；最糟的狀況，是他們將與你斷絕親子關係，更可能是永遠、徹底地這麼做。而這種狀況的發生，代表的是他們對你的愛，完全取決於：

沒有任何條件。他們愛你，是因為你是他們心愛的兒子，而作為家長，他們首要的義務是撫養你、教育你長大，即使你後來發展出的模樣與他們想像中不太一樣，也不會改變。

✓否

你同意克制自己不去愛撫別人的男性生殖器官。

✓是

哇，真的假的？這不是太可悲、太瘋狂了嗎？我知道自己這麼說有點輕浮、逞口舌之快，但這是因為若我嚴肅看待這件事，只會心碎成灰。更重要的，我想強調一件事：有條件的愛，比如你父母對你所展現的那樣，是醜陋、貧乏、病態的。對，我說病態。而且如果你任其為所欲為，這種愛終會將你毀滅。

所以，不要這樣。這世上還有很多人，願意愛你原本的樣子。有一大群人，或充滿活力、或一團混亂的、或愉悅、或矛盾、或快樂、或憂鬱——但他們都會對你說，**「啊？你是同性戀？他媽的那又怎樣？**我們還是想要你成為我們的一份子。」這就是「會變好的」計畫（It Gets Better Project）所傳達的訊息。撐住！這個計畫告訴你，堅持下去。你知道嗎？情況真的會變好的。

但，儘管這是真的，儘管我被男同性戀者、女同性戀者、雙性戀者、和跨性別者們的影片深深感動，它們傳達出的訊息還少了一個重要的部分：在那些美好的影片中出現的美好的人們，他們的處境並不會自動改善。但他們不斷努力，突破困厄、扭轉劣境。他們每一個人，都曾在生命中的某一刻（正如同你現在正面臨的關鍵時刻一樣，窒息者）起身抗爭、奮鬥，選擇說出真相，而非蜷縮在謊言包裹的「安全區」裡。因為他們發現，其實謊言一點都不安全。那一個個的謊言糖衣，只會造成比真相更深刻入骨的傷害。

當他們意識到這點，當他們有勇氣說出：「**這就是我，即使你將我釘上十字架迫害折磨，也無法改變我！**」時，一切就會變得越來越好。

有些人因為說出真相而丟了工作。有些失去了家人與朋友。甚至有些賠上了生命。但藉由將這些話宣之於口，他們找回了自我。這一句話——大聲宣告，不顧一切去堅持真實的自我——我深信，會埋藏在我們每一個人心底，生長茁壯。只是在你的情況下，很不幸地，它得花費更多力氣才能存活下來。我很希望你能在心底找到它，不僅僅是那個句子本身，還有所有隨之綻放的美麗，與讓你走到今時今地的勇氣。所以當這句話從你口中流洩而出時，將會無比地清晰、篤定、響亮、真實。

你參加過ＬＧＢＴ驕傲遊行（pride parade）嗎？每年我都帶著小Sugar們一起參加我所在城市的驕傲遊行，每一年，我都看著遊行流淚。雪佛蘭科爾維特跑車載著變裝皇后經過；酷兒（queer）警察與消防員一身制服、精心打扮；女同性戀者將孩子安置在後隨幼兒自行車或是小拖車裡，騎著單車拉著他們前進；男同性戀森巴舞者穿著丁字褲，渾身上下裝飾著羽毛。那兒有鼓手、政客和超迷戀復古汽車的奇特人群；有合唱團和銅管樂隊及一群馬背上的騎士；有房屋仲介業者和小丑，學校教師和共和黨員。我的小孩笑著，我哭著，而他們一個接一個地從我們身邊遊行走過。

我的孩子一直無法理解我為何哭泣。這場遊行對他們來說只是一個歡樂派對。我試圖和他們解釋這場派對是愛的激昂迸發，偏偏這種愛卻是源自厭惡，並在憎恨中成長茁壯的——這令他們更加困惑不解。於是我們只是單純地站在一旁，哭著笑著，觀賞整場狂歡遊行。

我認為自己之所以會哭，是因為這樣的場景——那麼多人昂然而過——總給我一種神聖的感覺。那是一群決定擁抱真相、即使必然歷盡艱辛也要活出真實自我的人。他們每一個人都擁有巨大的勇氣，且敢於宣告：「**這就是我，即使你將我釘上十字架迫害折磨，也無法改變！**」

就像耶穌曾做過的一樣。

無人摩托車

親愛的Sugar：

我陷入了中年之戀——大概可以這麼說吧。我中年、已婚、卻迷上了一個朋友。這份感情正迅速蔓延盛放，我手心冒汗、無法專注、頭暈目眩難以自已……這種種衝動，就像回到了高中時期。目前為止，我們的關係僅止於調調情，而我也真的、真的很清楚，不能再這樣下去了。我的問題不是我應該怎麼做（我非常明白我應該克制自己），而是我該如何處理這種愉悅又痛苦的精力？

戀上一個人

親愛的戀上一個人：

與你迷戀的對象保持距離，並將那種「愉悅又痛苦的精力」投入在對你來說最重要的東西上——也就是你的婚姻，我想。這禮拜，為你的另一半做件特別甜蜜貼心的事情。今晚就和他做愛，讓你倆的這一次超級火辣、性感、美妙。一起走遠些去散步，或是吃一頓緩慢、悠閒的晚餐，然後討論如何將你們之間的愛與浪漫保鮮持久、更屹立不搖。對於這一段迷上他人的插曲，你很清楚自己不該付諸行動。你應該信任這種認知，並萬分慶幸自己仍擁有清醒的頭腦與意識。我的收信匣天天都被許多並不清楚這一點的來信所塞滿。那些人往往都被他們的猶疑、愧疚和慾望所折磨著。他們很愛X，卻想和Z上床。幾乎所有一夫一妻或是單一性伴侶的人，或遲或早，都會在生命中的某一刻遇上這種困境。我們全都愛著X，卻想和Z上床。

Z是那麼的閃亮耀眼，那麼的晶瑩剔透，那麼不可能因為你沒把資源回收垃圾拎出去丟而對你破口大罵。沒有人得和Z討價還價、爭論不休。Z根本不戴錶。Z就像是一台摩托車，上面空無一人。極盡美好，但其實哪裡都去不了。

Sugar

總結之日

親愛的Sugar：

我是個幸運的母親，能夠生下心愛的寶寶。噢！與寶寶相依的每一刻對我來說都珍貴無比！不幸的是（或者其實也可以算是幸運，就看你怎麼看待這件事了），寶寶的父親並沒有跟我一樣如此珍惜這一切。

他住在另一州，當我還懷著身孕時他就離開了，寶寶誕生時他也未曾露面。儘管他每一、兩個月會寄一封email，宣稱自己很在乎這個孩子，但他從來沒負擔過撫養費，而且在孩子數週大以後就再也沒來探望過了（寶寶現在已經一歲了）。他甚至不曾撥通電話來問問自己孩子的近況。

我的問題是：就因為他每隔幾個月會寄一封可笑的email過來，寫些關於自己的事，是否我就有義務要把寶寶的照片寄給他，還得讓他知道孩子最近過得怎麼樣？我完全不想這麼做，但我很樂意聽取一個親切、可愛的甜心的意見，比如妳的，Sugar。

我想要做出對摯愛的寶寶最好的決定——儘管其實我只想穿上一雙尖頭靴子（鞋尖還要包上鋼），狠狠地往孩子父親的雙腿之間踹過去，然後尖叫：「你他媽的是出了什麼問題？你這個自我中心的自戀狂！」

呼，說出來真好。該開始療傷了！

奉上我的愛，願你愉悅順遂，最親愛的Sugar

噢，媽媽

親愛的噢，媽媽：

妳有鞋尖包鋼的尖頭靴嗎？我有。我非常樂意借給妳，讓妳能好好地在那個白癡屁股上狠踢一腳。妳的怒火完全合理，孩子父親對他漂亮寶寶的不及格表現當然會令人驚愕又憤怒。

但妳知道嗎？這一點都不重要。

至少，當遇到與寶寶父親相關的議題時，妳選擇讓自己那非常合理的怒氣影響妳的決定，那麼孩子將面對的危機，會令前述那些事情相形之下變得微不足道。那個男人就是妳的孩子的父親，這是他／她的人生中最根本的事實之一。無論發生什麼事，無論這個與妳共同生育了下一代的男人是否會與妳或是妳的孩子構築任何情感關係，這都依然會是個事實，亙久不變。多年後的某天，妳的孩子一定會試圖探詢關於父親的一切（當然，她／他也會這樣對你）。彼時，將會是「做出總結」的時刻——這天總會到來。我們每個人都是如此。回想童年所發生的事情，找出原因，試著弄清楚自己的父母究竟是什麼樣的人，他們做為父母又是如何成功或是如何地失敗——這是我們在成長為一個完整的、成熟的人的途中，必經的道路。這個歷程對於那些擁有不及格家長的孩子而言格外艱辛難熬，所以我給妳的建議是這樣的：(a)盡妳所能不讓孩子的父親在與他或她之間的關係上表現得太過失敗；(b)若他依然故我，始終是個不及格的父親，那麼至少妳得確保自己不是個失敗的母親。

很明顯的，妳正掙扎於對寶寶父親的憤怒與失望，這很正常。我絕不會因此歸責於妳，也沒有人會這麼做。然而究竟什麼是妳的錯、什麼不是妳的錯，這其實根本不是重點。真正的重點是——如同妳在信中提及的——什麼才是對寶寶最好的決定。妳問我，妳是否有義務要把寶寶的照片寄給他，還得讓他知道孩子的近況，作為對他那些斷斷續續時有時無的來信的回覆？我的答案是肯定的。並不是因為妳對那個男人有義務（說真的，妳什麼都不欠他！），而是因為妳對妳的孩子有義務。聽起來，寶寶的父親似乎是個軟弱可悲的沒用傢伙，而非具有暴力傾向的施虐者，那麼妳能為孩子所做出最好的事，就是在他／她和親生父親之間建立起一條連結，這在早期的童年時光中尤其關鍵。

從妳信中那些令人沮喪的敘述看來，這一切並沒有一個好的開始。孩子的爸爸在每個方面的表現都失敗得徹底。這不是妳的責任，但卻是妳必須面對的問題。妳為了寶寶與父親間的正向親子關係所做出的所有努力——納入他的存在、溝通、接受、原諒——或許將對孩子的人生旅途造成深遠的影響。也或許不，因為我們目前還無法確知結果，但這件事的重要性足夠令我積極地鼓勵妳這麼做。

我並不是抱持著輕鬆愉快的心態這樣對妳說的。說真的，穿上尖頭靴狠踹那個傢伙的屁股實在有趣多了，我很樂意幫妳這麼做。我明白，要妳以極高的氣度涵養來對待那個「自我中心的自戀狂」是超級、超級不公平的一件事。然而，在我們每一個人的人生中，終究都會遇到非這麼做不可的狀況，親愛的。對你來說，現在就是那個重要的關鍵時刻。因為，當然了，妳這麼做不是為了自己，而是為了妳的孩子。我敢肯定妳心底早已知道這個事實了。我看得出來，妳是個超棒的母親，妳的愛與美好在那封信的字句之間熠熠生輝。而現在（很令人震驚錯愕，我知道），我想請妳在能力範圍之內，給予那個讓妳懷了身孕的男人一點幫助，讓他的父愛，也能和妳一樣閃閃發亮。

我們的孩子值得擁有這些，不是嗎？值得被那樣閃耀的愛深深愛著？他們絕對值得。所以，我們一起為此而努力吧！

首先，我想建議妳，強制孩子的爸爸支付撫養費。這可以經由平和的法律商談來達成，當然，妳也可以把那傢伙告上法院。無論哪一種方式，我認為妳都應該通過正式的管道來進行，而非僅止於兩人間私下的協議。如此一來，若未來他沒有依約支付，妳才有追索的依據。要求那個男人在經濟上做出貢獻，妳不僅僅保護了孩子的權益，同時也傳達出兩個重要的訊息：妳期望孩子的爸爸也有所付出；另外，身為人父，他對自己的寶寶虧欠良多，沒有盡到應盡的責任。如果他是個勉強還算正派的人，他會掏出錢包而不做太多抗議。而若他其實是個好人，只是正經歷一段不好過的時光，那麼未來他還會因為這件事而對妳滿懷感激。妳應該立即找個律師來處理。

其次，我建議妳寄一封email給他，寫下：(a)以富有同情心的方式提醒，他這個父親在寶寶的生命中已經缺席很久了；(b)直接詢問關於他來探視寶寶的時程安排；(c)告知他寶寶的近況、性格和發展。附上幾張照片，敘述幾件發生過的事情。當提到所謂「富有同情心的方式」，我的意思是盡量不要直接指責他未能克盡父職。意思是給他一點空間去進步、去改變。意思是不要在信中暗示妳可能會與某個答客問專欄作家沆瀣一氣，站在同一陣線，打算一起用尖頭靴把他踹得生不如死。意思是——妳得做那個最好的、最無私的自己。有時候這代表妳得假裝一下。比如：「哈囉，寶寶的爸爸！希望你最近過得不錯。寶寶又長大了，每一天都變得更漂亮、更不可思議。雖然我們兩個人的感情已經是過去式，但孩子和他／她的爸爸間的親子關係，對我來說依舊非常重要。從你曾寫給我的email看來，我知道這對你而言也是同等重要的。我們約個時間，你來探望寶寶，好嗎？」

第三，我建議妳做出安排，定期將寶寶送去托嬰幾個小時，讓自己能與最好的朋友聚一聚，把妳所有的憤怒、痛苦、迷惘都說出來——那曾與妳上床的傢伙（**也是與妳心愛的孩子有著血濃於水連結的男人**）是個徹頭徹尾的混蛋！乍聽之下，這麼做好像沒什麼必要。但在「撐過去、生存下去」的拼圖之中，這是非常關鍵的一片。妳必須要找到合適的地方，宣洩自己對孩子爸爸的負面感受，否則這種情緒將會影響妳、控制妳。妳和孩子爸爸之間將發生的一切很可能才剛剛開始而已。即使以後朝向好的方向發展，在未來的許多時刻裡，我相信妳還是會想一把將那個男人掐死。如果不找一個適當的地方宣洩，妳很可能會別無選擇，將情緒發在妳的孩子身上。

而那是個非常、非常糟糕的宣洩對象。

數年前，我曾讀過一篇研究論文，內容是關於離異或分手的父母，在孩子面前說彼此的壞話，將對孩子造成什麼樣的負面影響。寫這篇專欄時，我曾試著把那篇研究找出來，好精確、直接地引用文內的敘述，但最終沒能找到它。不過沒關係，對於那篇研究，我印象最清晰深刻的其實只有一點：讓孩子聽見父母其中一人說另一人的壞話，將會帶來極具破壞性、驚人的負面影響。事實上，這種影響之深刻、之激烈，研究學者發現，若一個家長對孩子說「你是個一無是處的沒用的廢物」，其所造成的心理傷害竟然較「你爸／你媽是個一無是處的沒用的廢物」還要輕微。我不記得他們是否提出了什麼理論來解釋這種現象，但我能理解。我想，我們每個人心底都埋藏著堅強似鐵的部分，在自己被抨擊時能奮起抵禦；然而當我們所愛之人受到攻擊時，這種防禦機制卻無法觸發。尤其，當被攻訐的是自己的父母之一，與我們共血脈的、最根本的、世上最重要的人；而發起攻擊的，卻同樣是血濃於水、為我們構築血肉的另一個最重要的人。

我知道這種感覺。我自己的父親，在我的生命裡就扮演了一個毀滅性的角色。如果將我的人生畫成一幅地圖，然後沿路回溯生命旅途中發生的一切——所有的行動、抉擇、過渡、事件——那麼，在我六歲的時候，母親鼓起勇氣與父親離婚，可以說是這輩子在我身上發生過最好的事情。

我爸讓我媽懷孕的那一年，他們十九歲。他們其實並沒有那麼相愛，但當時墮胎是違法的，而她又不願意到收容叛逆少女的輔導之家去，把孩子送給別人撫養。於是他們匆匆辦了婚禮，在隨後的九年之中，他們生了三個小孩。這段期間，發生了很多艱困的事情。關於那些年和我爸（一個暴力又刻薄的男人）相處的日子，我有一大堆恐怖的故事可以告訴妳，但說真的，這些不是妳需要的東西。

妳真正需要知道的是，當我是個孩子的時候，我有多愛我父親。我的爸爸。爸比。我對他的愛深得超乎想像，難以撼動，壓過所有的怖懼與悲痛。我根本沒辦法阻止自己去愛我爸；那份愛就是在那裡，屹立不搖。無論我們的情況變得多糟，我都從未想過自己能不去愛他。我很恨他對我媽、對我和兄弟姊妹們所做的一切。我曾因此痛哭、尖叫、躲藏，患上不該發生在兒童身上的頭痛，又在早已不該尿床的年齡一遍遍尿濕床單。但他終究是我爸。所以當母親終於離開了他的時候，我**求**她回去。我這輩子從未為了任何事情，以這種方式求過任何人。六歲的我哭得撕心裂肺，因為我知道，如果這一切真的結束了，如果媽媽真的離開了他，那麼我就再也沒有爸爸了。

你知道嗎？我是對的。在我父母離婚以後，我就再也沒有過父親。

自那一日至今，我只見過他三次，每一次都是短暫匆促的探視，過程詭異又辛酸。但大多數時候，什麼都沒有。沒有爸爸。我的童年，是在父親日復一日缺席的孤獨中渡過，住在廉價公寓，整棟住滿了帶著孩子的單親母親，那些孩子絕大多數和我一樣，都和父親幾乎不再有任何接觸。每年幾次，會有一封信寄過來，寄件人是我爸爸，收件人是我和兄弟姊妹們。放學後，媽還在工作，那封信就靜靜躺在信箱裡等著我們。弟弟、姊姊和我會急忙將信撕開，那種歡天喜地的興奮太過強烈，一直到現在我打出這些字句時，仍然能感受到一股難以名狀的激動情緒，在體內奔流洶湧。

一封信！是爸爸寄來的！爸爸寄來的信！爸爸寄來的爸爸寄來的爸爸寄來的！

當然，那時候我們不應該那麼天真、那麼傻才對。我們心底很清楚事實，只是無法承受。爸爸寄來的信，信封上雖然寫著我們的名字，裡面的信卻不是給我們的。從來不是。信中永遠只圍繞一個主題：針對我媽的各種粗魯、下流、惡劣的謾罵。罵她是個婊子，是只會伸手要求福利的乞丐；說他多年前早該讓她去做那個違法的墮胎手術；指責她是個糟糕的母親；威脅要在她毫無防備時將我們抓走，讓她後悔莫及，讓她付出代價，讓她此生再也見不到自己的孩子——怎麼樣，這樣她爽了嗎？

被父親綁架這個想法令我驚恐萬分。害怕被抓走的恐懼如影隨形，始終跟隨著我。我做好準備，在腦中反覆演練各種幻想情境，我和弟弟姊姊將如何逃脫，我又會如何無所不用其極地把我們全帶回我媽身邊。如果必要的話，即使要我們赤腳步行橫越整個國家也在所不惜。我們會順河而行，躲在路旁的溝渠裡，從樹上偷摘蘋果吃，然後從曬衣繩上偷別人的衣服穿。

但我爸並沒有過來帶走我們。他壓根就不想這麼做——二十七歲的某一日，我突然意識到這一點。他從來不想要我！這個念頭閃電般浮現，如此清晰明瞭，驚愕與悲傷令我驟然掉下了眼淚。

妳的寶寶的爸爸會負起父親的責任嗎？噢，媽媽？

我們不知道。那一封信，尚未被撕開，還有著無限的可能性。人是會變的。在人生中，一個人可能會做出很糟糕的決定，再用一生的時間慢慢修補、復原。有的男人，在寶寶尚幼時反應疏離、置身事外，但隨著孩子長大，卻漸漸變成超棒的爸爸。當然也有其他的男人毫無改變，依然故我。無論情況如何發展，妳都會為妳的孩子做出「對的事」：當面對寶寶和他／她父親間的關係時，不要讓妳對孩子父親的看法、感覺，影響妳的決定和妳的行動。妳的行為和言語將深深影響寶寶的一生——妳影響著那個孩子如何看待他／她的父親，也同時影響他／她如何看待自己。

我的母親從未對我們說過半句我爸的不是。她完全有立場恨他，並讓我們都與她站在同一陣線。可是，她沒有這麼做。她也沒有對我們說謊，粉飾於關於爸爸的一切。她時常與我們談及當初和他在一起的困境，不帶矯飾地提起當初發生過的、經歷過的種種痛苦與煎熬。但她不會將他妖魔化。她口中的他是個凡人——複雜的、有缺點的、會做錯事的——而非一個無可救藥的、無惡不作的惡魔。也就是說，在經歷了那一切以後，是媽媽讓我依然能夠去愛我的父親，那個構築了我一半血肉的男人。當我還是個孩子的時候，我問她，當年為什麼會愛上爸爸；而她總會搜索枯腸，想出一些關於他的事情來告訴我，儘管她其實已經不太記得了。當我踏入青少年階段，我總和媽爭論不休，無法贊同她拒絕責罵、譴責我的父親。她卻告訴我，她對他充滿感激，若是沒有他，她現在就不會有我們姊弟三人。而當我正即將從女孩長成為女人的時候，媽媽知道她要死了。那時，她摸著我的頭髮，對我說：如果以後我想去找爸爸、恢復聯絡，也沒關係的。我應該抱持開放的心態看待原宥、和解與改變。這麼做不但不是對她的背叛，反而是一種證明，更能夠看出我——她所養育的我，是個什麼樣的人。

她決定厚道、大器地對待那個殘酷無情的人，這是很不公平的。我希望她當初曾經對最好的朋友宣洩過她的憤怒不滿。作為一個單親母親（我指真正的單親母親，沒有共享監護權，也沒有共親職，正如妳一般），她得做那個最好的、最完美的自己；對自我的要求之高，就世上的任何標準來看，都是極不合理、難以承受的。但妳知道在我的生命裡，什麼是無盡恆久的美好嗎？**就是她**。她不完美，她也常常犯錯。但她讓那個最好的、最完美的自己出現在我面前。為此，她所經歷的辛酸與艱難，超過常人太多太多。

而這正是我生命中最彌足珍貴的禮物。

一直到她死後許久許久，那些她曾說過的話、對我的教導，仍舊引領我建構起一座療癒之橋，跨過父親在我心底造成的傷疤創口。不論寶寶的爸爸是否決定要改變態度，不論他最終是否克盡父職，為兒子／女兒變成一個真正的父親，這都是妳得送給孩子的禮物。在生命中，大多數的人總會碰到那麼一兩次，得以一種異常清醒而具有目的性的方式去愛，儘管這讓人感到憤慨惱怒，儘管妳寧願套上那雙尖頭靴然後放聲尖叫——

把那個禮物送給寶寶吧。妳不會懊悔這個決定的。待「總結之日」來臨時，這麼做的意義將了然明晰。

Sugar

有個包袱在妳頭上

親愛的Sugar：

我現在二十出頭，和同一個人分分合合（「分」是在我更年輕的時候）已經六年了。我最近心煩意亂，開始對這段感情失去信心。但我又無法付諸行動，真的離開這個似乎適合共度一生的「對的人」。另外，我也不願意傷了他的心。然而，我真的不想就這樣定下來，然後在未來後悔莫及。我們想要的人生大相徑庭，興趣也彼此相異，但我就是無法下定決心。我曾和他談過我的感覺，但卻徒勞無功。我們也嘗試彼此先「冷靜」一段時間，但冷靜期從來沒有任何幫助。

我最害怕的，是一個人孤伶伶的，再也找不到與我契合的另一半。我身邊的好朋友一個個與她們的男友定下來，話題開始圍繞著婚姻生活打轉，這讓我的狀況變得更糟了。拜託，Sugar，給我一點幫助！

迷惘徬徨的膽小鬼

親愛的迷惘徬徨的膽小鬼：

二十歲那年，我人在倫敦。嚴格說起來，當時我是個無家可歸的遊民，兩袖清風窮得苦哈哈，想在倫敦找個工作，卻又沒有辦過美國人在當地就職所必需的文件。所以我整天穿梭街道，試圖從地上撿拾路人遺落的硬幣維生。有一天，當我正四下尋找硬幣的蹤跡時，一名穿著西裝的男子走近前來，問我對打黑工有沒有興趣——在一間（後來因貪腐而倒閉的）大型會計事務所裡一週工作三天。

「好啊。」我說。

這就是我成為一二三**咖啡女孩**的過程。

咖啡女孩是我的正式職稱，而一二三的意思，指的是我負責提供新鮮、燙口的咖啡給那棟大樓裡在一至三樓工作的所有會計師與秘書們。這個工作比想像中還要更辛苦。「咖啡女孩！」當我捧著托盤經過時，那些人總這樣喊我，往往還會配合彈手指的動作，好讓我注意到他們。上班時，我穿著一件黑色裙子搭配白色緊身褲襪，黑色的背心套在白色襯衫上。並且，我幾乎總是氣喘吁吁的。我不被允許搭乘電梯，所以我得利用大樓後方的樓梯井，上下衝刺，來回三個樓層之間。

樓梯井變成了我的避難所；那是唯一一個不會有人彈著手指喊我咖啡女孩的地方。每到休息時間，我會沿著階梯下到一樓，走出去，然後在大樓邊緣的一塊水泥地上坐下。有一天，我正坐在那裡，一名老婦人接近了我，問我是美國哪裡人。我回答了她，然後她告訴我她多年前也曾去過那裡。我們聊得很愉快。此後，她每一天都在這個時間過來，而我會坐在水泥地上，和她聊著天。

會來找我聊天的人並不只這名老婦人。我正與某人陷入愛河——事實上，那時候，我嫁給了那個某人。而當時的情況太過複雜，我不知所措又無能為力。夜裡，做愛之後，我躺在他身邊哭泣，因為我知道我愛他，但我也知道自己無法忍受和他繼續在一起，因為我根本還沒有準備好定下來，一生只愛這一個人。我也知道，若離開了他，我將心碎至死，也會讓他和我一樣心碎至死。我將再也無法去愛，因為再也找不到一個能讓我愛得這麼深、也同樣愛我愛得這麼深的人；也再不會遇上另一個和他一樣如此貼心、性感、深具魅力、富有同情心——一個完美的情人。所以，我留了下來。我們一起在倫敦街頭尋覓地上的零錢。有時候，他會趁我休息時，到那棟大樓外看我。

某一日他來的時候，剛好老婦人也在。先前，我的男人和這名老婦人從未在相同的時間來看我，但我曾告訴他關於她的事情；同樣地，我也對她說過許多他的事情。「這就是妳先生嗎？」當他走近時，老婦人驚呼，喜形於色地伸出雙手，與他握手招呼。他們聊了幾分鐘後，她就離開了。我的男人沉默了好一會兒，一直到老婦人遠遠離去，他才轉頭看我。他開口，嗓音裡帶著詫異與驚奇：「有個包袱在她頭上。」

「有個包袱在她頭上？」我說。

「有個包袱在她頭上。」他回答。

然後我們爆笑出聲，笑得停不下來；那大概是我這輩子截至目前為止笑得最瘋狂的一次了。他說的對。他說的對！經過了這麼久的時間，我在這塊水泥地上，這麼多次和她一起聊天，那個老婦人始終戴著一個超大的包袱在頭上！她其他的部分看起來都非常正常，只不過頭頂上聳立著由破布、破爛舊床單、毛巾堆疊而成的荒謬塔狀物體，用繩子在下顎打了個結固定，並綁在她雨衣肩頭部位的小環圈裡。這是非常離奇的場景，但我曾對我愛的男人敘述了無數有關這個老婦人的一切，卻完全沒提過這件事。

有個包袱在她頭上！那日，我們坐在水泥地上，一邊大笑，一邊朝著對方尖叫。然而過沒多久，我就笑不出來了。我開始哭泣，無法自制，激動、用力的程度和適才放聲大笑時一模一樣。我哭得太兇，甚至沒有回去上班。我那「一二三**咖啡女孩**」的職涯就在這一刻劃上了句點。

「妳哭什麼呢？」我愛的男人抱著我，他問。

「因為我餓了。」我回答，但這是句謊話。當然，我是真的餓了——那時候我們一文不名，總是沒有錢填飽肚子——但這不是我哭的原因。我哭了，是因為那個老婦人頭上有個大包袱，可我卻沒辦法開口指出這一點；而不知道為什麼，我心裡很清楚，這與另一件事有關：我不想再和我愛的男人在一起了，這件事是如此明顯、如此真實、如此無可辯駁，但我就是不願意承認。

這是很久、很久以前的事了，迷惘徬徨的膽小鬼。但當我讀著妳的來信的時候，這一切突然浮現腦海，歷歷在目。我不禁想，那時發生的事，或許正是為了讓我在此時此刻能對妳說出口：妳頭上有個包袱，親愛的。儘管妳現在可能還看不見，但我卻看得很清楚。妳根本不是在猶豫，妳只是害怕而已。妳不想再和妳的愛人在一起了；儘管他是個很好的對象，但這不是重點。害怕孤單一個人並不是繼續這段感情的好藉口。離開這個交往六年的男人，絕不是一件容易的事情；但妳會好起來的，他也是。這段感情的結束，很可能也會為妳現階段的人生劃下句點。妳必須先捨再得，才能邁入下一個新的階段。

相信自己——這是Sugar的黃金定律。相信自己，就是將妳早已知道的一切付諸實行。

Sugar

像一個他媽的狠角色般，拼命地寫

親愛的Sugar：

我以女孩的筆觸，圍繞著自身的女性生活寫作，寫各種未經遮掩的情感、無所回報的單戀，最終對自我陰道做出隱喻式的探討。然而，這是在我還能寫的時候；現在，這些都不復存在了。

如今我只是一個可悲又迷惘的二十六歲年輕女性，一個靈感枯竭的作家。在這夜深人靜的時刻，我徹夜未眠向你提問，其實也是在質疑自己。我坐在桌前，良久、良久，思緒僵化得幾乎無法動彈。我找出那些自己曾愛過的人，糾結他們為什麼不曾愛過我。我滿懷恐懼地趴在床上，努力起身來到電腦前，卻只讓心情更差。

大衛・福斯特・華萊士（David Foster Wallac）曾在二十八歲時稱他自己為一個「失敗的作家」。幾個月前，憂鬱張牙舞爪地攻占了我的身心，我對當時的男友抱怨，我永遠不可能像華萊士一樣優秀。他在舊金山（San Francisco）的古耶羅街街上對我放聲大吼：「**夠了！他自殺了，艾莉莎。我希望妳永遠都不會像他。**」

我知道像我這樣的女性，不論是否身為作家，都可能感到痛苦，都得面對諸多問題，比如自我貶低、蔑視其他更成功的人、錯置的憐憫之心、耽溺與憂鬱。思及女性作家宿命般的定律，總會有個一致的主題：她們之中，太多人的生涯以自殺告終。我時常向我母親解釋，作為一名作家／一名女性／

一名女性作家，意味著經歷慘酷的痛苦折磨，且最終將滿懷「我應該比現在這樣更好才對」的念頭而崩潰。她懇求我：難道不可能改變嗎？

可能嗎？我想從窗戶向外跳下去的原因，歸根究底，是因為我無法寫書。但我更想要一個截然不同的人生。我開始想，或許我該選擇另外一種職業——就像蘿芮・摩爾（Lorrie Moore）說的，「電影明星／太空人；電影明星／傳教士；電影明星／幼稚園老師」。我想要拋開所有過去累積的東西，重新開始，成為一個全新的、更好的自己。

我的人生不算糟糕。我沒有什麼痛苦難堪的童年，我也知道自己絕不是第一個抑鬱消沉的作家。「抑鬱的作家」——後面兩個字或許不盡然，但前兩字卻是貨真價實，精確到不行。我被診斷為重度憂鬱症患者，斷斷續續地服用處方藥。透露這一點，只是想告訴你，我沒有隨便濫用「憂鬱」這個詞彙。

然而，我依然具備高度的能力——我是個高功能的怪咖，老是嘻皮笑臉，將真相隱身在玩笑背後，大多數人根本不知道事實。事實是：我懷抱著劇烈的恐慌，害怕我無法（永遠無法）突破、駕馭自己的極限、不安全感、嫉恨與無能；永遠無法以智慧與情感長期地、好好地寫作。我也害怕即使自己真的能寫，那些內容——比如我的陰道——只會受到漠然輕視以及嘲笑。

如果連將自己的臉從床上抬起都辦不到，我該如何將字句成書成頁？我又該如何繼續向前邁進，Sugar，如果我驚覺自己可能根本沒有這方面的天賦與潛力？身為一個女人，我該怎麼做，才能成為夢想中的作家？

艾莉莎・巴斯特（Elissa Bassist）

親愛的艾莉莎・巴斯特：

二十八歲時，我家客廳裡有一塊木製小黑板，那種雙面A字型、能立在地上，也能折疊收起來的款式。我在其中一面寫上「謙虛，是自我認識後的第一項產物」——引述自弗蘭納里・奧康納（Flannery O'Connor），另一面則寫上「她坐在那裡，腦中只想著一件事情——她的母親牢牢地抓住了她們的手，緊握不放。」——引述自尤朵拉・韋爾蒂（Eudora Welty）。

那句話引自尤朵拉・韋爾蒂的小說《樂觀者的女兒》（*The Optimist's Daughter*），一部贏得了一九七二年普立茲獎（Pulitzer Prize）小說類的作品。那本書，我讀了一遍又一遍；而上面引述的那段——一個女人坐著，腦中只想著一件事情——正是令我難以釋卷的最主要原因。因為，我也曾那樣坐著。坐著，然後只想著一件事情。在我腦海中盤旋的那件事，其實是由兩件事緊密結合而成，如同我那塊雙面的小黑板上引述的文字一樣——我是多麼想念我的母親，而失去她以後，唯一能讓我繼續活下去的途徑，就是寫一本書。**我的**書。遠在我明白像我這種人也能寫書以前，那本書就已經埋藏在我體內，而我很清楚這一點。我能感覺它在我胸口的脈動，像我的第二顆心臟，無形無體、難以想像，直到我母親過世的那一刻起，才忽然現身。情節如斯展開，成為一個我非說不可的故事。

到了二十八歲還沒有出書，這曾令我感到悲傷又震驚，因為我期待自己能有更高的成就。當初的我與妳有點像，艾莉莎・巴斯特。沒有出書，但在文學的領域裡，並非完全沒有得到肯定與讚揚。我得了幾個文學獎，發表了幾篇故事與散文。這些小小的成功經驗令我沾沾自喜，對於自己未來的成就——以及將在多麼年輕的年齡達到那些成就——更多了不切實際的想像與預期。我如饑似渴地大量閱讀，幾乎能將我最喜歡的作者的作品倒背如流。我在日記裡以豐富而熟練的技巧記錄生活。我狂熱而興奮地斷斷續續寫作，深信我不需要太過努力，這些故事將來就能奇蹟似地自動組合成一部小說。

但我錯了。那第二顆心臟在我胸口跳動得更加劇烈，但沒有什麼會奇蹟似地自動組合成一部小說。三十歲生日來臨時，我終於醒悟，如果我真的想將自己想說的故事寫下來，我得用盡所有的努力才行。我得坐下來，只想著這一件事；我得比所能想像的還要更專注、更漫長、更用力地這麼做。我得經受磨難。意思是，我得全力以赴地去「工作」才行。

那時，我認為自己將二十歲的大好青春浪擲一空，竟到了這個年紀，還沒有出版一本書。為此，我苛責、痛恨自己。我對自己有了很多與妳類似的看法，艾莉莎．巴斯特。我認為自己懶惰又差勁，認為儘管那個故事就埋藏在我心底，但我卻沒有足夠的天賦、能力將抽象的想法化做實體，無法使我的故事開花結果、趨於成熟，無法——如妳說的，以智慧與情感長期地、好好地寫作。然而，我最終來到了轉捩點，在那個時刻，「不寫作」讓我預視到的前景，與寫出一本很糟的書相比，還要更加恐怖。於是，我終於真正認真地投入了寫書的工作之中。

完成後，我恍然了悟：一切都是注定的。我不可能在更年輕的時候就寫出這本書來。當初，不論是作為一名作家，抑或是我自己這個「人」，我都還不具有寫出這些東西來的能力。要寫出這份作品，我得經歷我在二十幾歲時所經歷的一切。我得寫下許多無疾而終的字句與從不曾奇蹟似地自動組合成一部小說的故事。我得如饑似渴地大量閱讀。我得在日記中詳盡無遺地記錄生活。我得浪擲時間揮霍青春、為我媽的死而哀悼、一點一滴接受了自己的童年、遍歷那些愚蠢的、甜蜜的、甚至可恥又丟人的性關係、然後成長。簡言之，我得真正地認識自己，亦即我在小黑板上引述弗蘭納里．奧康納所言之自我認識。一旦來到這一階段，我無可避免地必須承受這種自我認識所帶來的第一項產物：謙虛。

妳知道那是什麼嗎，親愛的？「謙虛」？這個字源自於拉丁文「humilis」和「humus」，意思是放低遜下、是不厭卑近而鶩高遠、是腳踏實地。而這正是我在寫下第一本書最後一字時做的事情——我直接躺到地上，伏在冰涼的磁磚上落淚。我哽咽抽噎，我嚎啕大哭，而哭著哭著，我卻又笑出聲來。整整半個小時，我都待在地上，滿懷的喜悅與感激讓我幾乎沒有力氣站起來。數週之前我剛滿三十五歲，懷了兩個月的身孕（我的第一個寶寶）。我不知道人們會怎麼看我的書，是好是壞、是糟透了還是美極了，但我不在乎。我只知道，我的胸口再也沒有兩顆心同時在跳動了。是我親手將其中一顆掏了出來。我經受了磨難與艱辛。我已殫精竭力，毫無保留。

終於能夠做到這一點，是因為我拋開了那些對自我及寫作能力華而不實的浮誇想像——**我是這麼有才華！這麼年輕！**我不再如此夜郎自大、沾沾自喜。我將自己放低，直到於我而言，唯一的、絕對重要的事情，只是將第二顆跳動的心，從胸口中取出來。也就是說，我非得將我的書寫出來不可——那本或許是平庸之作，很有可能永遠都出版不了，並且與我所喜歡的作者的作品（就是那些我能倒背如流的作品）水準天差地遠的書。是一直到那個時候，當我投降屈服，我才終於可以真正地去做必須得做的一切。

我希望妳好好地思考這些，寶貝。如果妳的客廳也有一個雙面黑板，我會為妳在一面寫上「謙虛」，在另一面寫上「屈服」。我認為，這些正是妳需要找到並付諸實行的，以將自己從驚恐與沮喪的汪洋中拯救出來。妳的信最令我感到發人深省的地方，是埋藏在那些焦慮、悲傷、自我厭惡底下，字裡行間隱隱透露的自負之情。妳認為自己**應該**在二十六歲的年紀就功成名就，然而多數作家都需要比這更長得多的時間才能達到這一步。妳哀嘆自己永遠不會和大衛・福斯特・華萊士這位天才、藝術大師一樣優秀，然而信中卻又提及妳寫作的量是如何稀少。妳厭恨自己，同時又對自己抱持著不切實際、虛浮而誇大的想像。眼高手低——高入雲端或低入谷底，這兩個地方都無法讓人更進一步。

真正能向前邁進的地方，是妳能確實踏足的實地。而我能為妳做的最好的事，就是告訴妳：給我回到地上去！我明白寫作很難，親愛的，但不寫作更難。要知道妳是否「有這方面的天賦與潛力」，唯一的方法就是起而行，然後看看結果如何。這也是妳能「突破、駕馭自己的極限、不安全感、嫉恨與無能」的唯一方法。妳有極限與缺點。妳在某方面是無能的。每個作家都是這樣的，對於一名才二十六歲的作家尤其如此。妳一定會有感到缺乏自信、滿懷嫉妒的時候，然而要讓這些感受擁有多大的力量與影響力，則是完全操之在妳。

患有重度憂鬱症，確實讓妳面臨的困境更艱難。在我的回覆中，沒有將重點擺在這裡，是因為我相信（而且，看來妳也是如此認為）這只是問題的其中一個層面。當然，妳的人生比寫作本身更重要，妳應該向妳的醫生諮詢關於憂鬱症會如何影響妳對工作的沮喪感受。我不是醫師，所以無法在這方面給妳建議。但我能告訴妳的是：妳不是唯一一個感到缺乏自信又害怕的人。這種情況在作家身上非常常見，即使是那些沒有患上憂鬱症的作家往往亦是如此。任何一位藝術家在閱讀妳的信時，都能夠理解妳的痛苦與掙扎。包括我。

妳的焦慮似乎有另一個層面，源自於妳對身為女性作家，書寫「未經遮掩的情感、無所回報的單戀」、以及「對自我陰道做出隱喻式的探討」的顧慮，妳擔憂自己的作品會被視為不如男性作家作品那般有價值。這是可能的。我們的文化已逐漸化解性別、種族與恐同造成的歧視，但依然存在很大的改善空間。女性、同性戀者或是有色人種作家的文學作品，往往被歸類為「侷限性的」而非「大格局的」，被視作小眾而非大眾，被認為是特殊面向或個人議題，而缺乏對社會群體的重要性。有很多方式可以澄清並挑戰這些偏見與胡扯。

但對妳而言最好的方式，就是做而言不如起而行，將妳的雙腳踏回實地上去。寫出好得令人無法將妳侷限、歸類的文字。沒有人會要求妳寫關於妳的陰道的事情，甜心。沒有人會主動給妳什麼，妳得自己去爭取。妳得自己掌握話語權，把妳要傳達的一切主動說出來。

這正是一直以來那些女性作家所做的，也是未來我們會繼續下去的事情。「身為一名女性作家，意味著經歷慘酷的痛苦折磨，且最終將滿懷『我應該比**現在這樣**更好才對』的念頭而崩潰」——這種看法是錯誤的，而「思及女性作家宿命般的定律，總會有個一致的主題：她們之中，太多人的生涯以自殺告終」同樣並非事實。我強烈建議妳拋開這樣的想法，這些謬誤聳聽的說法對妳一點好處都沒有。任何職業的人都可能會遭受磨難並自殺。針對藝術家及其心理有多脆弱，世間存在許多謬論，然而事實是，職業並不是自殺與否的最佳預測因子。沒錯，我們確實能匆匆列出一串自殺的女性作家名單；並且，沒錯，我們可以揣度，身為女性確實對她們的憂鬱與絕望產生一定的影響，部分地導致了她們的悲劇行為。但這並非是放諸四海皆準的定律與主題。

妳知道什麼才是嗎？

有那麼多女性，在經歷了那麼多不合理的、不公正的待遇後，依舊寫出了一篇又一篇美麗的小說、故事、詩詞、散文、戲劇、劇本、歌曲。她們沒有「滿懷『我應該比**現在這樣**更好才對』的念頭而崩潰」，反而直直向前邁進，並達到他人未曾預期、甚至不允許她們所達到的高度與成就。那個一致的定律是堅韌與信念，是當個鬥士，當個他媽的狠角色。這不是脆弱，這是力量，這是勇氣。「如果你的勇氣拒絕了你，」如艾蜜莉．狄金森（Emily Dickinson）所書，「那就凌駕於你的勇氣之上。」寫作對每一個人來說都很艱苦——包括異性戀白人男性也是如此。而挖煤更艱苦。妳覺得礦工會整天站在那裡，討論挖煤有多困難、多辛苦嗎？他們不會。他們只是單純地**去挖**。

妳也需要這麼做，親愛的甜美的自負的美麗的瘋狂的有天賦的受盡磨難的未來之星。妳對寫作的一心一意，讓我相信，妳就是為了這件事而存在的。而這種時候，這種人，幾乎每一次都能帶來我們想要聽的聲音。我很想知道蘊藏在妳心底的天賦，究竟是什麼模樣。我想要看見妳那第二顆跳動的心臟的輪廓。

所以，寫吧！艾莉莎．巴斯特。不要以女孩的筆觸書寫，也不要以男孩的樣貌書寫——而是如同一個他媽的狠角色那般。拼命地寫。

Sugar

一道全新的、支離的光

親愛的Sugar：

我的父母最近決定要離婚了。確切地說，我爸為了一個更年輕的女人打算離開我媽。這實在是很老套的故事，但發生在我身上時，它依舊將我擊垮了，彷彿自己是全世界第一個遇到這件事的人一樣。我已經成年了。而我和父親一直都很親密，我崇拜他，將他視為我的模範與榜樣。發現他背著我媽和別人約會，還對我們說了那麼多謊，令我感到痛不欲生。突然之間，我對這個一直依賴、崇拜、深愛的人，完全失去了信心。

我曾試著理解他。我想，他應該也經歷了痛苦的掙扎，這對他來說也是個艱難的決定。我好氣他，也覺得好受傷，他竟然在短短的時間內變心，又欺騙了我們。我渴望找回過去我們之間的那種關係，但同時又覺得，因為我現在經歷的這些感受，我們再也回不去了。另外，他畢竟和別人在一起了，他所扮演的我的父親的角色，也將不再相同。我該如何與他重新建立起我們的連結與關係？

離婚困局

親愛的離婚困局：

這真是太糟了。當一個人的父親要離開他的母親時，那些感受都是無可避免的。尤其，他是為了一個更年輕的女人要拋棄妻子；甚至，他為此而說了許多謊言。我很難過你得經歷這些痛苦。

我認為，若你想與父親重新建立起真正的連結與關係，最好的方式就是以真誠的態度這麼做。所謂真誠，意思是要實際地、真摯地、懇切地、誠實地去面對他。告訴你的父親，你對他的行為與選擇的感受。你必須讓他知道你所受的傷害和你對他的憤怒，也必須讓他知道你對重建你們之間因欺騙而受創的親子關係的渴望。另外，你也要盡力去傾聽他想對你說的話。

我不敢下保證，但我想你父親並不願傷害你。其實，他可能也不想傷害你的母親，儘管他看似並不在乎這一點。在面對愛與性時，最好的人也常常會做出各種愚蠢至極的行為。雖然你父親的欺瞞讓你感到被背叛，但實際上，所發生的這一切應該是他和你母親之間的事。他不該在下定決心與你母親攤牌之前，就向你承認外遇。他並不是有意地欺騙你，你只是很不幸地身處於他的謊言裡，糾結其中。你是前排的觀眾，近距離地觀看了那一段輪不到你出場的親密關係。你不應將之視為背叛——那不是的。你父親雖然終究配不上你母親的信任，並不代表他同樣不值得你的信任。

我知道這些話看來很像在為他的行為辯護，但請讓我向你保證，絕非如此。我完全理解你為什麼會有那些感受。如果是我，我也會覺得憤怒又受傷。但在變革的轉捩點前，我們往往需要將情感與理智分開來。你的理智知道男人為了更年輕的女人而離開妻子的事情屢見不鮮；但你的情感無法相信你的父親也會這樣。你的理智知道，即使是堅強而富有道德感的人，要維持一段單一伴侶的感情關係也是不容易的；但當你自己的父母也辦不到的時候，你的情感依舊錯愕震驚，難以接受。我認為，如果你在現階段能盡你所能讓天平往理智的那一端傾斜，會令你比較好過。並不是要你否定自己的悲傷，而是要你循著整體的脈絡，實事求是地來看待最可能的真實情況——對你的母親而言，你父親最終並不是一個好丈夫；但這並不是說，對你，他當不了一個好爸爸。

我想勸你給他這個機會。並不是說你應該要就此放他一馬，將事情輕輕揭過、一筆勾銷，但你也不應抓著這一點不放。你和你父親一生的關係與連結是一張繽紛多彩的織毯，找出將他的失敗與欺瞞也織進這張毯子裡的方法，勇敢地去探索他的新感情對他有什麼意義，然後開口問他，在那段感情裡，你的位置在哪裡。

這很難，但這並不令人意外。人與人之間的親密關係，常包括了強迫自己透過一種全新的、較以往更支離而傷痕累累的角度，去看我們愛得最深的那些人。仔細地看，大膽地看。

Sugar

森林裡的兄弟聚會

親愛的Sugar：

每年，我和三名最要好的大學同學會聚在森林中一間小木屋裡，渡過我們的「年度兄弟週末」聚會。我們三十幾歲，維持這樣的聚會已經將近十年了。我們各自忙於生活，分別住在不同的城市，於是年度聚會成為我們保持聯絡的方式。儘管有時我們好幾個月都說不上一句話，我依然將他們視為我最好的朋友。我們彼此相伴走過人生中許多階段、許多事件、許多不同的關係，包括兩場婚禮、一場離婚。其中一個人出櫃了，另外一個人發現自己酗酒並成功地戒酒了，還有一個人成為了父親；不正常的缺陷家庭問題；我們共同的大學好友的過世；職業上的成功與失敗——還有許多事情，你懂我的意思。

數月前，最近的一次聚會裡，我意外聽見我的朋友在八卦我。在這件事發生之前，我們正好聊到我的感情生活。去年，我和愛情長跑多年的女友分手了，其中的原因我在這裡不多說，但當我們決定離開彼此時，我把理由全都告訴了我的朋友。在聚會前不久，她和我又決定重新開始。於是我跟他們說，我和前女友要復合了。他們沒說什麼，而我本來也沒有期待他們有什麼回應。

那日稍晚時，我獨自出去散步；不久就發現自己忘了戴帽子。我返回小屋去拿。推開門的那一刻，就聽見我的朋友們聚在廚房裡，正談論我。我並不是有意偷聽，但既然是在講我和女友的事情，我無法克制自己不去聽他們在說什麼。我不至於說他們是在說壞話損我，但他們確實批評了我「合理化」自己的感情的態度，以及關於我一些不討喜的個性方面的問題。大約五分鐘後，我打開門，又重重甩上，製造出很大的聲響，讓他們知道我回來了。他們停止了交談。

我假裝沒聽見他們的談話，但過不了多久，我忍不住說出了實情。他們非常尷尬，每個人都對我道歉，跟我保證他們不是那個意思，強調他們只是擔心我與前女友——一個在他們眼裡並不適合我的女孩——復合的事情。我裝作無所謂，擺出這都過去了的模樣。但事發至今已經兩個月了，我依然很在意，我覺得被背叛了。首先，我要和誰在一起，根本不關他們的事；其次，他們對我的那些批評，真的令我很不爽。

我明白，自己或許有一點小題大作；我也承認，在過去我也曾在背後與其他人談論過他們，也曾說出一些並不希望當事人聽見（即使是轉述）的看法。我理性的那一面理解這種朋友間的談話是很正常的。這麼說似乎感覺太過脆弱，但我真的覺得很受傷。想到明年的森林小木屋聚會，有一部分的我在心裡只想叫他們見鬼去吧。

你覺得呢？我該原諒他們、遺忘這些不愉快，還是乾脆去找一群新的朋友？

親愛的被孤立的人：

真是一場災難。聽到你朋友的談話中提及關於你的負面的事情，感覺一定很糟。而你的朋友發現你聽見了他們的話，一定也覺得非常窘迫。你感到難過、受傷，都是正常的。

然而……（你知道這裡一定會出現「然而」兩個字的，是不是？）然而，以大局觀之，其實這很尋常，並不是什麼大事。我很確定，你不該為此而拋棄他們，再去找一群新的朋友。更何況，新的朋友？他們同樣也會在背後談論你的。

講到這裡，大概是有點言之過早了。

或許，讓它真正成為過去的第一步，是承認發生這件事是很不幸的。聽到一場不該讓你知道的談話，等於戳破了一種保護你的感受不被傷害的社會行為準則。你的朋友使用直白的語言，表達平時因為禮貌而不曾對你直言相告的看法，而若他們知道你在聽，是絕對不會這麼說的。你撞見了一場關於你的談話，因為不需顧及你的感受而未經潤飾。難怪你被刺傷了。誰都會的。

但是，就因為你的朋友對你有那些意見，並不代表他們不愛你、不將你視為珍貴的朋友或不認為你是他們認識的最棒的人之一。在你正感到受傷的此刻，這或許令你有點難以置信。但這是真的。

我們本來就會在朋友背後談論他們——我們真的會。你可以去問任何一個研究人際溝通行為的社會學家；甚至你自己都承認會這麼做。朋友見證了我們的特質與缺點、我們不好的習慣與優秀的品行、我們的矛盾與手段。他們需要時不時地以不太正面的措辭談論我們在生活和性格上的缺失，這是正常的。當然，就像世間其他任何事情一樣，這種行為也有兩種心態：健康的、具有建設性的，以及病態的、具有破壞性的。

健康的談論，源自尊重以及愛。我們會做出不贊同的批評與負面的觀察，完全是因為對當事人的情感和喜愛。我們會在背後談論一名朋友，有時是為了設法解決、釐清在我們眼中看來他／她所做的某些錯誤的決定；有時是因為朋友展現的某些特質令人吃驚、困惑、甚至火大，儘管如此，我們還是愛他們。有時是因為與他們其中一人之間的互動有些詭異、粗魯無禮、或是愚蠢，而需要將火氣給宣洩出來。這些談論的底線，是我們心底很清楚地認識到：即使朋友令人惱怒、困惑、失望……我們依舊深愛並在乎他們。我們所表達出對朋友的負面批評，其份量其實遠遠不及那些正面想法。

而病態的那種心態，則是源自殘酷與惡意。話語中缺乏寬容、多了幸災樂禍的譏諷嘲笑，以在「朋友」的傷口上灑鹽為樂。儘管裝模作樣，卻不是真心為了朋友好。這樣的我們，自大妄斷、小家子氣，不僅無意保護我們的朋友，且一有機會就將背叛他們。然而在有利可圖時，又非常樂意利用這段「友誼」。此處所謂「喜愛」的情感，不過是為個人利益而存在，而非真心的感受。

好啦。聚會八卦雖然分好的和不好的形式與動機，但無論是哪一種情況，當事人聽到了，肯定都是不好受的。無疑地，被孤立的人，在這件事以後，你和你的朋友將需要修補一下你們受損的關係。我相信，給彼此一點時間，你們能辦到的。

我毫不懷疑，你的朋友是抱持著愛與關懷在談論你的事情——也就是那種健康的、正面的心態。我的直覺告訴我，那日你的朋友聚在小木屋裡談論你，他們其實是不自覺地想要讓你們之間的關係更加緊密，而非意圖往相反的方向去努力。畢竟，當這些「小插曲」發生時，你才剛告知他們，自己將與一名他們認定（不論這種認知是否公平）對你的人生有負面影響的女人重新交往。如果不是在乎你，他們根本不會費心思在你一離開現場就開始討論這件事。他們一同將想法一股腦地傾倒出來，或許正是在做準備，為了稍晚能以一種較委婉、修飾過的方式與你溝通。

這是因為他們愛你。

你聽見了不應讓你聽見的談話。如果知道你在場，他們是不會那麼說的。但這不代表他們背叛了你。這只代表你們都陷身於一種尷尬的境地，而這種情況，我猜我們所有的人都有機會成為兩方之中的一方。

我建議你和他們好好聊聊發生的事；這次，直率一點。顯然的，你受傷的感覺揮之不去，有部分原因是因為你太急著大手一揮，就想將它驅散。讓這一場「森林裡的兄弟聚會」大災難將你們的關係拉得更近，而非成為讓你們疏遠的力量。這個尷尬的經驗可以是個良機，讓你釐清關於你女友的事情，以及你最親愛的朋友們究竟認為你「合理化」了這段感情的哪些地方。告訴他們你聽見了那些話有多受傷，告訴他們你為什麼認為他們所言非實。告訴他們你為什麼愛著女友，為什麼他們也應敞開胸懷接納她。問他們為什麼會說那些關於你和女友的話，然後盡力去傾聽。

你選擇和誰交往，確實與他人無關；然而他們對此有話要說，是因為希望你能有美好的人生。他們瞭解你。他們聽你說過這段感情的始末，也做出了自己的觀察。我並非建議你為了朋友不喜歡她，就甩掉你的女友；我只是建議你聽聽他們的看法。或許他們不喜歡她，是因為當初分手你對他們訴苦時，為她的形象蒙上一層不討喜的陰影。又或許真的是他們搞不清楚狀況，則你應該要讓他們瞭解實情。也可能是他們看見了某些問題，而你因為太想讓那段感情開花結果，一時之間卻視而不見。

事實如何，我們並不知道，時間會證明一切。但我鼓勵你壓下自尊與驕傲，聽聽他們怎麼說，瞭解他們眼中的你是什麼模樣。這可能於你有益，可能將你徹底惹惱，也可能幫助你克服這樁小木屋事件帶來的種種問題與傷口。複雜的是，朋友對我們的看法有時錯得離譜——有時卻是切中肯綮，直指關鍵核心。往往直到事後回想，我們才能真正知道是對是錯。

我有個很親密的朋友，在這裡，我姑且叫她貝絲。她和一個在此我將稱為湯姆的傢伙墜入了愛河，墜得又快又痛。那一、兩年之中，湯姆曾將貝絲帶上天堂，也曾將她推下地獄。那段時間裡，他們之間有愛、有欺瞞、有遺棄、有謊言、有熱情、有承諾，還有一大堆亂七八糟的事情。她的情緒忽高忽低，狀況時好時壞，有時站在我家門廊前渾身顫抖痛哭失聲，有時卻又在電話裡細述湯姆是多麼的好。在旁觀這段感情很長一段時間後，我逐漸有了自己的觀點，並將我的憂慮告訴貝絲。起初我很委婉，但要不了多久，我忍不住單刀直入，直白地說出了我對這個男人的看法——我認為他是個花花公子，貝絲若不徹底擺脫他，只會給自己帶來痛苦。

過了數月，經歷更多失敗的開始與背叛以後，她終於相信我是對的。那時，她滿心後悔，懊惱自己不曾早一點聽取我的勸告；但其實我並不怪她。換成是我，同樣也是聽不進去的。誰會真的照朋友所言去做？我似乎從來沒有，總是到事後才恍然，當初實在應該聽他們的意見。

又過了數月，貝絲開始和另一名男子約會，我將稱他為戴夫。在交往一個月後，她打了通電話給我，說他們「訂下來」了。

「訂——婚？」我結結巴巴地問，試圖掩飾我的不贊同和恐懼，深怕這個戴夫會是另一場災難，另一個湯姆。

「對啊！我知道這很快，但我們相愛。我們要結婚了！」她說——她很確定。他是個超棒的人。

她真的很快樂。她知道這次一定是對的。

我花了半個小時的時間不斷地對她扔出一個接一個的問題。我盡力讓自己的語氣聽起來輕鬆愉快，但當掛上電話以後，我一點都不覺得輕鬆愉快。我很擔心。我立刻寫了封email給貝絲的另一名密友（我跟她根本就不熟）。我問她對貝絲要和那個只約會了一個月的男人結婚這件瘋狂的事有什麼看法。我們來回通了多封email，談論著貝絲，包括她在感情上有特別容易遇到壞男孩的傾向，包括我們對她長處與短處的觀察，也包括我們對發生在她身上的期望和我們的擔憂。我們瞭解她、愛她、希望她幸福——但我們卻也厚著臉皮在她背後談論她。

多月後，貝絲已與戴夫結為連理，而我也發現戴夫真的讓貝絲非常幸福。他待她極好，對她也有很正面的影響。那時，我才將自己所做的事告訴了貝絲：因為對她和戴夫太快定下來感到憂慮，所以我在email裡與她的朋友談論過這件事情。當知道兩名摯友曾在背後談論她時，她臉上浮現了一絲不安。我可以理解她為什麼戒備、感到不自在：我們是誰，憑什麼對她要和誰結婚或是多快定下來的決定品頭論足？我真的理解。

但我也知道我們是「誰」。我們是她最好的朋友，曾在她傾訴關於湯姆美好的與糟糕的一切時從頭至尾傾聽，也是會始終陪著她的人，不管她與戴夫最終的結果是喜是悲。無論如何，我們都會是她的朋友，因為我們愛她。任何時刻，只要她需要我們，我們都會立刻奔到她身邊，與她站在一起，支持著她。她很清楚這一點，而我知道她同樣亦是如此。我知道她永遠會對我說實話，即使實話很痛、很傷人；但她會盡力不讓我受到傷害。在我們的友誼中，我想她對我應該也有某些看法和擔憂，是她寧可和其他人討論而非對我直言的；她談論我的那些話，或許我也最好不要聽見。而我明白，這都沒關係。要維繫一段多年的真摯友情，這是非常自然的一部分。這不是背叛，而是幸福。

這就是那幾個人對你而言的意義，被孤立的人。真正的朋友、切實的幸福。原諒他們。感受你擁有他們是多麼幸運的一件事。然後繼續向前走。

Sugar

討厭的念頭朝我襲來

親愛的Sugar：

我是一名即將滿三十四歲的異性戀女性。我會因一些令人反感的念頭而感到興奮——比如父女亂倫、被男人強勢地「占有」、或是在床上作為「臣服者」（submissive）的角色。我一直試圖想驅散這樣的慾念，因為這一點都不像我，也因為它們令人憎惡與窘迫。然而，我往往無法控制自己。我的思緒不自覺地就飄往那個方向。基本上，這種念頭讓我高潮。

我是個堅強、獨立、「正常」、擁有女性主義思維的女人；當然，也極度反對強暴、亂倫和男性支配。這讓我更難以接受自己竟然有那些想法，但我同時也抑制不了它們的出現。在過去這些年來，我有過三段認真的感情，也短暫地和幾名伴侶／情人約會。最近，我開始和一名我非常喜歡的男人交往。在這幾段感情裡，我曾和幾人嘗試過一點點床上的「權力遊戲」（power play），但我從未向任何人透露過我真正的、完全的慾望與幻想。我想，我會感到如此羞恥的其中一個理由，是當我還小的時候，我父親曾輕度地性侵過我（比如，長達一年的時間，他時不時地愛撫我的身體）。我八歲那年他死於車禍，因此這種情況沒有繼續下去了，謝天謝地；然而我依舊擔心我那些病態的念頭是否源自於他，以及他對我做過的事。尤其是那種「父親／女兒」的幻想場景一再在我腦海中重複播放，令我作嘔。

我寫這封信，是想問問你：如果你是我，Sugar，你會怎麼做？我應屈服於這些病態的思想，還是努力對抗？

我知道人們本來就會做許多古怪、甚至變態的事情。但我對加入性虐戀（S&M）社群毫無興趣——不管怎麼說，那樣重口味的性愛本來也就不對我的喜好。在床上以外的生活中任何的權力不對等關係，於我都沒有吸引力；我完全不是一個受虐癖。我不想要一個地窖、一把皮鞭，也不想當任何人的奴隸。我只是渴望在床上能被人既憐愛又強勢地支配、控制著（我是說心理上／語言上的強勢支配；在實質肉體上，我只能接受這樣的力量維持在輕微而溫和的程度）。我覺得自己有兩條路：將這些幻想一勞永逸徹底驅除，或是乾脆接受它，讓我的性生活更美好。你會怎麼選擇？你又將怎麼做？你認為我能冒險和另一名男人分享我的癖好嗎？還是他只會覺得我是個變態，被我嚇跑？

渴望臣服

親愛的渴望臣服：

妳小時候曾玩過一個遊戲嗎？走進黑暗的浴室裡，盯著自己在鏡中的朦朧倒影，唸出「瑪麗，瑪麗，我相信血腥瑪麗」（*Mary Worth, Mary Worth, I believe in Mary Worth*[*10]）十三遍？在我的家鄉，傳說在唸完最後一個字時，那面鏡子會裂開，滴下血來，並且血腥瑪麗很可能會出現在你面前。

而當我讀著妳令人心碎的來信時，渴望臣服，我想起的就是這個遊戲。我知道這很老掉牙，但我希望妳能和我一起，玩一遍專屬於妳的血腥瑪麗遊戲。踏進浴室，看著妳在鏡中的影像，然後重複以下這個句子十三遍——嗯，讓我們把燈開著就好。

變態的慾念令我興奮
變態的慾念令我興奮
變態的慾念令我興奮
變態的慾念令我興奮
變態的慾念令我興奮
變態的慾念令我興奮
變態的慾念令我興奮
變態的慾念令我興奮
變態的慾念令我興奮

變態的慾念令我興奮
變態的慾念令我興奮
變態的慾念令我興奮
變態的慾念令我興奮

鏡子裂開、滴血了嗎？有駭人的面孔出現嗎？妳有尖叫著逃出浴室嗎？我希望妳的答案是沒有。我希望妳是直直站在那裡，迎上妳自己的目光。妳信中每一分痛苦的自我厭惡和每一道無解的難題，都將因妳勇於這麼做而得到撫慰與解答，親愛的。

即使那些念頭令妳興奮，也不代表妳是個變態。妳連「怪誕」都算不上。妳知道有多少女人和妳有一樣的幻想嗎？邀妳最要好的女性朋友去妳家過夜，共享一點「真心話」時間。選一本副標包含了「女人」及「性慾」字眼的書，一路瀏覽，讓自己浸淫在摑臀和粗魯、持久、強勢的硬漢與淫蕩小女孩的**盛宴**之中。妳依然是那個「堅強、獨立、『正常』、擁有女性主義思維的女人」，只是在床上，妳喜歡一些瘋狂的做愛方式。事實上，正因為妳是個「堅強、獨立、『正常』、擁有女性主義思維的女人」，妳更可能滿足自己對性慾的要求。

所以，讓我們來討論一下妳該如何辦到這一點，我的臣服者小傻瓜。

關於妳父親的事，很明顯的，妳有傷口需要癒合。他性侵了妳，然後撒手人寰。這是很沉重、很難熬的。一個好的心理治療師能幫助妳瞭解妳所失去的、妳所受到的侵害、以及妳很可能依舊懷抱著的對父親的愛。他／她可以幫助妳開始探索，妳的過去是如何連結著妳對性慾的渴望。

我的猜測是，這兩件事情確實是相關的（至少是有某種晦暗難明的關聯存在），儘管這麼想可能會令妳感到不自在。但這並不代表妳想要妳的父親上妳，或是妳想要被強暴、被男性欺凌。這只是代表，或許妳過去曾失去了什麼，或是在某處受了傷害，而妳的性慾可能——只是可能——試圖要找回妳所失去的，並修補妳受到的傷害。我們不可能知道事實究竟是什麼，但我鼓勵妳盡力在那個陰暗世界裡尋求洞見的光明。這麼做不是為了讓妳擺脫「病態的念頭」，而是令妳得以真正地接受、擁抱自己的性慾，並享受一點歡愉。

我是說真正的歡愉。所謂性幻想，意思是那是「假裝」的，而當一個性幻想付諸實行時，它是發生在兩名相互同意的成年人之間。被強暴與要求別人撕爛妳的衣服與妳做愛有著天差地遠的差別。即使選擇在做愛時交出妳的掌控權與力量，妳依然是妳自己性生活的主人。妳隨時隨地都能將這種權力與力量收回。

也就是，這種權力與力量，其實一直都在妳的掌握之中。

而強暴受害者沒有。亂倫受害者沒有。專橫跋扈支配狂的受害者沒有。當妳因為某些慾望而苛責自己，當妳拒絕承認「**變態的慾念令我興奮**」這個事實時，一葉障目，妳忘了真正的重點何在。那些事情裡真正最使人反感的一點，是有人被迫去作自己不想做的事情，並因此而受到傷害。

妳想要的恰恰相反。妳想要有人對妳做出妳**想要**他做的事情。一旦妳明白了這之間的差異，妳再也不會對自己的慾念感到如此厭惡。開口邀請那個妳生命中的男人與妳一同滿足這些慾念吧！那將會很棒、很火辣、美好而又歡愉。

同時，那也會有一點點令人畏懼。就像是人生中，每一次我們鼓起勇氣去碰觸最真實無偽的事實的時候，都會有的那種感覺。當妳終於有了膽量與決心，直直望進鏡子裡，毫不停歇說出「血腥瑪麗」咒語十三遍時，妳就會發現——興奮地同時又害怕地發現——我們怕的從來不是她。

我們害怕的，始終都只是自己。

Sugar

抵達彼岸

親愛的Sugar：

我成長於非常保守的偏遠南方基督教區，這裡有一道厚重的牆，將我的人生與美國其他地區的生活方式和價值觀隔離。我們的小鎮大約只有六千名居民，而整個郡也不到三萬人口。我知道其實各地的人們基本上都是一樣的，但在南方，我們的生活似乎更沒有隱私。

我的專業與房地產領域相關，自己開業，結婚已超過二十年了，有四個小孩。我的婚姻前半是個非常幸福美滿的夢幻國度，但在過去的十年間，我和妻子已漸行漸遠。如今我們彷彿只是和平共處的室友，或是兄弟姊妹。我們都不快樂，但為了孩子，我們選擇不離開對方。

幾年前的一場意外，傷到了我的脊椎。神經外科醫生說動手術的效果不佳，並將我轉到疼痛治療門診。隨即我無可救藥地對止痛藥上了癮。年輕的時候，我曾因為一名手足自殺的刺激而接觸過酒精和毒品，但從來沒有真正成癮。然而，現在我在七到十天之內就會吞掉整整一個月份量的止痛藥，然後整個人崩潰，得靠向其他人乞討或是借用，才能撐到下一次門診的時間。我知道這些藥物最終會把我的肝臟變成一塊冷硬的石頭——如果我沒有先因為用藥過量而意外死亡的話。我很清楚，我有大麻煩了。

在經濟不景氣的時候，我的生意也一落千丈，最後我們失去了健保的保障。我已不再聘請員工，所以如果自己不天天工作，就沒有足夠的收入供家庭溫飽。戒斷治療在現實層面上幾乎是不可能的選項。我無法依賴妻子來支撐家庭，也沒有其他家人在身旁。我覺得自己形單影隻，孤軍奮戰，除了我的小孩以外，再也沒有人站在我這邊。所有想得到的辦法，從禱告到「冷火雞」式戒斷（cold turkey）法，我都試過。但我就是辦不到，我缺乏貫徹的自制力。我越來越依賴這些藥物，心理上的依賴不亞於（甚至更甚）生理上的依賴。我需要這些藥物幫助我渡過蕭條的生意、低迷的收入、無愛的婚姻。所有的這些遭遇，外加一年半前，因為癌症，我失去了親愛的母親，隨即又失去一名摯友。現在，藥物作用加上不景氣及其他的狀況，我又多出了憂鬱的問題和想要自殺的念頭。我能為自己想到的出路有：

1. 繼續這樣下去。我知道，這種選擇有一天很可能會令我失去生命。
2. 想辦法去進行戒斷治療，然後失去我們的房子和生意（我妻子無業）。
3. 在這個小鎮裡參加ＡＡ／ＮＡ互助團體（匿名戒酒會／藥癮者互助團體）。我幾乎可以肯定，這將毀掉我那本已是苟延殘喘的生意。

我希望你能為我想出其他的方式，因為我覺得上述我列出的那些選項，沒有一項會有幫助。請你誠實地、直白地將意見告訴我，讓我在這樣複雜多面的困境之中能有全新的思考角度。

謝謝你，

失落帝國的統治者

親愛的失落帝國統治者：

我真的非常、非常遺憾，你經歷了這麼多不幸。你在信中列出了三種你認為可能的出路，但其實這三個選項代表的都是同樣的意義：你在還沒開始之前，就已經認輸了。我明白你為什麼會有這種感受。當生理上的疼痛、藥物成癮、經濟受挫、失去健保、不快樂的婚姻——種種盡數匯聚在你身上，這確實令人畏縮氣餒。可是，沮喪、想不開等等情緒，對你而言太過奢侈。你可以找到突破困境的方法；你非得找到不可。根本沒有三條路可以選擇。你只有一條路。如同里爾克（Rilke）所言：「你必須改變你的生活。」

你有能力辦到的，統治者。現在，你或許覺得不可能，但那是因為你無法好好思考的關係。藥物、絕望和憂鬱攪亂了你的思緒。如果現在你的腦中只能留下一個念頭，請你牢牢記住這一個。數年前，正是這樣的信念，令我渡過我那些毒品／金錢／愛情的災難與困境。當我自己無法正確思考時，一個我非常信任的人挺身而出，告訴我該怎麼做。我照辦了，而這拯救了我的人生。

你說你沒有「貫徹的自制力」，以至於沒辦法戒除藥癮——但你其實有的。只要你不是孤軍奮戰。你需要主動伸手向外求援。以下是我認為你應該努力的方向：

1.在疼痛治療門診找一名醫師談談你的問題，告訴他／她，你對止痛藥物成癮，有憂鬱的症狀，而且破產了。把所有實情都據實以告，不要有所保留。你不是唯一一個有這樣遭遇的人，沒有什麼好覺得丟臉的。我知道你的第一直覺是對你的醫生說謊，以免他／她會斷了你的藥品供給；但請不要相信這個直覺。正是它，會毀掉你的生活，甚至很可能令你喪命。相信那個真正的、原本的你——如果你辦不到這一點，那請你相信我。你的醫師可以幫助你安全地戒除那些令你上癮的藥物，改開其他比較不容易成癮的替代藥物，或者安排你接受藥物成癮治療療程及／或心理諮詢療程——甚至或許以上皆有。

2.你的醫師可能知道有免費的戒癮療程；如果沒有，我建議你參加匿名藥癮者互助團體（Narcotic Anonymous；NA），或者匿名戒酒會（Alcoholics Anonymous；AA），如果你們的小鎮只有這個的話。你害怕自己會被品頭論足、受到譴責，這很正常。確實，有些人真的會這樣對你；但大部分的人不會這麼做的。我們或許平庸，或許渺小，但胸懷的寬廣卻是超乎想像。我們每一個人，在人生的道路上，或多或少都曾搞砸過。你正處於困境當中，做了一些並非自身期望的事情。你沒有百分百保持在最佳自我的狀態。這只代表你是個凡人，和其他人一樣。每一次我陷入令人羞愧尷尬的處境時，都會驚訝地發現，有多少看似「正常」的人也和我一樣，被困於相同的窘境裡。人是如此複雜，如此美麗地不完美著。我們擁有許多美好的、高貴的特質，然而同時也滿懷性慾、常常只顧自己的利益與困境、受自尊心驅使、痴狂沉迷毒品與藥物——我認為，加入AA／NA互助團體能夠給你帶來安慰，讓你發現很多人跟你有相同的困擾，包括那些你以為絕對不會惹上這種麻煩的人。在自我療癒的路上，那些人將給你許多幫助，親愛的。當你去面對藥癮問題時，他們會支持你，無條件地、免費地支持你。我認識許多人，他們的人生因參與互助團體而改變。在加入以前，他們之中沒有一個人認為自己是「適合互助團體」那一類型的人；他們相信，跟互助團體裡那些沒救的怪咖相比，自己一定更聰明、更世故老練、沒那麼篤信宗教、更具有懷疑論心態、沒那麼脆弱又神經緊張、或更加獨立自主。

他們全都錯了。你憂心若自己參加互助團體的風聲傳了出去，會毀掉你的事業，但我認為人們比你想像的要寬容許多。沒錯，即使是在你口中那「非常保守的深南部基督教區」。不過話說回來，統治者，就算你所擔心的事情是真的，你又有什麼更好的選擇嗎？若你繼續沿著這條路走下去，你的藥癮與憂鬱只會越來越嚴重。你寧可讓自己的生意因為你拒絕為生活做出改變而關門大吉，還是因為你與一群高道德標準的混蛋恰好生活在同一社區，而他們只為你尋求幫助就選擇懲罰你、導致你的公司倒閉？

3.和你的妻子談一談，將你的藥癮與憂鬱問題都告訴她。這或許該排在待辦事項的首位，或許該排在末位——由你的信中我無從判斷。你的妻子將會是你最初尋求幫助時重要的支持，還是說，你先做出某些正面的改變，再告訴她實情，她會比較容易接受？無論如何，在知道你對她隱瞞藥癮這麼久以後，她會有被背叛的感受。但最終會因終於知道了真相而鬆一口氣。你說你們的婚姻是「無愛」的；當然，很可能正如你所言，你倆的感情已經走到終點。但我希望你好好想一想，現在的你是否真的能做出最佳的評斷。你是一名飽受心理疾患困擾的藥癮患者，有四個小孩、沒有健保、生意前景慘澹、帳單堆積如山……這樣的情況下，你的婚姻搖搖欲墜，並不令人意外。我也不認為在過去這幾年，你會是個模範伴侶，而你的妻子似乎也同樣不是。但你們兩個，在共度了十年的幸福時光以後，還能「和平地」在巨大的壓力與困境中，繼續一起生活另外一個十年，這是非常了不起的成就，你不應視而不見。你們當初對彼此的愛或許並未燃燒殆盡，或許你可以將婚姻重建起來。或許不能，但不論結果如何，我鼓勵你別輕言放棄。

4.擬定一份經濟計畫，即使那份計畫是對一場災難的層層剖析也無妨。你認為「金錢」是你無法進行戒癮治療或是參與AA／NA互助團體的理由，但你一定清楚，如果繼續順著這條路走下去，你的經濟狀況只會變得更糟。統治者，你的一切都已危如累卵——你的孩子、你的事業、你的婚姻、你的家、你的人生。如果你需要花點錢讓你自己好起來，那就這樣做吧。要自深坑中脫困的唯一方法，就是爬出那個洞穴。在諮詢過醫師、瞭解你有哪些選擇，並向你的妻子坦承相告後，你應與她一起坐下來，好好討論關於錢的事情，將你們所有的機會一一納入考量。或許你有資格申請政府援助補貼，或許你的妻子能找個工作，暫時性的或是長期的都可以。或許你可以向親人或朋友借點錢。或許——在你踏出療癒的第一步以後，會發現這一切其實沒有你想像中的那麼絕望；或許在你努力治療、痊癒的過程中，依然能保住工作。我知道你之所以對自己的經濟狀況感到如此恐慌，是因為你有四個小孩要撫養的關係。然而你現下所做的每一個糟糕的決定，其實都與你的初衷背道而馳。要在經濟上保障、照顧你的家人，唯一的方法就是振作起來。

我二十四歲時，曾在布魯克林（Brooklyn）住過幾個月。我和當時的丈夫一起住在一棟空蕩蕩的公寓裡。我們樓下有間小酒館，樓上則是一對每每在半夜尖聲怒吼爭吵的情侶。不知道為什麼，那棟大樓其他的地方（儘管隔滿一間間公寓套房）完全沒有別的住戶。那時，每一日，白天裡我都孤身一人在小公寓裡埋首寫作，而我丈夫則為他一名富裕的朋友擔任助理的工作。到了晚上，我會出去兼職當服務生。

「妳有聽見什麼奇怪的聲音嗎？」某天夜裡，當我下班回家時，我丈夫問。

「聽見什麼？」我問。

「在牆壁後面，」他說，「剛才我聽見了某種聲音。妳一個人在家時有聽見嗎？」

「我沒聽見什麼聲音啊。」我說。

但隔天我聽見了。先是來自牆壁後方，然後又從天花板上傳來，忽遠忽近，忽進忽退，最終消逝無聲。我聽不出那是什麼，但感覺糟透了。像是極小極小的、嬰兒一樣的東西，它的哭聲是羽毛般輕而飄，如同枯葉自樹梢落下的速度。那可能根本沒有什麼。可能根本是我聽錯了，是我想像出來的。每一次想起當時的人生與自己是多麼需要對生活做出改變（同時，改變這件事看來又是多麼遙不可及），潛藏在我心底的聲響，便是這般的哭音，一模一樣。

「我聽見了。」當晚，我告訴我丈夫。

他走向前，摸了摸牆壁。什麼也沒有，一片寂靜。「我們大概在幻想吧。」他說，我同意了他的看法。

但那個聲音不斷來來去去，延續了整個十二月，無法定義，無法觸碰。到了聖誕假期，就只有我們兩人彼此相伴。我丈夫從他的友人那裡收到一筆獎金，我們花掉一小部分，買了兩張歌劇演出後排座位的門票。那是莫札特的《魔笛》（*The Magic Flute*）。

「我一直聽到那個聲音，」在回家的地鐵上，我和我丈夫說，「就是牆壁後面的聲音。」

「嗯，」他回答，「我也是。」

元旦那天，我們在早上七點被一陣哀嚎哭聲驚醒，跳下了床。那正是我們多日來聽見的聲音，只不過這一次不再如先前那樣微弱而幽渺，異常清晰地自壁櫥上方的天花板傳來。我丈夫立刻抓了一把錘子，用鉗形的那一頭開始敲打牆壁，將牆上的灰泥鑿成一塊一塊的剝除拆碎，灰白粉塊紛紛落滿了我們的衣服。十分鐘後，他幾乎已將壁櫥天花板整塊挖空。我們知道自己在破壞房間，但不在乎。我們一心只想找出那個聲音的源頭（在挖鑿的過程中，那個聲音又消失了）。當那一塊天花板被挖空，我們默然無語，一起向上瞪視著，望進那幢大樓神秘又黑暗的內臟。

起初，裡面看來空無一物，製造出悲慘聲響的罪魁禍首似乎已然離去，或者這一切真的是我們幻想出來的——但過了一會兒，兩隻骨瘦如柴的幼貓出現在那裡，從那個凹凸不平、斑駁又嶙峋的洞口朝下望向我們。它們是我這輩子看過最奇特的小東西，瘦弱得幾乎不可能還活著，因恐懼而拼命顫抖，渾身沾滿了煤灰、蜘蛛網和一團團黑色油污，雙眼大得不可思議，閃閃灼爍，發著光。

「喵。」其中一隻開口。

「喵。」另一隻嗚咽。

我丈夫和我掌心向上，朝它們伸出手；兩隻小貓立即踏了上去。它們那麼輕，托著就如同捧著一團空氣，裡面包覆著這世間最小最小的東西一樣。像是兩隻小小的麻雀，窩在手心裡。

在過去數年中，我曾多番嘗試要將這段經歷付諸文字。那是在一段悲傷又惶惑的人生階段所發生的一件極其特別的事情。我非常希望能與讀者分享，包括我和那位前任丈夫間更深層的情感，我們是多麼相愛，又是多麼迷失困惑；我們與那對小貓多麼相似，日復一日被困在絕境裡，飢餓難熬。又或者，根本與那兩隻小貓無關。或許其中真正的意義，在於我們是如何聽見了那個聲音，卻置之不理，直到那聲響大到我們別無選擇為止。

我一直沒有找到合適的方式將它寫下來——直到我讀了你的信，統治者，我突然意識到，這正是你需要聽的故事。不是關於小貓們在黑暗大樓裡找不到出路的恐慌與痛苦（當然，這絕對有它的意義），而是它們如何拯救了自己。它們滿懷恐懼與驚慌，卻堅持不輟。並且，當兩個陌生人伸出手時，它們沒有退縮，而是挺身向前，踏了上去。

Sugar

注釋

注1：dudelio查無此字，應是作者自造，依dude字義與前後文，譯為男兒心。

注2：《*Brain, Child: The Magazine for Thinking Mothers*》，美國雜誌，創刊於二〇〇〇年。

注3：《虛幻臆想的完美翻版》（*An Exact Replica of a Figment of My Imagination*），伊莉莎白・麥克萊肯（Elizabeth McCracken）著。

注4：豌豆公主：出自安徒生童話。

注5：超級「基」：gay，指同性戀者，有時為歐美青少年用來形容特別蠢或特別不幸的事情。

注6：非常「甲」：fag，同上。此處選擇以「甲」字來譯，因台灣年輕文化中的「甲甲」即台語與Gay的諧音，被用來代指同性戀（然而，台灣語境中的「基」和「甲」兩字皆無暗示「蠢」的含意）。

注7：原文華氏四十度，約等於攝氏四度。

注8、9：原文為sister/brother，在文中無法判斷長幼。

注10：歐美都市傳說中，午夜時關燈對著鏡子唸十三遍：「瑪麗，瑪麗，我相信血腥瑪麗」（*Mary Worth, Mary Worth, I believe in Mary Worth*），鏡子就會破裂，血腥瑪麗會被召喚而出。

第二部

引你前行至今的那道熠熠星光

那些刊登的信件，真的是匿名讀者寄給妳的嗎？它們的文筆好到看起來像是妳或是 The Rumpus 的其他作家自己創作、編造出來的。

在我的專欄和這本書裡，所有發表的信都來自於想徵求我的建議的人。大多數的情況下，我不會得知來信人的姓名及／或email。那些信不是我自己或者The Rumpus裡的任何人所寫出來的。因為要從成千上百封中挑選出合適的信件，所以或許那些文筆優美的，在茫茫信海中會有更高的機率被選中，這純粹只是因為它們多半敘述較為精鍊，問題又較為複雜難解的緣故。我和你一樣，都覺得那些信極其迷人。我的收件夾內還躺著許多這樣的來信。

曾有任何來信者在看見妳的回覆之後，再度與妳聯繫嗎？我非常好奇他們都對妳說些什麼。

大約半數的來信者都曾這麼做，每一個人都給我非常溫暖的反饋，儘管有時我的回覆會挑起難受的情緒。我猜，看見自己的信件被發表並得到回覆，是一件令人緊張、不自在的事情。對於他們願意信任我，讓我琢磨、思索他們的人生，我感到非常榮幸。

妳似乎是個心理狀態非常健康的人。但從妳的專欄內容看來，妳也曾陷入痛苦掙扎的困境。現在，妳還會有這種時刻嗎？

當然。

妳是個心理治療師，或曾接受過廣泛的心理治療嗎？

我不是個心理治療師。而且截至目前為止，我只接受過寥寥數次的心理治療療程。也就是說，嚴格講起來，我一點都不夠格幹這個活。

雛鳥

親愛的Sugar：

去他媽的、去他媽的、去他媽的什麼鬼？

我這麼問，是因為這個問題適用於我的人生裡，每一天所遭遇的每一件事情。

去他媽的什麼鬼 敬上

親愛的去他媽的什麼鬼：

在我三歲、四歲和五歲時，我父親的父親逼我為他打手槍。我技術爛透了。我的手太小，又抓不住正確的節奏，根本不瞭解自己在做什麼——我只知道一件事：我不想這麼做。那種痛苦陰鬱、緊張焦慮的感受如此清晰而明確，明確到直到這一刻，我仍然能夠在喉嚨裡感覺到那種多年如一日的反胃與作嘔。我痛恨摩擦我祖父的陰莖，但那時的我無能為力又無計可施，根本沒有其他選擇。我生命裡的那幾年，每週數次，我祖父會幫忙照顧我跟姐姐。在那些日子裡，大多數的時間我都被困在他的房子裡，和他待在一起。他會從褲子裡掏出已經硬了的陰莖，對我說：「過來。」事情就這樣發生了。

我將滿六歲時，我們搬到離他很遠的地方，我的父母隨即離婚。父親自此踏出了我的生活，我再也沒有見過祖父。他死於黑肺症（black lung disease），那年他六十六，我十五。聽到他過世的消息，我不難過，但也並不感到高興。他對我來說什麼都不是，然而他卻如影隨形；他給我的壓迫和他逼我做的事情都化做一條黑暗的河流，在我體內流淌。許多年來，我不曾把這件事告訴任何人，暗自期望保持沉默就能讓它消失於無形，或者使它搖身一變，變成我邪惡的小小心靈中憑空捏造的醜陋幻想。但它沒有。它就在那裡，那件讓我想問「去他媽的究竟這是怎麼了」的事情。

那他媽的並沒有什麼，始終都沒有。我的人生一直到最後，也和我祖父迫使我的手對他的陰莖做的事情他媽的毫無關聯。但我過了許多年才弄懂這個道理，才真正明白，有些事情就是如此悲傷、如此錯誤、如此無解，以至於你問出的問題只能孤伶伶佇立在那裡，像硬插在泥濘裡的一支矛。

我憤恨地、激烈地詛咒反抗，試圖找出答案，找出當初祖父逼迫我做那些事，究竟是他媽的怎麼了？**去他媽的、去他媽的、去他媽的什麼鬼？**

但我永遠擺脫不掉它。他媽的那件事就是不能放我一馬。不斷追問究竟怎麼了，只是將往事重新帶回眼前，盤旋迴繞，歷歷在目。我祖父的陰莖在我的手裡，那段記憶那麼鮮明，那麼近在咫尺，彷彿伸手便能**觸碰**，如同我的一塊血肉，難以割除。和別人上床時，它會浮現在我腦海；即使沒有做愛時，它依舊陰魂不散，時而驟然閃現，時而入夢糾纏。有一天，我撿到了一隻從樹梢墜地的雛鳥，那段記憶又洶湧而至。

我一直都聽人說，別把地上的幼鳥撿起來。一旦你碰到了牠，鳥媽媽就不會回頭來把孩子帶回巢裡了。但在那時的情況下，這種說法是真是假，都無所謂了──那隻垂死的雛鳥已經回天乏術。牠摔斷了脖子，頭部詭異地垂向一側。我盡力以最輕柔的力道將牠捧在掌心，低低發出咕咕聲試著安撫牠。但每一次我輕聲低喃，牠都被我的聲音嚇得悽慘地掙扎。

不論何時目睹這隻雛鳥的痛苦掙扎，都會令我沉重無比；但那正好是我人生中最瀕臨崩潰的時刻。我的母親才剛過世。她死了，我也像是死了。我已經死了，但我還活著。而我的掌心卻捧著一隻雛鳥，和我一樣，牠還活著，卻已經是死了。我很清楚我只有一個選擇──人道的選擇，但我仍花了大半個小時，才鼓起了勇氣動手。我將雛鳥放進紙袋裡，用雙手悶死牠。

在我的人生裡，沒有一樣東西的消逝與死亡能去得平和而容易，那隻小雛鳥也不例外。在死亡面前，牠沒有輕言放棄。隔著紙袋，我可以感覺得到牠的脈搏跳動，試圖挺身而起；牠近乎透明的皮膚包裹著垂軟疲弱的血肉，同時卻又湧動著兇暴的力量──就和我祖父的陰莖一模一樣。

就在那裡！它又出現了，就在紙袋裡。那個老男人陰莖的幽魂殘影一直一直都在我雙手之間。但這一次，我知道我該怎麼做。我知道我得用盡全力壓住它，用力到突破自己的極限。它已難免一死。用力不是謀殺，而是慈悲。

這就是那他媽的真相。屬於我的。

也是屬於你的，去他媽的什麼鬼。這個問題並不適用於人生裡每一天所遭遇的每一件事情。如果真是如此，那麼你就是在浪費自己的時間，虛擲自己的人生；如果真是如此，那麼你就是個懶惰散漫的懦夫。而你不會是個懶惰散漫的懦夫。

所以，你應該要問個更好的問題，親愛的。你說，這他媽的什麼鬼——那個「鬼」就是你的人生。面對它，回應它。

Sugar

出發！出發！出發！

親愛的Sugar：

我從十一歲開始玩樂器（吉他和貝斯），二十歲組團，一直到現在我二十六歲了，依然住在同一個小鎮裡，做著一樣的音樂。我愛我的樂團，那是我的一部分。我們出過一張深自以為傲的專輯（自費發行，但當地的年輕人都很愛）。但我忍不住在想，如果我離開了，會發生什麼事情。我想看看這個國家的其他地方，我想到處跑，在有了家庭、需要養家之前，好好探索世界。但話說回來，我的樂團就是我的家人，我又覺得自己不該拋棄他們。我們沒什麼雄心壯志，並不打算發展、成名，這無所謂。但如果我決定離開，是不是很自私？

謝謝你，Sugar，

考慮單飛

親愛的考慮單飛：

出發！出發！出發！你還需要再聽我說一遍嗎，親愛的？出發就對了。真的。我是認真的。越快越好。這是件我會毫不猶疑點頭的事：不要帶著一個裝滿了悔恨的吉他箱，離開少年時期、踏入真正的工作，用剩下的生命為自己年輕時沒做的事情感到懊悔。我知道很多人並沒有這麼選擇，他們最終變成了比理想中的自己更吝嗇、更愚昧、更保守自閉、拒人於千里之外的那種人。

出發很難。離開會令你既恐懼又孤獨，你的樂團好友很可能會無法諒解、勃然大怒，你會花上一半的時間質疑自己，到底跑到辛辛那提（Cincinnati）或奧斯汀（Austin）或北達科他（North Dakota）或蒙古（Mongolia）——或你那哼著歌撥著弦的直覺引領你到的任何地方——到底要幹嘛？有時你會經歷某些毫無意義、令人洩氣的日子，體驗驚悚的夜晚，或是遭遇彷彿具有某種象徵意義的爆胎窘況。

但那段經驗會美得難以言喻，會徹底衝擊你的心靈。單飛吧！那會開闊你的人生。

Sugar

它黝黑的弧線

親愛的 Sugar：

我是個三十八歲的男性，已經訂了婚。我的未婚妻三十五歲。我想徵詢的不是感情方面的意見。寫這封信給妳，是關於我未婚妻母親的事情。她在我們相識前多年因癌症過世，那時我未婚妻二十三歲。

她們曾非常親密，所以母親的過世給我未婚妻帶來沉重的打擊。一直到現在，這件事仍是她心底深深的傷口。我這麼說，意思並不是她沮喪到只能輾轉床榻或是受憂鬱所苦。她過著很棒的生活，一位友人甚至說她是「行動快樂車」（joy on wheel）——但事實並非全然如此。她母親逝世的陰影潛伏在黑暗中，時隱時現，始終不曾離去。當她哭泣或者和我談及對母親的思念時，我努力展現出支持與同情，但心裡常常覺得自己做的遠遠不夠。除了「我很遺憾」和「我能想像妳的感受」（但其實我並不能，因為我的母親依然健在）這種毫無力度的陳腔濫調以外，我根本想不到還能說些什麼。她和父親的關係向來疏遠；他在多年前就已離開她的生活。而她和姊姊也不親近，所以，我無法期待她的家人在這件事情上給她什麼支持和安慰。有時我會試著讓她高興一點、忘掉那些「沉重的事情」，但往往適得其反，只讓她更加低落。

我不知道該怎麼做，Sugar。在面對她的悲傷時，我覺得自己非常無能。我知道妳也失去了母親。妳能給我一點意見嗎？我想要成為一個更好的伴侶，能在她哀慟時做得更好。

不知所措
敬上

親愛的不知所措：

我母親過世後幾個月，我在她的臥室壁櫥深處找到一個裝滿小石頭的玻璃罐。當時，我正將她的東西清出那個我曾深信是家、但卻不再是家的地方。這非常難熬——那種一針見血的、無情的恍然領悟，比我所經歷過的所有事情都還殘酷。我只願此生再也不要經歷任何與之相仿的遭遇——然而當我雙手捧著那個裝著石頭的玻璃罐時，心底卻升起一股難以言表的喜悅。它冰涼地、沉甸甸地壓上我心底某一塊地方，那感受稍縱即逝，彷彿正將我媽抱在懷裡。

玻璃罐裡裝的不是一般的石頭。那些是我和姊姊、弟弟送給她的。還是孩子的我們，在海灘、在步道、在停車場旁的小塊草地找到一顆又一顆的石頭，塞入她手裡；我母親的掌心是個遼闊的容器，是所有我們認為值得保存的物品的歸宿。

我坐在臥室地板上，將石頭倒了出來，伸手一一撫觸，彷彿那是世間最神聖的東西。它們大多數都平滑黝黑，比一片洋芋片更迷你。我媽將之稱為「擔憂石」：它們在掌心的觸感是如此美妙，她宣稱只要以正確的方式撫摸，就可以撫慰人心。

你會如何處理自己曾送給母親的小石子？它們如今應歸往何處？你應遵循什麼依據來決定——記憶？現實？理智？信念？你會將它們放回罐子，隨身不離，帶著它們走過你狂放不羈的二十歲，還是只默默地把它們拿出屋外，扔進院子裡？

我不清楚。「清楚」這個狀態對我而言太過遙遠，當時的我只能摸著那些石頭，在其間尋找母親的影子。

我媽死前不久，我從一名朋友那裡，聽到了一個女人的故事。她住在我朋友任職的那間專為腦傷患者設立的團體家屋（group home[*1]）裡。數年前，她從派對回家時受到襲擊，頭部重重撞上了人行道，此後，她再也無法變回原來的自己。她無法獨自生活，但她所保留的記憶恰恰足以令她記得自己曾是個畫家、是個教師。她在團體家屋裡痛苦而抑鬱，一心只渴望著回到自己的家。她拒絕接受那些診斷，那些說她生活無法自理所以不能回家的話。到後來，她狂熱地相信，只要她能唸出一組正確順序的數字，那些囚禁著她的人——照顧著她的人——就會釋放她。

「93480219072。」在他們餵食她、替她洗澡、為她準備好上床睡覺時，她會這麼喃喃唸著，「6552091783。4106847508。05298562347。……」就這麼無窮無盡地繼續下去，那些數字如螺旋般繞成一個殘酷無情的無限迴圈。但不論她說什麼，都無法破解那組密碼。根本就沒有那組密碼。只有一個事實，那就是她的人生已經改變了，去如逝水，再無回返。

在我母親過世後的日子裡，月復一月，我思及這個女人的次數多得超乎尋常。我想起她，並不只是因為我替她的遭遇感到難過，而更是因為我瞭解她那種極致的渴望以及毫無根據的信念。我同樣地深信自己也可以破解一組密碼，只要找出身邊事物的正確順序，就能尋回屬於我那已無可挽回地改變了的人生。透過那些物件，就能夠以一種不可名狀的、象徵性的方式，將我媽還給我。就能夠讓我得以繼續好好地活下去，即使這個世界裡再也沒有她也沒關係。

所以，我到處尋找。

從那半滿的薄荷 Tic Tac 爽口糖盒子裡，我沒有找到；在她過世的那天，它在她的車裡，靜靜躺在雜物箱中。從那雙流蘇莫卡辛鞋上，我沒有找到；即使過了整整一年，它依然散發著我媽那雙六吋腳的臭味，一點都沒有改變。她那副大得俗氣、毫無品味的老花眼鏡沒有，放在她床畔架上的灰色瓷馬裡也沒有。我找不到——她從銀行拿的筆（裡面裝了一百美元真鈔碎片）、那個在罩子上有白色彈珠的奶油盤、所有她為自己或為我親手縫製的上衣——哪兒都沒有。

在那無比悲傷的一天，我滿懷期盼地打開罐子，卻依然沒有從那些小石子裡找到。它根本不在任何地方、不在任何東西裡，也永遠不會存在。

「永遠不會『沒關係』。」幾年前，一名在青少年時期喪母的友人對我說。「我們的母親死了，這永遠不會是『沒關係』的。」

她對我說這句話的時候，我們其實還不算熟，只是在派對上偶爾聊天的點頭之交。這是我們第一次獨處。她大約五十幾歲，我四十。我們的母親都已經過世非常久了。我們都是作家，也都有了自己的小孩，很幸福的感情關係，還算滿意的事業。可是，從她口中說出的毫無修飾的這個真相——永遠不會「沒關係」——令我豁然開朗。

這永遠不會是「沒關係」的，但我們卻依舊存在，比僅僅是「沒關係」活得還要更好，比這世上許多人更加快樂而幸運。你可以將我們任一人形容為「行動快樂車」，儘管我們擁有的所有美好的事情，全都是在那哀悼的鏡頭下經歷過的。我不是指每天哭泣、哀嚎（雖然有時我們兩人確實會這樣）。我指的是在我們心底發生的一切，那些未說出口的話語，那些深入骨髓的顫抖。大學畢業典禮上、婚禮上、賣出第一本書時、我們自己的小孩降生時，都不再有母親的身影。她永遠不會出現了，永遠，不論我們未來人生的任何一個轉角，她都不在那裡。

對你的未婚妻來說也是如此，不知所措。她是你的「行動快樂車」，但她所有的經歷都因太早失去了她生命中最重要、最根本、最原始、最不可或缺的那個人而改變。我不認識她，但我很清楚。她失去了她的母親，這永遠不會是「沒關係」的。你所能為她做的最體貼、最關愛的事情，就是見證這一點，並積聚起你的力量、勇氣、謙遜，和她一樣，接納這個「有關係」的事實，從而好好地、「沒關係」地繼續你人生的道路。當她身邊那一個一遍又一遍告訴她：「噢寶貝，對於妳的失去，我真的很難過」的男人，而不要感到內疚。

這就是在我哀慟逾恆時，安慰我的人曾做的事。每當我需要時，他們都會一遍遍地對我重複這些話，單純地認可了我的悲傷其來有自，儘管他們無從瞭解這份悲傷有多深。我知道那些看似陳腔濫調的說詞，令你感到自己非常無能又笨拙。當我對那些失去所愛的人說出這種慰詞時，我的感受和你一模一樣。我們都是這樣的。我們感覺無能，是因為我們認為自己應該可以「解決」問題。那些安慰話語令你覺得遠遠不夠，然而這世上沒有任何一條路，能讓我們扭轉已發生的悲傷事實。

同理與關愛，與解決問題無關。真正重要的，是給她你所有的愛。

給她。很明顯的，你已經這麼做了——你那一封溫柔的信就是證據。但我希望你別再感到不知所措、惶然迷惘。就勇敢一點，當個「無能又笨拙」的人吧！在未來的日子裡，對她說「我很難過、我很遺憾」三千遍。偶爾，在她沒有主動提起時，也問問關於她母親的事情。在你們的婚禮上或是接下來其他合適的場合裡，對她的母親獻上你的敬意與追思。你的岳母已經不在人世了，但她的存在還留在你未婚妻身體裡，如影隨形，不會消散。所以，在你的人生中，也為她留下一席之地吧！

這正是Sugar先生為我做的事。同樣也是我的朋友、甚至一些泛泛之交為我做的事。這並沒有讓喪母變得「沒關係」，卻讓它變得不那麼難以承受。

我的母親過世至今已經超過二十年了。歲月如梭，每當「她不在了」這個念頭浮現，我都會下意識瞇起眼。時光似箭，我終於說服自己，這世上並沒有一組等著我去破譯的密碼。尋找的旅程已經結束了。我送給她的小石子如今已經散落，被我的孩子送給我的石頭所取代。我把最喜歡的幾顆放在口袋裡。有時，會有一顆是那麼完美，讓我隨身攜帶好幾個月，手插在口袋裡找啊找，讓它黝黑的弧線撫慰我的指尖。

Sugar

他人的男朋友即地獄

親愛的Sugar：

我是個高一新生。大家都知道高中是什麼樣子的啦——肥皂劇、肥皂劇、肥皂劇現場。我最要好的朋友（在這裡就叫她吉兒吧！）正處於一場鬧劇的中心。

吉兒和一個傢伙正在約會，就先叫他傑克吧！傑克還有個在別校的女朋友。單憑這一點，身為吉兒的姊妹淘，我已經很不喜歡傑克了。他無意為了吉兒和女友分手（他們兩人已經交往超過一年了），而就我看來，這根本就是不可接受的。傑克看起來是個不錯的人，但我就是沒法子無視他那潛在的混蛋特質。明顯的，傑克很喜歡吉兒，但他顯然不願意放棄女友——也不願放棄吉兒。

我不知道自己究竟希望事情如何發展。一方面，我想要吉兒幸福，所以希望傑克能和他女友分手。然而另一方面，我只想一拳揍在傑克臉上，而且我覺得，他現在這樣對待他的女友，以後就會以同樣的方式對待吉兒。我一直在考慮和傑克「好好談一談」，但我不太確定這對現況會有什麼幫助。Sugar，我要如何讓他們其中至少一個人看清事實，並瞭解他們做的事是錯的？

擔憂的朋友

親愛的擔憂的朋友：

肥皂劇、肥皂劇、肥皂劇——妳說的一點都沒錯！噢，但這一次，事情很單純，親愛的。而且很殘酷。但妳最好現在就明白這點，因為作為一名高一新生，妳將面對的縱情喧鬧狂歡的肥皂劇場景，才剛剛揭開序幕而已。尚—保羅．沙特（Jean-Paul Sartre）有一句名言：「他人即地獄」。這句話很對，但有一句話更對——他人的男朋友即地獄！（或是女朋友，這得看情況而定。）

我見證過許多我在乎的人，他們背叛情人，也被情人背叛；滿口謊言，也被謊言欺瞞；在情感上施虐他人，也受情感虐待。我曾安慰過那些人，給過建議，傾聽那些冗長、可怕、極其慘痛的愛情悲劇，即使我早已預料到結局，因為那個朋友**他媽的又再一次**選擇了同一個錯的人。但可悲的是，世界就是這樣子的，寶貝，沒有半件妳能做的事情可以改變這一切。

妳讀過莎士比亞（Shakespeare）的《羅密歐與茱麗葉》（*Romeo and Juliet*）嗎？人們為了得到自己想要的那個人，甚至能放棄生命。他們會做出各種瘋狂、愚蠢、甜蜜、溫柔、不可思議、自我毀滅的事情。妳無法「讓他們其中至少一個人看清事實，並瞭解他們做的事是錯的。」妳就是辦不到。

妳甚至連試都不該試。傑克和吉兒之間發生的一切，只與他們兩人有關。吉兒知道傑克另外有女朋友，卻仍然選擇和他交往。傑克選擇欺瞞、背叛那個他或許很在乎的女孩，並且和另一個女孩藕斷絲連糾纏不清。這些事實並不令人愉快，但依舊是事實。

別誤會我的意思，我能理解，我很同情。我知道我說的話看來鎮定又冷靜，但事實上，我常常因為某位摯友愛上了個蠢貨或混蛋而心煩意亂，甚至氣得七竅生煙。（看吧，我就說：他人的男朋友即地獄！）眼睜睜看著妳的朋友做出一些妳深信會對她們造成傷害的決定，確實很痛苦。但在這裡，有一條界線妳無法跨越，親愛的擔憂的朋友。

妳知道界線是什麼嗎？

那是這世上最善良、最明智的人會守住的底線。我相信妳未來一定會長成這樣的人，所以最好讓妳越早明白這些越好。傑克、吉兒和別間學校那少女之間的困境給了妳這個良機。我看得出來，妳對吉兒的憂慮和對傑克的不喜，模糊了妳深刻思考何為適當界線的能力。妳有衝動想猛然跳進泥沼裡，將這對小情侶的思想「導正」過來。但妳高估了自己的能力與影響力，也沒有真正尊重吉兒的情感自主權——她絕對有這個權力，無論她的抉擇就妳看來是如何令人不爽。

這不是要妳保持沉默。這世上最善良、最明智的人會做的另一件事，是鼓起勇氣、說出真相。妳應把妳對我說的這些話都告訴吉兒：妳想要她幸福，但因為傑克是個腳踏兩條船的種馬，妳擔心他有一天會像對待他「正牌」女友那樣對待她。以開放的心態與審慎的理智，聽聽她怎麼說。在指出她的情人是個混蛋以後，即使她的反應與決定和妳期望的不符，也不要放棄對她的愛。祝她好運就可以了，不要讓自己陷入那個與妳一點關係都沒有的混亂局面裡。（還記得那些界線嗎？她的人生不是妳的人生、妳的人生不是她的人生，等等諸如此類。）

然後，擔憂的朋友，不管傑克和吉兒之間將發生什麼，就放手讓它發生吧。如果結局證明妳是錯的，妳可以一笑而過。若結局證明妳所說的都是對的，陪在吉兒身邊支持她。而在此之前，讓自己慢慢理解許多這世上最善良、最明智的人都明白的事情：人生很長，有的人會變，有的人不會。我們每一個人都會在某一個時間點把事情搞砸，然後被原諒。我們只能不斷、不斷、不斷地走著，試圖尋找正確的方向。以及，條條道路，最終皆通往山巔。

Sugar

啪！啪！啪！

親愛的Sugar…

兩天前，老闆提前放我下班。我打了電話給我男友，但他沒接。當我回到家，打開我們公寓的大門時，我看見他站在全身鏡前，身上穿著我的內褲。在我意識到自己看見了什麼之前，他匆匆甩上門，上了鎖。

當然，我感到很訝異，但最令我驚詫的是在他衣著整齊（穿著他自己的衣服）重新打開門以後，他裝作這件事從未發生過。我們之間的關係，不論是性愛方面或是情感方面，一直是很開放又充滿樂趣的，所以他的這種反應讓我格外震驚。我對各種嘗鮮的實驗一直都展現出高度的興趣與意願。我不明白他為什麼要將這件事瞞著我。我應該對他說些什麼嗎？或者，可能更好的方式，是做點什麼，讓他知道我沒有因此而對他喪失性趣？還是我該跟他一起保持沉默？

可以分享內褲，卻不能分享性幻想（SPBNF）

敬上

親愛的SPBNF：

Sugar先生第一次掌摑我的臀部的時候，我們才剛交往一週。那時我們的性愛如此激烈、頻繁、美妙、狂野，那存在於我們之間的熱度將牆上的油漆都燒灼剝落。我的身體被緊緊地壓著抵在浴室洗手台上，他的身體緊緊抵著我的，一前一後正對著鏡子，恰好能讓我看見他的表情忽然變得有點嚴肅，彷彿思索著，然後下一刻，第一聲「啪」傳來。

「妳喜歡這樣嗎，寶貝？」他問，嘴唇埋在我髮間。我發出一聲微弱的呻吟，表示同意。

啪！啪！啪！

我其實沒那麼喜歡，寶貝。但也不太排斥。他是那麼優秀、閃閃發亮，一個不可思議的、難以言喻的完美情人，我從未遇過像他一樣的人，與我深藏心底所有最好的自我是如此相似而契合——如果這能讓他興奮，我不介意被稍微打幾下屁股。想到他因掌摑我的臀部而感到興奮難抑，這件事本身就已足夠說服我在那第一次嘗試中配合他繼續下去。我們做愛，一路沿著洗手台的白瓷底座到那之下濕涼的地下世界，在那裡我們終於氣力放盡，在奶油白塑膠地板上動也不動地躺著，身週環繞著又髒又舊滿是灰塵的水管，一點都記不起來我們倆到底是如何跑到那個地方去的，卻又精疲力竭到根本懶得去想。

「你知道你的洗手台是阿根廷製造的嗎？」當我終於有力氣說話時，我開口問。

「阿根廷？」他回應。

我向上伸出手，指尖劃過洗手台底部那一張印著「阿根廷製造」的貼紙。

「很好玩。」他說，「不是嗎？」

「嗯，」我說，「真的很好玩。」

於是，我們「**啪！啪！啪！**」地渡過了接下來的一個月。(「妳喜歡這樣嗎，寶貝？」／「喜歡。」)**啪！**

過了一陣子，儘管其餘的部分還是很美好，這種摑臀情趣開始令我有些惱火。他擊打的時間點常常打斷我自己的小小歡愉高潮旅程。他的手有時會疼痛地落在我的尾椎處，而非臀部比較多肉的部位。「拜託，你打低一點好不好？」有一次在做愛時，我忍不住大聲喝斥，語氣尖銳，毀掉了當下所有的情緒，我們只好中途停止。

「打我屁股為什麼會令你興奮？」我終於問他。

「很性感。」他用一種冷淡的語氣回答。

「對你來說這哪裡性感？」我追問。

「這樣做讓妳那麼興奮，所以我覺得很性感誘人。」他答道。

「這樣做讓**我**那麼興奮？」我回應。

「對啊。」他說，迎上了我的目光。

此時無聲勝有聲。我們眼神交錯，瞬間恍然大悟：一直以來，我們都在演出一場限制級的《最珍貴的禮物》(*The Gift of the Magi*[*2])——兩人各自都為對方做出了一些犧牲、讓步，卻恰巧都讓對方所贈與的禮物變得無用武之地。我再也不想被打屁股了，抗拒的程度不亞於要我和一隻袋鼠做愛。他也是。我們這麼做，只是因為我們以為這是對方想要的。

在停止大笑以後，我們開始回顧往事，究竟是什麼事情造成了這種誤解。結果，好像是在交往後三天左右，我曾做出一些評論，提及關於性愛與控制、支配與臣服、溫柔與屈服、社會結構中的性別、慾望、亂倫、禁忌、男子氣概、力量、以及我少女時期的性幻想，出場的包括了超級盃（Super Bowl）和一群西裝筆挺的男人。他以為，我的意思是我想要像個修道院裡的壞女孩一般被懲罰，所以他花了整整一個月的時間，霹靂啪啦地揍我的屁股。

這難道不是世界上最貼心最可愛的事情嗎？

「其實，」我說，「摑臀一點都不能激起我的性慾。」

「那妳喜歡什麼？」他問。

而這就是我們的起點，距今十五年前的事情了。他的問題引出了我的答案，我的問題則引出了他的。這是我們繼續下去的方式。不是憑藉那能將牆上的油漆都燒灼剝落的火辣熱度，而是靠著更堅強、「很恐怖但我們還是試試看吧」的勇氣，將事實坦承相告——不僅僅是說出真實的自我，更是自己在性愛方面赤裸裸的真實面貌。

那個真實面貌，有時奇特、有時刺激、有時有趣、有時黑暗、有時更是令人沮喪地與期望中的模樣（如果我們有機會選擇自己的性愛喜好與傾向的話）完全不同。

毫無疑問地，妳的情人對於他喜歡穿著女人的內褲感到尷尬窘迫。誰不會呢？誰會期望自己是這樣子的？這不是說他不可能最終接納這樣的自己——為了他好，我真心希望他某一天真的能夠接受。但顯然他還沒有到達那個境界；他為此感到羞恥。很可能他痛恨這樣的自己，但事實擺在眼前，他無法抗拒，只能順從慾望將自己脫個精光、打扮起來，然後——毫無預警地，妳出現了。**妳！他的那個**

對於情感和新鮮事物都抱持開放心態的情人！他對著妳的臉甩上門，將妳關在外面，然後假裝什麼事情都沒有發生過。

妳知道為什麼嗎？因為不論他是多麼具有嘗鮮與實驗的精神，他的人生都不是一場實驗。他的人生，如同妳的和我的和所有其他正閱讀著這些文字的人的人生一樣，是一鍋滾沸的水，翻攪著焦慮，充滿畏懼、需求、慾望、愛以及被愛的渴求。其中尤其強烈的，是最後一項。

妳撞見了他認為自己最令人憎惡、最不值得被愛的時刻。一個穿著女性內褲的變態。在他有機會主動告訴妳之前，妳就看到了他的祕密；沒有文字可以形容這帶給他的羞辱感。

事情已經發生了。妳無法改變自己撞見了他的祕密的事實。妳必須瞭解並面對妳看見的一切，但我不認為「做點什麼，讓他知道妳沒有因此而對他喪失性趣」是個好主意。妳需要和他好好談一談，甜心。這很可怕，也很尷尬，但妳辦得到的。當我想要將某些特別難以啟齒的話宣之於口時，我通常會先把它寫下來。如果我遇到了妳這種情況，我會這樣寫：「我想跟你談一談那天我提早下班回家發生的事情。要聊這件事，其實我很緊張，但是因為我在乎你，而且我們的關係對我來說非常重要，所以我願意將不安放在一邊，對你開口。首先，也是最重要的一點，我想讓你知道，我並沒有因為看見的那一幕，而對你有什麼偏見——事實上，我覺得那很引人遐思。當我打開門，看見你穿著我的內褲站在那裡時，我很詫異；我以為你不會對我隱瞞你的性向和慾望才對。而你將我拒於門外，事後又三緘其口，更令我感到吃驚。這件事一直困擾著我，因為我希望你對我足夠信任，能對我坦承，也因為我想要與你更加親密。我認為若是繼續對那天的事保持沉默，我們就無法辦到這一點。你願意和我談一談嗎？」

如果他說不，那麼你們的感情其實已經走到盡頭了，即使你或許會再繼續假裝一段時間。

如果他說好，那麼這就是你們兩人的起點。

那個起點，是一個真實的地下世界，在那裡，我們全都是精疲力竭地躺在水管之間，指尖滑過那陌生又隱蔽的起始點——我們最原始慾望的根源。當你和你的男人一起抵達那個地下世界時，我建議妳也透露一些關於妳自己的事情。讓他知道，妳也有私密的事；如果換成是他撞見妳站在鏡子前，當一切祕密無所遁形，妳也同樣也會在他面前甩上大門，將他關在外頭。

那一張印著「**阿根廷製造**」的貼紙，已經不在浴室洗手台底下了。我們也早已不住在那間房子裡。在我們搬出去之前——已是我們交往多年後的事——Sugar 先生小心翼翼地將那張貼紙撕了下來。然後，用它為我親手做了一張卡片。

封面貼著**阿根廷製造**，而內頁裡，則寫著：「但感覺像家。」

在盡頭徘徊不去的女人

親愛的 Sugar：

關於原諒這件事，我需要妳的幫助。我每天都感受尖銳的憤怒在體內灼燒，卻找不到可以撫平的出口。去年，我發現我丈夫和我雇用的一名年輕女性外遇了。那個女人，我邀請她進入我的生活、在她的職涯上給予幫助、讓她進入我的家庭：而她回報我的，竟是與我丈夫祕密約會，並寫給他一封封裝腔作勢的情書，慫恿他離開我。

我對這個世界的信念，一夕之間變得黯淡無光。人真的能做出最不可思議、最自私的事。我過去曾專注於尋求世間真實的快樂和喜悅，並將之分享出去；然而現在，那種光明消逝無形，彷彿永遠無法再亮起。那個女人對我的家庭造成了我無法想像的破壞。我知道這麼說只會傷害自己，但我真的、真的好恨她。

近來，在我丈夫已經斬斷這段關係六個多月後，我發現她**仍然**在寫信給他。我怒火中燒，那種狂暴的怒氣猶如一頭怪獸，深埋在我胸口。我想像她遭遇各種可怕的不幸命運，我每一天都耽溺於這樣的惡念，無法自拔。我該如何找回自己曾經那種富有同情心又快樂的生活？我還有機會得到一點點的平靜嗎？

悲慟且憤怒著

親愛的悲慟且憤怒著：

這是多麼痛苦的遭遇，我真的很遺憾妳經歷了這些。幾乎沒有什麼事情能比妳敘述的這種背叛經歷更令人心碎。難怪妳體內會有一隻怪獸，噴著怨憤狂怒的熾熱火焰。面對如此難受的情況，這是很正常的反應。然而，就像妳說的，讓憤怒繼續日夜吞噬妳的心靈，只是在摧毀妳自己而已。所以，讓我們來聊一聊，妳該怎麼做，才能找到一點平靜。

根據妳的來信，妳和丈夫經過那場混亂後，選擇繼續在一起。妳想要的不是婚姻上的建議，所以我盡量不接觸那一塊議題，但如果不把以下這個看法說出來，就是我的疏忽了——我認為，一旦妳和丈夫修補了那段外遇所造成的傷害，妳對那個第三者的憤怒就將有所緩和。妳的信中，令我最訝異的，是妳提及丈夫的篇幅有多麼少。妳的怒火似乎只針對那個與他發生外遇的女人，妳說她「對我的家庭造成了我從來不曾想像過的破壞」。可是，當然了，如果妳的丈夫沒有參與，她一個人是不可能造成這些傷害的。他們兩個人都辜負了妳的信任，但妳的丈夫所犯的其實是更嚴重的過失，他對妳許過婚姻的誓言，而她只是接下了一份工作而已。

指出這一點，我並不是要為她的錯誤辯解，而是想要讓妳注意到一個值得深究的現象。與雇用妳的夫妻其中一人祕密交往，確實是很糟糕的行為，但為什麼妳的憤怒集中在她的身上，而不是妳的丈夫？有沒有可能是妳下意識地將怒火轉移到「比較安全的對象」身上，因為恨她比較不會讓妳的生活分崩離析，而恨他則會？當初發現他們的外遇時，妳是如何表達自己的憤怒？後來又是怎麼原諒他的？在原諒他以後，妳對那個女人的憤恨是增強了、還是減弱了？為什麼？在這個事件中，原諒對妳來說，到底有什麼意義？

我建議妳花一些時間，想想這些問題。回答它們或許能讓妳在狂怒中稍微找回一些理智與平衡。當然，這麼做也能給妳仔細思索問題核心的機會，好讓妳能尋回以往的快樂。當不好的事情發生時，唯一能讓自己重新變得完整的方式，往往必須先將一切拆解分離。妳有這種勇氣和力量的，不論那多可能攪亂妳的婚姻、震撼妳的心靈。在妳身上，發生了很糟的遭遇，但妳絕對不能讓它來定義妳的人生。伴侶們可以挺過各式各樣的混亂情況，包括妳這種。此外，即使婚姻無法成功繼續下去，個人也有能力挺過這些悲劇。永遠都有一條向前邁進的路。

妳希望我在關於原諒這件事情上給妳幫助，但我認為妳目前需要的不是這個。妳知道酗酒的人在參加匿名戒酒會時，常常會說的那句話嗎？「一次一天就好。」他們這麼說，是因為「我再也不喝酒了」這種話實在太過沉重。太龐大、太困難，彷彿注定要失敗。無疑地，在這一刻，原諒對妳來說正是如此。這是妳辦不到的原因。我建議妳先把「原諒」放到一邊，試試「接受」。

接受妳愛的男人對妳不忠。接受妳曾信任、重視的女人，對待妳卻毫無尊重可言。接受他們的行為傷妳至深。接受這段經歷讓妳學到了妳一點都不想知道的事實。接受即使在快樂的人生中，悲傷與衝突依然是不可避免的一部分。接受妳需要很長一段時間才能把那頭怪獸從胸口驅趕出去。接受總有一天，現在讓妳痛楚不堪的傷口，會變得沒有那麼痛了。

單純寫下這些對妳說的話，已經讓我感到好多了，親愛的悲慟且憤怒著。妳有感覺到這種變化嗎？「接受」意謂著簡明與直接，意謂著坐在尋常的位置上，意謂著見證我們的生命裡最清楚明白的事實；不僅要正視事物的本質，更要回歸於其中。妳的人生因揭發了真相而受到打擊，立即原諒那些始作俑者，並非妳的責任。妳宣稱想要原諒那個背叛妳的女人，這種說法與妳心中真實的感受背道而馳。「原諒」會迫使妳在心底與那個妳痛恨的女人兩相對立，相峙無解。

但「接受」只要求妳展開雙臂，擁抱真實的一切。

這麼說或許有點奇怪，但我認為妳似乎還沒有達到這一步。我能從妳信中敘述的激動感覺出來。這件事讓妳太過憤怒、又太過驚詫，有一部分的妳，至今依然無法相信這真的發生了。妳在探求一個解釋、某種漏洞，尋找黑暗的故事裡一個通往光明的轉折，好讓情節倒轉，回到原點。這很正常，任何人都會這樣的。這就是為什麼我不斷將自己所經歷過的不公與錯待說出來——大概說了七千遍吧——彷彿只要再多抱怨一遍，故事就會自動扭轉，這樣到了結局的時候，我就不會依然是那個走到了盡頭卻徘徊不去的女人。

但情節並不會改變，為我、為妳、或為任何曾受到委屈和傷害的人（也就是所有人）都不會。在某個時刻（並且，在漫漫人生中，往往有許多這樣的時刻），我們都是那個走到了盡頭卻徘徊不去的女人。接受這一點，並使其成為一種讓妳轉化、改變的經歷。正視它，然後繼續向前邁進。不需要走得很快或很遠，妳可以一次只移動一吋就好；妳可以在一呼一吸間，用這樣的方式來標誌妳的進展。

我指的是字面上的意思。這就是我建議妳開始的地方。每一次當妳想著「**我恨那個該死的婊子**」的時候，我希望妳能以一次呼吸來中和這種念頭。讓妳的心靈冷靜下來。有意識地深深吸入一口氣，然後呼出。當妳這麼做的時候，不要想著「**我恨那個該死的婊子**」。為妳自己這麼做。把那個婊子從妳胸口扔出去，然後繼續往其他的目標前進。

我這樣呼吸著，走過許多帶給我痛苦和傷害的人，走過許多我無力改變的情節與困境。有時，

「接納」因吸氣而充溢滿懷，愛則隨呼氣流洩而出。有時，我吸入感激，而呼出了原諒。有時，除了呼吸與空氣本身以外，我什麼也沒有找到，腦中一片空白，只剩下強烈的渴求，期望能自悲痛與憤怒中脫身而出。

這真的有效。而有效的原因在於，這種方式是直接將良藥塗抹在傷口上。妳說妳的痛苦像是嵌在胸口一般；這種感受與敘述並非巧合。當妳抱持著冷靜的意識深呼吸時，就等同於正精準地攻擊著胸口那一隻怒焰高張的怪獸，斬斷牠賴以為生的糧道，並在自己腦海中灌入全新的思緒——灌入那些滋養妳而非折磨妳的念頭。這是一種心理上最根本的自律。我的意思並非我們應該要拒絕承認自己的負面情緒，而是應接受它們，然後透過自我的力量，拋開那些令人陷溺、於己無益的情緒。

這很難。但很重要。我相信，諸如原諒之類的東西，暫時還遠在對岸。妳最終會到達那個地方的，我親愛的女人。試試我的方法吧！

Sugar

精子沒什麼好神秘的

親愛的Sugar：

我是一名年近四十的女性，依然單身。我從未想過自己到了這個年齡，竟是這種景況。過去，也曾有過幾段感情，讓我以為自己已經找到了「對的人」，然而卻都意外地無疾而終

其中傷我最深的一段感情在大約五年前劃下了句點，帶給我沉重的打擊；當時恰好是我身邊大部分的朋友都結婚生子的年紀。我交往三年的同居男友離過婚，還有一個小孩。正當我們準備一起購屋時，他突然決定要回到前妻身邊。但我們交往之初，他花了很長一段時間接受心理諮商，最終確定了自己的心意，那就是要和我共度餘生並生下我們兩人的小孩——我真傻。他離開我的時候，再三向我保證，他是為了他那痛苦的孩子才這麼做的，我依然是他一生的最愛，在孩子去上大學以後，他就會回到我身邊，然後我們就能從此過著幸福快樂的日子。她才八歲。很明顯的，我得等上十年，讓他為過去的人生做出完美的謝幕，讓自己的青春一點一滴地老去。

好幾年過去了，我依然無法從創傷中復原，我因那段感情而遍體鱗傷、心力交瘁。我盡力振作，也嘗試和幾名對象非正式地約過幾次會。去年，我遇到了一個很契合的男人；但不幸的是，他比我更加身疲心灰，無意為我放手一搏。我們在數月前分手。

於是，孕育孩子的年限大關逐漸向我逼近。我一直非常想要經歷懷孕與生產的經驗，現在，我正

認真地考慮要當一個單親母親。我甚至無法確定自己到底清不清楚該怎麼進行，但我知道時間不多了。儘管很想與伴侶一起撫養小孩，我卻已經沒有信心，不認為那個人會出現了。即使我真的遇到了對象，他大概也得立刻馬上就想要跟我生小孩才來得及——但這真的不太可能。可是縱使如此，我依舊躊躇不前，不知是否該放棄希望，相信某一天我會找到真愛，並與他一起生下我們的寶貝。我無法抉擇。要拋下那個夢想真的好難。踏出這一步，意謂著我決定以後絕對不會像身邊大部分好友一樣結婚生子（我跟妳說過嗎？每當我在Facebook上看見那些幸福的家庭照片，媽咪們在醫院裡微笑著，寶寶躺在她們的胸前——我寫下恭喜與祝福，心卻被嫉妒的怒焰吞噬，彷彿像被人狠狠揍了一拳般難受）。

我該如何放棄夢想，繼續前進？我該打電話給精子銀行嗎？連我自己都難以置信，我的故事竟然是這種結局。

M

敬上

親愛的M：

我一向認為，有些事情，是絕對不該建議他人去做的：比如和某個特定的人結婚；不和某個特定的人結婚；在陰蒂或陰莖上穿環；在身上抹油、戴著自製的愛麗絲・B・托克勒斯（Alice B. Toklas）面具然後在派對上裸奔；以及生小孩。

然而我卻忍不住想說，就我看來，妳確實需要認真地考慮生個小孩。這不是因為我希望妳生，而是因為妳想要這麼做。

噢，那個夢。那該死的男人+寶寶的夢想，由異性戀愛與後代繁衍協會的宣傳大使所撰寫、被天下無數伴侶奉為圭臬付諸實行。那個夢想是個他媽的王八蛋——如果妳是個具有母性傾向的異性戀女人，到了三十七歲（亦即來到了所謂的精子終結者的階段）還沒有達成這些目標的話。所以，當又一次在Facebook上看見某個得意的媽媽摟著另一個擁有迷你臉蛋的小鬼時，妳當然會有想要掏出一把六發左輪手槍的衝動。妳也想完成那個夢啊！

但是，M，妳就是沒有得到。目前沒有，或許永遠也不會有。但這並不代表妳就失去了一切。這不是「妳的故事的結局」，只是一個情節的轉折，不在妳的預料之內。

我無意將妳的悲傷視作不痛不癢的無病呻吟。妳的失落其來有自，妳的無力可以理解，妳的難題確實存在。但請記得一件事：希望找到相伴一生的愛侶，以及想要生孩子，這是兩個夢想，而非同一個。伴侶之夢與孩子之夢以極度複雜的方式與面向交纏在一起，妳會將它們誤當成同一個夢想也情有可原。它們合而為一的時候，當然很棒。省事方便、合乎傳統、在經濟上有許多益處，並且當一切順利時將會是美妙無比。

但這不是妳所擁有的。所以，讓我們來看看妳究竟有些什麼。

妳有強烈的願望想透過生物技術來完成當母親的夢想，但這個願望又與一種深刻的遺憾緊緊聯結：現在沒有一個對象能和妳一起生下孩子的憾恨。要懷一個血緣相連的孩子，妳唯一需要的東西只有精子與運氣。選擇取得精子，並不代表妳「決定了自己以後絕對不會結婚生子」。人生很長，親愛的。誰知道未來將發生什麼事？妳可能明天就會碰到妳的真愛。當然妳也可能在十年後才遇見他。妳可能現在就生下一個孩子，然後，當妳遇到了那個他，或許在四十二歲的時候，再和他生下妳的第二個小孩。妳無法預知未來，無法確定妳以後會和誰在什麼時候陷入愛河。這是妳無法解開的謎。

但精子就沒什麼神秘的了。在精子銀行裡有一小瓶一小瓶的精子任妳購買，也可能妳有朋友或認識的人願意免費送給妳一些。妳的問題：是否該一個人試著懷胎生子？——在什麼時候會有答案，完全取決於妳自己。不久後，妳很可能不再有生育能力，所以我同意妳的看法：妳確實已來到那個交叉路口，妳應假設面前只有兩條路：獨自生下小孩，當個沒有伴侶的單親媽媽；或者完全不要任何親生的孩子。哪一種情境令妳感到更悲傷？等妳五十歲時，妳將慶幸自己選擇踏上的，是哪一條路？是時候開始仔細思考情感上和現實中的各種問題了，因為妳終究要做出決定。有個機構叫「自願單親的母親」（Single Mothers by Choice），妳可以從瀏覽他們的網站開始。

我沒辦法告訴妳要怎麼做。沒有人能。但身為兩個孩子的母親，有一件事，是我和世上大部分的母親都會告訴妳的：當媽這件事，困難得幾乎不可理喻，卻又甜美得深入骨髓。這會是妳此生做過最棒的事；美好到彷彿是只要妳有意願想生個孩子，那或許真的就應該這麼做。儘管他們都是永不饜足的巨型吸奶機器，一點都不在乎妳是不是需要睡一覺、吃點東西、上廁所、工作、或戴著自製的愛麗絲．B．托克勒斯面具、滿身抹油地在派對上裸奔。他們索求無度，會將妳逼到崩潰的臨界點，而且絕對肯定他媽的會令妳精疲力盡。

然而他們也會將世上的一切都送還給妳。不僅是他們曾從妳身上拿走的，更包括所有妳過去曾遺落的、曾失去的東西。

每一名母親，各自都有不同的故事；但我們卻常將她們分門別類歸為同一組別，往往認為雙親家庭的母親比單親媽媽更輕鬆、更簡單。但其實我們是大相徑庭的一群人。有的單親母親擁有許多自己的時間，因為她們的孩子會定期由父親監護；有的卻幾乎沒有任何休息的機會。某些雙親家庭的母親與她們的另一半會公平地分擔照顧孩子的責任；而另外一些根本和單親沒有兩樣。兩種母親都可能會有父母、兄弟姊妹或朋友願意在孩子的生命裡扮演舉足輕重的角色，減輕了她們重擔；另外一些則需要付費雇用其他人來照顧小孩。有些母親，不論單親或雙親，完全負擔不起任何這樣的開支；有些負擔得起，也願意付錢；另外還有一些雖有能力負擔，卻不願意這麼做。有些人能得到父母金援或是信託基金或遺產的幫助；有些完全得靠自己。事實是，無論在什麼情況下，大部分的母親都因對孩子的愛而得到難以言喻的快樂與幸福，但同時也因為了孩子所需要做出的龐大犧牲而幾乎被壓垮。

當妳一頭鑽進「要不要獨自生個小孩？」的疑問中尋求解答時，妳真正需要回答的，是對妳而言，如果這麼做了，將會引致什麼樣的情況、帶給妳的生命什麼樣的風景？這不是任意一個「自願的單親母親」人生，而是「妳的」真實人生。當了母親以後，妳得如何重新建構、重新考量自己的人生？妳有哪些資源、需要哪些資源、又該如何取得？

在知道生孩子所帶來的一切以後，我發現，如果要我考慮是否當一個單親母親，我所納入考量的四個主要問題中，有三個竟然與當初我和另一半猶豫要不要懷孕時的問題一模一樣。

1. 我要怎麼負擔所有的開銷？
2. 誰能在我要工作的時候幫我照顧寶寶？
3. 我還能有性愛生活嗎？

讓我們從這些問題開始好了。

妳信中沒有提到任何經濟方面的問題，但我在此先假設妳得工作賺錢來支持自己的生活所需。養小孩非常昂貴，尤其是如果妳得付費雇用其他人來看顧他們，以讓自己能去工作的話。我的小孩現在一個六歲、一個四歲。過去幾年的幼稚園學費幾乎讓Sugar先生和我都瀕臨破產，我是說真的破產。當我們的孩子還在嬰兒時期時，我們找了個兼職褓姆來帶小孩，並在剩下的時間裡努力兼顧孩子和工作。我們兩人都以藝文工作為生，也就是說我們之中沒有一個人有所謂的「真正的工作」。褓姆的時薪要價十五美金。我們一週雇用她二十個小時。每當她來上班時，我丈夫和我會衝進我們在地下室共用的工作室裡，完全忽視對方的存在，各自忙於自己的工作中（而這段時間，幾乎毫無例外，我們的寶寶都會乖乖地沉入夢鄉睡上長長一覺，彷彿很奇妙地知道我們付了錢請別人來照顧他）。隨著每個小時過去，我都會想：我賺到十五塊美金了嗎？或者至少……我賺到七塊五美金了嗎？

答案往往是否定的。這也說明了問題1和2是緊緊相連、密不可分的，其間的關聯性比那個異性戀愛與後代繁衍協會的大使所宣傳的男人+寶寶夢想更加緊密。對妳更是如此，因為妳將得獨立撫養小孩。

在需要的時候，很多人的另一半都能幫忙顧著小孩，讓妳可以去工作或洗澡或打一通重要的電話（當然，背景最好不要有一隻小怪獸在高聲尖叫）。但妳沒有這個人——沒有伴侶。妳有的只有那一隻會高聲尖叫的小怪獸。妳會怎麼做？妳有任何不需付費的幼兒照護管道嗎？如果有貼心的朋友對妳說：「噢，M！妳就生個小孩嘛！我絕對會幫妳照顧他——我會像是，嗯，他的**阿姨**一樣！」這樣的好意當然很貼心，然而會這麼說的人，多半也同時是很享受生活情趣的人——這些人是不會真的幫妳帶孩子的。或者，可能在某個春日裡，他們會願意幫妳帶小孩，只因為他們突然有想去動物園看看大象的衝動。而妳需要的，是每個禮拜一、三、五，早上九點至下午三點能幫妳照顧小孩的人。在成為母親以後，我學到的其中一件事，就是大多成年人是沒有意願花太多時間在別人的小孩身上的，除非這其中有什麼利益——也就是金錢，或是妳承諾以後也會一樣幫他們帶小孩作為回報。

當然，也有例外的情形。有的祖父母非常渴望在孫子孫女的生活中占有一席之地，扮演重要的角色。妳有一對（或至少一個）基本上還算理智而正常、身體大致健康、不會在大白天喝酒、又很愛小嬰兒的父母住在附近嗎？或者，妳有兄弟姊妹或朋友，真的有心要伸出援手嗎？如果沒有這些外援，妳打算怎麼處理幼兒照顧的問題？妳要如何規劃，又要拿什麼來支付？

其次，讓我們談談有了小孩後，生活是否就變成一個枯燥乏味、沒有性愛之樂的地獄？在生下寶寶以後，或許會有一段時間，真的沒什麼床上運動。但不要擔心，這與妳是否有另一半其實沒有太大的關聯。Sugar先生和我曾開玩笑說，我們決定要懷第二胎，是因為這樣讓我們在入土前至少還有機會再做愛一次。小孩會讓妳精疲力竭，改變妳體內的荷爾蒙，妳的陰道和腹部可能慘不忍睹——所以，短時間內不太會有「性趣」。但這種情況會過去，妳會再度想要約會、談戀愛。有些男人會因為妳有小孩，而喪失對妳的興趣；有的男人完全不介意，於是妳和他們交往，而其中或許就有妳的真命天子。

不論與男人的發展如何，妳都會有妳的孩子，一隻不可思議的小生物，會令妳頭暈目眩、會令妳胸懷寬廣、會令妳思索從未思索過的，憶起妳以為早已忘懷的，治療妳以為永遠不會痊癒的，原諒妳心懷怨懟已久的對象，並恍然理解了許多在妳瘋狂地愛上這個專橫的小小暴君（總是絲毫不顧妳得去上廁所這件事）以前，妳未曾理解的一切。如果妳曾停止歌唱，會再次開口；如果妳曾停止跳舞，會再次旋轉。妳將在地上爬來爬去，玩著追逐和搔癢、雙手遮臉躲貓貓的遊戲。妳將堆積木蓋起搖搖晃晃的小塔，用黏土捏出蛇和兔子的形狀。

整體來說，還滿不錯的啦。

但那也會很寂寞，在做這些事情時，沒有伴侶和妳一起分享。究竟會有多孤獨，我不敢肯定。有時候，或因沮喪、或因憤怒、或因絕望、或因疲倦、或因難以名狀的悲傷……妳可能會抱著寶寶哭泣。妳會看著寶寶，滿是喜悅與歡笑，如此純真的奇蹟、如此毫不掩飾的美好，甚至會令妳感到疼痛。在這種時刻，有個伴侶在身邊真的很好，M，妳會怎麼辦呢？那個空白的位置，本應是妳堅持尋找已久的伴侶應在的地方，妳該如何填補？

這是妳要面對的難題，也是我決定懷孕生子、當個母親前，都沒問過自己的問題。當然，那時候我還太天真，以為自己不可能需要考慮這些。沒有一個人能夠預知未來會發生什麼事情。即使我們規劃好了一切，計畫卻往往趕不上變化。我的朋友A在女兒出生前四天，因一場車禍而失去了丈夫；我的朋友B的丈夫因癌症過世，那時他們的孩子還未滿兩歲；我的朋友C的丈夫在孩子六週大時，為了別的女人而離開了她；我的朋友D的另一半在小孩出生後幾個月，認為他還是不適合當個爸爸。他遠遠搬到了國家的另一端，一年只回來探視她一次。我還能繼續說下去……一路從A列到Z。就算妳得到了那個夢，並不代表它一定能一直是真的。

反之亦然。妳害怕的那些並不見得會應驗。妳可能會決定要生下自己的小孩，然後在那期間妳找到了真愛。妳可能在細思深省後發現，如果無法和一名男性一起經歷這一切的話，妳其實並不想要小孩。

重要的是妳得鼓起勇氣邁出第一步。意志堅定、心靈飽滿地高高躍起，不要因那個宣傳大使所描繪的遠景而分心。只有妳可以決定，自己的人生是什麼模樣。將妳擁有的一切堆疊起來，蓋成一座搖搖晃晃的積木塔。在那周圍，是妳構築屬於妳的夢的地方。

Sugar

瘋狂性愛自白者

親愛的Sugar：

我年邁的父親即將來和我同住幾個月。我的母親於三年前過世後，我父親會輪流和我的手足們同住——大概每過四、五個月，就從一人家裡搬到另一人那裡去。他很喜歡旅遊，所以我們才認為這樣輪流同住的安排會讓他感到更有活力、更獨立。我不知道該不該說我是他最偏愛的小孩；畢竟我並不享受這種想法，他也從來不是一個情感外露或積極參與子女生活的父親，但我可以說他依賴我的程度比其他兄弟姊妹稍微高一些。近來，這種依賴也轉至情感層面。

Sugar，我的父親開始對我做出自白。起初，這些詭異的自白尚且限於不重要的小事，我將這樣的情況歸因於他開始受到心底道德感的影響，因而回顧往事、重新審視、清算過去自己所做過的一切。但最近那些自白逐漸轉為一場展示不法行為和犯罪的慶典——於我而言，這一點都不有趣。他告訴我，他背著母親和多少女人曾有過外遇；告訴我他不敢肯定自己沒有私生子女；告訴我各種令人反胃的性愛細節，自動在我腦中形成一些我永遠也不想看見的影像。他還說，當我母親懷孕時，她不願意再生第五個小孩，想要把我墮掉；後來她害怕會被人發現，才取消了墮胎手術，但再也不願意和他上床，這就是為什麼他開始外遇的原因。

我真的不需要知道這些——永遠都不需要！

我的心胸並不狹窄，是個能夠寬容體諒的人，Sugar。但重點來了：他一點都不覺得抱歉。我的意思是，我或許能夠接受這些全新的醜惡事實——比如他在八零年代時是怎麼搞上家裡的幫傭——如果他有露出一點點懊悔的話。但他沒有。他宣稱，將這些告訴我、而非我的兄弟姊妹，是因為他知道我不會因此而「評斷」他。他到底是從哪裡得到這種見鬼的想法？

儘管這種行為很扭曲，但我大概能理解，他也許是想藉著這個過程，讓我和他的關係更親密。話雖如此，但我真的希望他能閉嘴。我突然不知道自己對與他同住（並且每天都滔滔不絕講述那些亂七八糟的事情）有什麼感覺了。我不確定該怎麼做。我覺得照顧他、關心他是我的責任，但是我可以在這麼晚的時機才提出一些相處的界線嗎？

受託人

親愛的受託人：

可以的。你可以在這個雖遲未晚的時機才提出要劃下一些相處的界線。事實上，即使你的父親沒有不幸地變得喜愛向你懺悔這些猥瑣下流的故事，這麼做還是一個好主意。年長的父母要搬來和成年子女同住，這對雙方來說都是重大的生活改變（某些時候，對那名子女的配偶和孩子也一樣）。縱然是在最理想的狀況下，做一份家庭規劃仍是很明智的決定，列明基本的原則和期許、討論彼此的顧慮與考量、預先訂定雙方都同意的衝突解決方式等等。當兩個家庭要融合為一的時候，彼此權威與責任的角色都需經過重新調整——有時微調，有時變化劇烈——而這種重新調整、安排的過程，往往會翻轉過去長期建立的父母—子女關係與秩序。這無疑地將是一件非常複雜的事。

你的父親搖身一變成為一個瘋狂的性愛自白者，並讓事情變得更加複雜，這當然一點都不有趣。為了將情況變得單純一點，我建議你對他直言，你再也不想聽到和他的性愛生活有關的事了，一個字都不想。清楚地、直白地、堅定地表達你的立場。如果他不尊重你的意願，請立刻打斷他。每當他開始類似的話題，馬上請他停止。若他依然故我，你可以起身離開房間、把車停到路邊、或者任何能夠讓你暫時離開現場、離開他身邊的行動。只要你的態度足夠堅決而一貫，他終究會明白你的意思。

一旦你劃下了這種相處的底線以後，我鼓勵你去探索是否有什麼潛在的原因，令你父親不由自主想和你進行不恰當的談話。他這種自白的行為，或許和生理上的疾病有關。有些腦部病變會造成患者性格的轉變。如果你認為他的行為有可能——即使是微乎其微的可能性——與此有關，又或是你還觀察到他在其他地方的變化，我建議你去諮詢他的醫師。

當然，更可能的情況，是如你所言：你父親正以一種扭曲的方式，想拉近和你之間的關係。或許，要讓他停止說出那些你並不想知道的事情，最好的辦法就是主動問他一些你願意聽的事。可能他只是終於需要對某個他愛的人敞開心房，坦承他的一切。何不試著與他進行更深層的交流？請他和你分享人生中其他的那些他從未有勇氣宣之於口的故事。除了趁你母親去雜貨店買東西時和幫傭上床以外，他一定還有其他的經歷可以說吧？

我希望如此，為了你們兩人的幸福。

Sugar

未來有一顆古老的心

親愛的Sugar：

我在阿拉巴馬大學（University of Alabama）任教，教授創意寫作。我的學生大部分是即將畢業的高年級生，多數主修／輔修英文與創意寫作，並且對逐漸逼近的未來——離開校園、進入「真實世界」——感到恐慌與焦慮。他們修習其他學科的朋友很多都已經安排好了畢業後的工作，我的學生卻在親友的評論中掙扎，厭倦了那些「讀英文系是為考法律學院做準備」的意見，不顧他們的興趣與意願，依然堅持慫恿他們朝法律相關職業努力。為了給我的學生一點鼓勵，我為他們朗讀妳的專欄，希望讓他們知道，一切都會沒事的。

我們的學校大約在五年前左右就取消了畢業演說。即使在過去還有這些演講的時候，受邀的講者也往往是商界的主管或是前任運動員之類；他們所傳遞的訊息，在那群多半二十一、二歲的孩子眼中，只如霧裡看花。所以，Sugar，我希望妳能為這個班級的小小作家們做一次畢業演說。我們或許沒辦法給妳一個榮譽博士的頭銜，但請相信我，我們之中，包括了極具天賦的作家、烘焙師、音樂家、編輯、設計師、以及電玩高手，非常樂意為妳撰一段抒情散文、為妳烤一個派、為妳寫一首歌、為妳做出無數的善意舉動……作為妳給我們意見的回報。

深情的

杯子蛋糕&408團隊

親愛的杯子蛋糕＆408團隊：

義大利作家卡羅・列維（Carlo Levi）曾寫道：「未來有一顆古老的心。」我認為，非常適用於此。我愛這句話，因為它以一種精煉又優美的方式表達出最真的事實：我們未來的模樣，是脫胎於我們最初的、最原始的樣貌；對於自己未來的生命裡將灑落什麼樣的光，我們心裡既清楚無比、同時卻又萬分迷惘。我想，現在開始思索、感受這個議題，對你們而言其實是很有用的，親愛的。此時此刻，未來感覺起來一點都不「古老」；相反地，它更像是停在人行道旁的一台藍寶堅尼跑車（Lamborghini），身邊每一個人、每一個聲音都在要求你坐進駕駛座，發動引擎。

而我在這裡是想告訴你們，走路也沒關係的。事實上，我真心建議你們用走的。人生的路上，前方有太多風景值得細細品味，而身後有太多景致，是你在高速急馳下無法辨識出來的。你們的老師說得對：你們都會沒事的。不是因為你們選擇主修英文或者不主修英文；也不是因為你們決定申請法學院或者不申請法學院。是因為，我們幾乎所有人最終都將抵達那個一切安好的地方，儘管我們沿途搞砸了許多許多次。

我明白。我曾搞砸過。我大學也同樣主修英文。事情是這樣的：長達六年裡，我都聲稱自己擁有英文學士的學位。這是個謊言；儘管我並不是真的想要說謊。我確實上過大學，也參與了畢業典禮。我也隨眾走上台，領取了一卷紙筒。那張紙上寫著，只要我修完最後一門課，就可以拿到學士學位。那聽來似乎是世上最簡單的事情，但事實並非如此。我辦不到，只能讓時光流逝如水，一年一年地離拿到學位的機會越來越遠。我只差一門課，就把所有的學分修完了。我成績很好。宣稱自己擁有學位彷彿比說實話更理所當然、更接近真相——我這樣告訴自己。但那終究不是真相。

你得去做那些你非做不可的事情，走那條非走不可的路。法學院完全沒有錯，但除非你想當個律師，否則請不要選擇這條路。你無法修一門自己都感到窒息的課。「假裝你可以」永遠不會真的有效。如果你不相信我，那麼，去讀理察．賴特（Richard Wright）。去讀夏綠蒂．勃朗特（Charlotte Brontë）。去讀喬依．哈裘（Joy Harjo）。去讀托妮．莫里森（Toni Morrison）。去讀威廉．特雷弗（William Trevor）。去讀所有的西方經典名作。

或者，單純地閉上雙眼，回憶那些你早已經知道的事實。任當初曾引你前行至今的那一道熠熠星光，繼續領你向前，踏入未知的瘋狂與美麗之中。相信你們在大學這些年裡所學的一切都有其意義、有其價值，無論對於它們是否「有用」這個問題，你們有什麼答案（或是沒有答案）。你們將明白，讀過的所有故事、詩篇、戲劇、小說……都成為了你們的一部分，比自我更高遠遼闊、舉足輕重，始終不變。

在那些沒有英文學士學位的歲月裡，大部分的日子裡，我都在當服務生。當初我母親也曾當了許多年的服務生，將我和兄弟姊妹養大。她熱愛閱讀，一直都想上大學。有一次，在我很小的時候，她修讀了一門夜間課程。我父親勃然大怒，用一把剪刀將她的課本剪成碎片。她放棄了那門課——我記得，好像是生物學。

你找的工作不需要令他人滿意，不需要滿足他人對你「成功」的定義。你不需要解釋你對自己人生的規劃。你不需要透過展示優越的經濟能力，來證明你所選擇的教育與學科是正確合理的。你不需要維持一份完美無缺毫無半點瑕疵的信用評分。任何期許你辦到上面那些事情的人，都不瞭解歷史、不瞭解經濟、不瞭解科學、也不瞭解藝術。

你得自己付電費帳單。你得當個善良的人。你得全力以赴。你得找到真正愛你、你也同樣真心愛他的人。你「得」做的，大概就只有這樣而已。

我在就讀大學的期間結婚，然後在說著「我有英文學士學位」謊言那段時間離了婚。當我遇到現任丈夫時，他和我說：「妳知道，我真心認為妳應該去完成學位。不是我希望妳這麼做，而是因為我看得出來妳很想這麼做。」那時，我只覺得他真是個混蛋。此後整整一年，我們都沒有再提過這件事。

我懂你們在害怕什麼。我同樣也懂你們家長的恐懼。現實層面的顧慮與考量確實存在，每個人需要錢才能生活。此外，我們心底都有一種強烈的渴望，希望自己在這個世界上的存在是理直氣壯的，希望能感覺到他人對自我的尊重與敬意。在當服務生的那幾年裡，我常常感到丟臉、羞愧。在我的家庭裡，我應該要是那個「辦到了」的成員才對。然而相反地，我常覺得自己浪擲了所受的教育，辜負了我的母親，因為我和她一樣都變成了個女服務生。有時，當我捧著托盤在桌子間來回時，這個想法會突然浮現腦海，我得轉移思緒到其他的事情上，眼淚才不至於奪眶而出。

在我早已離職、不再當服務生許多年後，我的第一本小說出版了。我在任職服務生時的餐廳經理從報紙上讀到了關於我的消息；他出席了我的新書朗讀會。當初，他有時對我的態度粗魯無禮、高聲斥責，我偶爾也鄙視他。但那一天晚上，在書店看見他時，我只覺得非常感動。「這麼多年了，有誰猜得到，我們會在這裡慶祝妳的小說出版？」我們擁抱時，他問我。

「我猜得到。」我回答。

這是真的。我一直都猜得到這個結局——即使有那麼多時候，我都害怕這最終不會成真。能置身於那一夜、那個場合，正是我人生的意義。抵達此處，是我所有意圖的終點。當我說，你無需對任何人交代你對自己的人生有何規劃時，指的並不是要你到處閒晃，然後發牢騷抱怨這一切有多困難。我指的是，建議你朝著自己的目標，那個無法被數據計算、衡量的方向邁進，奮力一搏。我指的是努力與實踐。是愛。

說「你們真是太年輕了！」似乎是挺高姿態的一件事，也可能不完全正確，畢竟在你們這些畢業生之中，有些人並不年輕，有些人還可能比我更加年長。但我相信，所有年長的大學畢業生都會同意這點看法——所有確實很年輕的應屆大學畢業生們：你們真是年輕得要命！亦即，在此刻你們所決定的關於自己的一切，隨著時間流逝，十件裡面有八件將被證明是大錯特錯的。

然而剩下的兩件，時間將證實它們正確無比，令你在二十年後回首往事，還會狂笑不止。

我母親那時也很年輕——雖然不像你們這樣年輕得要命。她在四十歲時終於如願以償進入大學，將生命的最後幾年時光都花在當個大學生上了；儘管當初她並不知道那將是她最後的幾年歲月，還以為她才剛剛要步入人生的另一階段。她死了，比我們兩人預計應各自從自己的學院畢業、拿到文憑的時間早了僅僅數個月的時間。在追思葬禮上，她最喜歡的教授站了起來，授與她榮譽博士的學位。

人生中，有各種最可怕、最美麗、最有趣的事情。對於你們其中部分的人而言，或許那些事情已經發生過了。所有發生在你們身上的事情，都是屬於你們的。讓那些事情真正成為你的寶藏。將它做為你的食糧，即使當下你覺得這一切都難以下嚥。讓它滋養你、浸潤你——因為它真的會的。

我在人生旅途上，一遍遍地學到這一點。

有一天，我突然決定不再說謊了。我打了通電話給當初那間沒拿到英文學士學位的大學，詢問接聽我來電的女士，我該怎麼做才能完成學業。她說，我只需要再修完一門課——任何課都可以。我選了拉丁文。我從來沒學過拉丁文，但我想瞭解（終於、終於開始想要瞭解）我們的語言中那麼多字彙的根源何在。對於學拉丁文，我抱持著很浪漫的心態與想像。畢竟，羅曼語系（Romance languages[*3]）正是起源於此，不是嗎？但事實證明，學拉丁文跟浪漫一點關係都沒有，只有滿滿的一頭霧水、大量的記憶背誦、以及努力想解譯許多關於士兵在古老大陸上行軍的奇異故事。我盡了最大的努力，還是只拿到B。

我從拉丁文課上學到了一件事，永難忘懷：由另一種語言傳承下來的語言，叫做「女兒的語言」（daughter language[*4]）。

這是我人生全新階段的起點；正如同你們現在面臨的一樣。

我早已離開當初我和母親一起上大學的地方了。多年後，為了第一本小說的朗讀會，我又回到了那個地方。和我前任老闆數週前在不同的城市裡所做的一樣，當年授與我母親榮譽博士頭銜的那名教授，也從報紙上讀到了關於我的事，也來到了書店聽我朗讀。「這麼多年前，有誰猜得到我們會在這裡慶祝妳的小說出版？」我們擁抱時，她問我。

「我猜不到。」我回答，「我猜不到。」

是真的。這是肺腑之言，然而我對前任上司說，我一直都猜得到自己能走到這一步，也同樣真實無欺。這兩件事同時都是真的——我的自我懷疑、我的自我肯定，是我體內過去的自己和未來的自己終於合而為一。我人生中所有的努力都是朝著這同一個方向，但我依舊對自己所達成的、所得到的一切感到驚喜而詫異。

我希望你們也能感到驚喜，也能當即領會。我希望你們永遠都有愛。我希望你們將有許多自在的日子，以及絕佳的幽默感。我希望你們其中一人真的會為我烤一個派（我只要香蕉奶油口味，謝謝）。我希望當再有人問，你們打算要拿這個英文及／或創意寫作學位怎麼辦時，你們會這麼回答：**繼續我對人類動機和慾望之矛盾性與複雜性之書籍研究**；或者單純一句：**帶在身上走囉，當我去做其他重要的事情的時候**。

然後靜靜微笑，直到聽見他們發出一聲：**是喔……**。

Sugar

友誼為名，曖昧為實

親愛的Sugar：

我可能愛上了我的朋友。他可能也愛上了我。最起碼，我們非常喜歡對方的陪伴。我們天天見面，每日至少會通兩到三次的電話；每一次道別後，對對方的思念便悄然襲來。一種強烈的、兩性之間的張力在我們的友誼中迅速高漲。我們曾想要控制自己，向對方坦承，並討論這樣的情感與衝動無法開花結果的原因——他已經與一名善良、美麗、可愛的女人在共同經營一段認真的、專一的感情。她也算是我的朋友。

起初，我們試圖對這種情況置之不理，將之歸因於自然的反應——我們都覺得彼此的的外表非常吸引人。自然也好、不自然也好，在某些夜晚，不去碰觸對方開始變得令人幾乎難以忍受……於是我們決定分開一陣子。然而，這樣子企圖保持距離，只是放大了我們是多麼依賴彼此的感受。往往撐不過幾個小時，其中一人就會拿起電話撥給對方。之後，我們又嘗試只在他女友在場時才見面。但可怕的是，她的存在並沒有消除那種劇烈的張力，只讓我感到更加愧疚。我們從未接吻，從未跨過那條身體上的界線。但我們之間確實有某種東西，正不可抑止地發酵生根。

他無意離開她，當然我也無意要求他這麼做。我對他的好感或許很強烈，但我依然意識到他們很相愛這個事實。我們並不打算背著她偷情，因為這樣只會讓所有人都受傷害。然而，我們可能也不會停止見面；在過去的兩個月裡我們試過了，似乎真的辦不到這一點。我們真的非常、非常努力，想讓彼此之間的關係維持在柏拉圖式的精神層面，但這真的好難。

若在不同的時間點相遇，或許我們會成為戀人。我的朋友非常優秀（但從不擺出高高在上的自大姿態）、善良、大方、有才華、熱情、深具吸引力、迷人風趣又溫暖。我們能聊天聊上幾個小時，從不感到無聊，在彼此身邊時，幾乎無法停止微笑。我們真的很喜歡對方。我和他的友誼對我來說至關重要（對他亦是如此），但如果我們再不找到方法，壓抑彼此日復一日有增無減的情慾，這段友誼將無法繼續下去。

我該怎麼做，Sugar？我愛他。我尊重、也喜歡他的女友，我想讓所有人都受到公平的對待。更重要的是，我希望和他依然是朋友……為什麼情況好像一點都沒有改善？

「只能當朋友」

親愛的「只能當朋友」：

情況一點都沒有改善，因為妳與他根本不是朋友。妳和他之間，是一種壓抑著性慾、又微帶幾分欺瞞意味的愛情關係。你們在進行的是「不接觸」約會（dry dating[*5]）。這種特殊版本的「不接觸」約會簡直糟透了，而且還會繼續惡化下去，直到：

a. 妳的朋友和女友分手，於是你們兩人得以在不當個謊話連篇的王八蛋的情況下，深入探索對彼此的情感。

b. 你們兩人坦然接受，世界上每一個人在某時某刻都是謊話連篇的王八蛋。你們決定背著她偷偷交往，並且讓這段外遇將性愛也包含進去，而非現在所進行的純情感上的外遇（對的，你們現在明顯地就是在外遇了）。這樣一來，妳就有機會確認你們兩人之間所謂的「張力」，在妳痛苦萬分遵循著的那個不碰／不說原則以外，是否還有其他的可能性。

c. 斬斷這段感情關係，因為妳已經愛上了他，他卻不是單身。

A選項首先出局，因為妳無法控制他會不會和女友分手。

B選項也同樣出局，因為妳已經強調過（非常明智地）自己不願意當個謊話連篇的王八蛋（儘管這麼做可能會給妳帶來很短暫的樂趣）。

然而C選項——完全取決於妳，我的朋友。而從Sugar在糖果山上所處的綜觀視角看來，事情非常清楚：這就是妳應該做的事情。

選擇C這條路並不容易。乍看之下，與那個超酷超性感令人愛慕不已的超完美男孩分道揚鑣，似乎是世界上最糟糕的主意。但相信我，這是唯一一條路，能讓妳得到妳想要的——也就是他。但這樣妳能得到的將是完整的他，而不是偷偷摸摸背地裡與你偷情的他，不是一個妳想要和他上床卻不能（也不會也不願意）這麼做的「朋友」。

在一段愛情裡，若妳希望得到想要的，首先妳得承認自己究竟想要什麼。要我和妳一起說出來嗎？**若真的要談戀愛，妳希望妳的朋友能恢復自由單身，才能真正地和妳陷入愛河**。你們兩人間的這種虛假的「朋友」間的調情曖昧遊戲，不切實際、過度激烈，只會帶來痛苦與混亂，而無法領妳朝向真正的希望行去。

或許妳選擇放手的決定，會讓妳的朋友恍然領悟，他真正想要的是和妳一起探索你們之間的可能性，而他會願意做所有必要的事情，去達到這個目的。也或許這會讓他發現，若為了和妳探索那個未知的可能性，而失去那個他所愛的女人，這樣的代價太過沉重，他不願冒險。無論結局為何，親愛的「朋友」，妳都是贏家。

Sugar

以人為本

親愛的Sugar：

寫下這封信時，我正在亞特蘭大（Atlanta）的伊格勒斯頓兒童醫院（Egelston Children's Hostpital）兒童加護病房裡，倚在我的小小沙發床上。我丈夫和我剛剛得知，我們六個月大的女兒愛瑪長了腫瘤。她將在明天進行腦部手術。我很害怕會失去她，害怕她會癱瘓、或是她的發育將會受到影響然後因而得過著很艱難的人生。我更害怕他們會發現腫瘤是惡性的，她得接受化療……她只不過是個小寶寶而已啊！

在這一刻，來自很多人的看法、祝福、禱告，如潮水般朝我們湧來。但說實話，如今上帝大概是我腦海中最遙遠的東西了。我不算是個超級虔誠的人，但現在，我驚覺自己正在質疑祂的存在，心中的懷疑比以往任何時刻都要強烈。如果真的有上帝，祂為什麼要讓我的寶貝女兒經歷有生命危險的手術，Sugar？我作夢也沒想到，我和我丈夫會陷於這種狀況之中。

我想請妳替我禱告，也想請妳的所有讀者替我禱告，向那個我甚至已經不太確定自己是否還相信的上帝祈求。祈求我的寶寶會安然無恙，祈求我們能從困境脫身，並將這一切拋之腦後。過去我曾為了別的事寫過信給妳，那些事情現在看來是那麼愚蠢可笑。我只希望能跟我的丈夫和女兒一起渡過這次的難關，然後回首過往，感謝上帝一切都平安無事。我想要相信祂的存在，想要相信所有為了我們而發起的禱告都是有用的。

艾比

親愛的艾比：

自從讀了妳的email以後，我無法不去想著妳和愛瑪和妳丈夫。我想對妳致上最深的關心及祝福，期望愛瑪一切平安。

我有意發表妳的信件和我的回覆，但我想先確認妳寫信給我時，是否同樣有這種意願。如果答案是否定的——如果這封email比較類似於寄給我的一封私人信件，這樣也沒關係，我將不會發表。而若妳願意讓我發表這封信，我還得知道，妳是否介意將內文提及的那些個人資訊（愛瑪的名字、醫院名字等等）也包括在其中。如果妳介意，請告知我，妳或我可以改掉那些資訊。

隨信附上愛，光明、祝福與力量。

致上愛，

Sugar

親愛的Sugar：

謝謝妳回信給我。我非常樂意讓妳發表我的信，如果妳想的話，也可以將這封信的內容加進去，讓大家知道手術非常順利。腫瘤被診斷為良性的。他們最終得留下一塊極小的部分沒有切除，因為它與一條血管緊緊連接，一不小心就可能導致愛瑪終身癱瘓。她恢復的情形好到令醫師有些詫異。我們很可能明天就能回家了。

至此，我希望真的有上帝，並且那些禱告正是令愛瑪安然無恙的力量。整個國家到處都有人為我們祈禱，我希望他們能繼續為我們祈禱，讓那個腫瘤不會再回來，而我們能就此脫身，轉頭離開這場惡夢。我這輩子都對上帝是否存在抱持著保留態度。我想，所有人多少都曾希望祂真的存在，並能聽見我們的禱告。發現我六個月大的女兒長了腫瘤（無論是良性惡性）這件事，彷彿令我一夕之間變回那個說著「要是真的有上帝，壞事就不該發生」的自己。

我很想將手術的成功與截至目前我們接到的好消息，全都看做祂確實存在的跡象，但同時我也不想單憑一件可能只是巧合的事，就下這麼重大的結論——決定祂是否存在，決定禱告是否真的有效。我會繼續為她的早日康復而禱告，也希望妳的讀者能和我們一起為愛瑪、為伊格勒斯頓兒童醫院裡所有的病童、以及世上所有年紀輕輕就經歷苦痛的人們祈禱。

不用顧慮將我們的名字和地點發表出來。我一點都不介意。我希望妳仍然願意回我的信。我非常想知道妳對上帝的存在有什麼看法。我難以抉擇，不知道自己是否該下定決心抱持信心，並且相信因為愛瑪現在沒事了，這一切都應歸功於上帝？

謝謝妳想著我們，

艾比

親愛的艾比：

知道愛瑪的手術那麼順利，我相信所有正在閱讀這些文字的人，都和我一樣鬆了口氣。我很遺憾妳得忍受那麼令人驚慌失措的恐怖經歷。我希望最糟的部分已經過去了，妳能夠如信中所說的「就此脫身」，離開那場惡夢，走得又快又遠，踏入一個字典裡沒有「腫瘤」或是「手術」或是「癌症」的未來。

對於是否要發表妳的來信，我掙扎許久。並不是因為它不值得回覆——妳遇到的情況非常嚴重，而妳對上帝的信念和質疑不僅極為深刻，同時也是許多其他人懷抱的疑問。而我忍不住想：我算是哪根蔥，憑什麼解答妳的這個問題？在寫這個專欄的日子裡，我時常有類似的想法，但這一次，看著妳的信，這樣的念頭比以往更加強烈。我不是牧師，我對上帝沒有半點瞭解。我甚至根本不相信有上帝。而且我覺得在公開論壇討論上帝這種話題，很可能讓自己因信仰而遭到聲討。

然而，我還是來了。因為，妳的信在我的腦海中揮之不去。

將近兩年前，在我們居住的城市裡，我帶著我的小孩到一座一神教派教堂前，觀賞聖誕露天劇的演出。那場露天劇場搬演的是耶穌降生的故事。之所以帶他們去，是希望開始給他們一點與這個假期有關的「無聖誕老人」知識。不是一條灌輸宗教信仰的途徑，而是一堂歷史課程。

誰是耶穌？在我們開車前往露天劇現場的路上，當我和他們說明了那天的演出內容後，我的孩子在後座問。當時他們一個四歲、一個將滿六歲，曾零星聽過關於耶穌的片段故事，但現在，他們想知道所有的細節。講到耶穌，我實在不是個專家——我母親是個前天主教徒，在成年後對具有組織的宗教信仰嗤之以鼻，所以在我小的時候，從來沒有接受過任何宗教相關的知識——但我所知道的足以讓我將他的生平大致概述一遍，從他在馬槽中出生，到他年輕時以同理心、愛和諒解勸服大眾改變信仰，到他被釘上十字架的種種，再講到那一個宗教，相信耶穌在為我們的罪受苦以後，死而復生並回歸天堂。

我說完以後，彷彿就像是有人塞給了我的小孩一人一杯美式咖啡（而裡面加了三份濃縮咖啡！）**跟我說耶穌的事嘛！**變成一天十次的例行需求。他們對耶穌在糧倉中的降生或者他的生命哲學或者甚至他在天堂做什麼都不感興趣，只想知道關於他死亡的一切，那些極度痛苦的細節，一遍又一遍又一遍，直到每一項醜惡的事實都鑽入骨髓。此後數月，我被迫不斷重複敘述耶穌是如何被鞭笞、羞辱，如何戴上荊棘做的皇冠，如何手腳被釘在木製的十字架上痛苦地死去。有時，我一邊說，一邊在那間神氣兮兮的雜貨店裡購物，以一種不堪其擾的姿態，沿著貨架走道來回穿梭；而人們會轉頭看我，瞪大雙眼。

我的小孩對耶穌被釘上十字架的故事驚恐萬分又全然為之吸引。那是他們聽過最駭人聽聞的事情。他們並不理解這個故事的宗教含意，只意識到了其中殘忍的真相。他們思索的不是耶穌的神性與聖性，而是他的人性。他們對他死而復生這件事沒什麼興趣；他不是他們的救世主。他只是個男人，被活生生釘上十字架，並忍受這種痛苦好一陣子。

他們對他那麼壞，他是不是很難過？我兒子一再問我。**他的媽咪呢？**我的女兒想知道。

在將耶穌之死告訴他們後，我曾懷疑自己這麼做到底是對是錯。截至那時刻，Sugar先生和我都盡力將他們保護得很好，不受世上所有殘酷的事物影響；所以，看在上帝的份上（咳咳），為什麼我要讓他們知道這些？但我同時也意識到，是該讓他們有所瞭解了——他們對耶穌遭遇的苦難所展現出的高度興趣，恰恰證明了這一點。我觸到了某條神經，正中紅心，揭露了他們已經準備好去理解的真相。非關基督教，而是關於生而為人所面臨的狀況：痛苦與折磨，本就是生命的一部分。

這一點我很清楚，妳也很清楚。不知道為什麼，當真正可怕的遭遇發生在我們身上時，我們卻往往忘記了這些。我們只是翻來覆去地想著：**「為什麼是我？」「怎麼會這樣？」「什麼樣的可怕的上帝會做出這種事？」「這樣的事情發生在我身上，正是上帝根本不存在的鐵證！」**我們反應激烈，彷彿不知道在這世上，每一天、每一秒，都有各種可怕的事發生在各種不同的人身上。而世界唯一有所不同的地方，上帝存在或不存在的關鍵，天空是藍是灰……其實只在於這一次，那可怕的事情是發生在**我們**身上。

在面臨這樣的危機時，妳有這種質疑是再正常不過的，親愛的。妳的憤怒與恐懼其來有自，妳自然會覺得被上帝背叛了，那個妳想相信會對妳垂憐、保護妳心愛的人的上帝。當我知道我的母親將因癌症而死（當時她才四十五歲）時，我也有同樣的感受。我甚至根本不相信上帝，但我依然覺得祂根本就是欠我的。我無禮地想著，祂怎麼敢這樣對我？！我無法克制自己，我是個自私自利的野蠻人。我想要所有我想要的東西，並且期待那個我從未信仰過的上帝，自動自發地將那些東西通通堆到我面前。在我的生命裡，或多或少，總是有幸運降臨在我身上，以至於我將之視作理所當然，以為永遠都會是這樣子的。

但我錯了。

在我朋友的十八歲女兒被酒後駕駛的車輛撞死時，它沒有降臨；在另一名朋友發現她的寶寶不久後將因遺傳基因疾病而死時，它沒有降臨；我曾有個學生，她的父親謀殺了她的母親後自殺了，它沒有降臨；對於所有那些在錯的時間來到錯的地點，碰到了錯的病毒或軍事行動或飢荒或致癌物或基因突變或自然災難或瘋子的人們，它同樣沒有降臨。

無數的人因為各種無法用宗教角度來解釋的原因而受到傷害。如妳一般提出這種問題（儘管是可以理解的）——如果真的有上帝，祂為什麼要讓我的寶貝女兒經歷這種有生命危險的手術？——會創造出一種不正確的階層分類，彷彿將受到祝福的人與受到詛咒的人一分為二。以個人的幸運或不幸作為決定上帝是否存在的試金石，將引導出不合邏輯的二分法，讓我們無法擁有真正的同理心。這樣的想法暗示了一種宗教信仰的對價關係，與歷史、現實、道德、理智相悖，未能承認「復生」的另一面——亦正是復生之所以必要的理由——是你必須先被釘上十字架。

這正是妳當初寫信給我的那一夜裡妳所在的地方，我親愛的女人。被妳所遭受的痛苦與折磨牢牢釘在原地，動彈不得。那日我在清晨三點醒來——妳被釘在那裡的感受，強烈尖銳到令我，作為一個陌生人，也能感覺到釘鑽的刺骨痛楚。於是我離開床鋪，寫下給妳的回信。那是一封短短的、微不足道的email，讀來或許和妳收到的其他微不足道的email沒有什麼差別，都是來自一群對妳的苦難束手無策、除了善意的文字外什麼也無法給妳的人。但即使我們不認識，我也清楚地知道，正是這些信件，以及為妳祈禱的那些人的禱告，聯結組合成一艘小小的橡皮艇，勉強能撐住妳的體重，在妳等待女兒命運的宣告時，伴妳漂流過漫長可怖的時光之河。

如果我相信有神，我會將這些視為祂存在的證據。在妳最黑暗、最難熬的時刻，人們的愛適時出現，讓妳能漂浮而起，不至於陷溺沉淪。無論愛瑪的手術結果如何，這件事都不會改變。如果事情並未朝向我們所希望的方向發展（雖然，我們通常不願意朝這方面思考），這些也依然是能支持妳熬過黑暗與絕望的恩典。

妳問我有關上帝的事情，但歸根究底，妳的問題和其他人問我的問題在本質上都是差不多的。像是「某某事辜負了我」以及「下一次，我想要做得更好」這樣的邏輯。我的答案，也往往相去不遠：要做得更好，首先你得踏出第一步，去嘗試才行。於妳而言，這次可怕的經歷或許也帶來契機，經過這件事後，妳對上帝存在的意義有了更深層的理解。這樣一來，當妳再次需要宗教上的心靈慰藉時，妳將有更堅定不移的信念可茲倚賴，而非那搖搖欲墜的「除非祂把我想要的東西給我否則我就不相信祂的存在」態度。當妳在加護病房裡，坐在愛瑪床邊時，妳所學到的，是理解自己原先對上帝抱持的想像（一個或許根本不存在的幽靈般的人物，在事情變糟的時候，可能會也可能不會聽見妳的禱告，可能會也可能不會衝過來拯救妳）的可能性有多淺薄。

事到如今，妳得靠自己重新建構起一個更好的、更宏觀的認識。而這通常代表著先從最小的地方開始。

要是妳讓妳的上帝存在於他人給予妳的同情、善意的話語之間呢？如果信念就是將手放在妳女兒神聖的小小身體上帶給妳的感覺呢？如果一天當中最美的，是透過窗戶灑落的一線陽光呢？要是最糟的情況發生在妳身上，但妳還是想辦法「起而復生」了呢？如果妳相信以人為本，會怎麼樣？如果妳選擇更認真地去聆聽那個被釘上十字架並找到方式忍耐極端痛苦的人的故事，而非一個救世主施展不可能的魔法的故事，又將如何？妳會從中看見奇蹟嗎？

注釋

注1：團體家屋（group home），類似收容安養院的社福機構。

注2：《最珍貴的禮物》（*The Gift of the Magi*）是美國作家歐・亨利代表作，描述夫妻都做出犧牲為對方換取禮物，卻恰好抵銷了對方送的禮物的用途。

注3：羅曼語系（Romance languages），又稱羅馬語系或拉丁語系，由拉丁文演化而來。文中以「romance」一字來說明作者曾以為拉丁文很浪漫（romantic）的聯想。

注4：「女兒的語言」（daughter language），一般應作「子語言」，但考慮到作者和母親的關係，選擇使用女兒一詞。

注5：「不接觸」約會（dry dating）的過程與一般約會相同，但沒有任何肢體上的接觸。

第三部

扛起自己的重量

如果讓妳給二十幾歲的年輕人一個建議，那會是什麼？

找間書店，買下十本詩集，然後每一本都讀五遍。

為什麼？

因為，真理皆蘊藏其中。

還有其他的建議嗎？

胸懷雅量，比你以為自己所能夠辦到的程度更寬弘大度十倍，這能讓你的人生精彩百倍。這一項建議適用於任何人身上，但二十幾歲的年輕人尤甚。

為什麼？

因為在二十幾歲的這段歲月裡，你正逐漸蛻變、成長、形塑自己未來的樣貌；所以，最好還是別當個惹人厭的混蛋，不是嗎？此外，在這個年齡要擁有寬大的雅量是很困難的，我想，所以我希望在此能提醒你們這一點。那十年很可能是你這輩子最不懂得虛懷若谷、謙沖自牧的時光；然而很奇怪地，這種驕傲自滿往往與不安全感、不確定感和恐懼交織糾纏在一起。若你們朝善良的、宏大的、仁慈的、寬容的、滿懷勇氣的方向前進，將從自己身上學到許多。當個為愛而戰的勇士。

妳知道自己是誰嗎？

我知道。

妳花了多久的時間，才真正明白自己到底是誰？

三十幾年。但我還在習慣這個真正的自己。

美人與野獸[*1]

親愛的Sugar：

我是個平凡的二十六歲男性。我身上唯一特出的一點，就是長相奇醜無比。我並不痛恨自己，也沒有身體畸形恐懼（body dysmorphia[*2]）。我患有一種罕見的先天血液疾病，這種疾病從很小的時候就對我產生影響，造成身體殘疾以及關節病變。我一側的身體明顯萎縮，體積看來比另一側小上許多。

即使沒有罹患這種疾病，我也不會是什麼英俊非凡的白馬王子。然而患病讓我幾乎不可能靠著正常的運動及物理治療來解決問題。同時，我的體重也過重。我承認，我應該有能力改善這一點。我吃得不算不健康，但和其他人一樣，確實可以再減少攝取一些熱量。我的醜陋既沒有神秘感、也不有趣，不像許多知名的演員那樣。我醜得表裡如一——一個支離破碎的男人。

我的問題（面對大多數尋求意見的管道，我的問題都是一樣的）在於，我這種人能獲取的資源少之又少。在電影中，相貌醜陋的角色往往能夠受到幫助，「改頭換面」一番，然後及時地吸引他們心愛的人的注意。或者，他們的醜只是一種笑果（根本不是真醜）。而在現實中，我們總是被教育「內在比外在更重要」，但世上有很多外貌出眾的人（或至少長得正常的人），也同時是個好人。

所以，像我這樣一輩子都和「魅力」沾不上邊、內在也是普普通通平凡無奇的人，還有什麼機會？

我是個快樂的人，有著充實的人生和許多好朋友。工作很彈性，讓我有足夠的閒暇時間可以發展自己的興趣；我的雇主很貼心，能體諒我因為健康因素，有時並不能上班的情況。但在愛情這一方面，我總是被排除在外，備受冷落。我不想要到了生命的盡頭時，還沒有嘗過那一種愛的滋味。

我該關上心門，令那部分的自己與世隔絕，並將時間與精力轉而投注在生活中其他更實際的地方嗎？還是我應嘗試一些不同的方式來找對象？我的外型讓網路交友完全不可能成為選項。而若是面對面相處，大家對我外向的性格通常反應良好，但不會把我視作一個可以交往的對象。妳能給我一些新的想法嗎？或者妳認為敗局已然註定，毫無轉圜的餘地，可以給我一道就此放棄的許可令？謝謝妳的幫助。

跛行的野獸

親愛的跛行的野獸：

很久很久以前，我有個朋友，全身上下大部分的區域都遭到嚴重的火吻。在二十五歲生日後六週左右的某天，他沒有注意到公寓裡的爐子瓦斯外洩，他僅僅劃了一根火柴，結果卻將整間廚房點燃，幾乎喪命。四個月後他出院時，鼻子、手指和耳朵都被燒成了一節節的瘤，他的肌膚看來不像人類的血肉，而像獸皮的模樣，彷彿是一頭粉紅豹，毛皮上刷著一條條殘酷的白色斑紋。在此我將稱他伊恩。

「我是噴火怪獸！」前年感恩節，他蹲伏在床邊，對著我的孩子咆哮。他們假裝害怕地尖叫起來，樂不可支，大喊：「怪獸！怪獸！」伊恩看了看我，又看了看Sugar先生，然後我們一起大笑出聲。

你知道為什麼嗎？因為他**確實是**個噴火怪獸。我的孩子認識他時，他就是這個模樣了；我和我丈夫同樣也是如此。事實上，我認為就連伊恩自己，也並不認識那個遭火吻前的他。是那場火造就了他。

也因為那場火，他變成了一個很有錢的男人——瓦斯公司付了他一大筆和解金。他出身中下階層，但當我們認識的時候（我二十七歲，他三十一），他正熱衷於一些附庸風雅的行為。他會買精緻的食物、貴得離譜的酒，收集藝術品並將之懸掛在一間間時髦又豪華的閣樓裡。他的衣著毫無瑕疵，他的車一部比一部昂貴奢華。他愛死了有錢這件事，常說烈火焚身是他這輩子發生過最好的事情，說即使有機會回到過去重來一次，他依然會劃下那根火柴，因為不點燃火柴意味著失去那筆帶給他無比快樂的錢。他的人生精彩萬分，他這麼說；為此他滿懷感激。

然而有一處例外——一件小小的事。他很遺憾自己沒有辦法得到愛。浪漫的、慾念的愛。戀，愛。愛情。

「但你**可以啊！**」我堅持，儘管第一次看見他時，我確實對於直視他的目光感到畏縮。他看來真的頗為駭人。他的身體是一片粗糙又脆弱的風景，滿佈著難堪的痛楚與恣意的扭曲。那時我在一間花俏招搖的法式酒吧當服務生，而他則是那裡的常客。他坐的位置恰好靠近我點單、取酒的地方，我一邊工作，從眼角餘光裡一點一滴地將他看個清楚。我們聊著書和藝術和鞋子，他會喝著一小杯要價二十塊美金的龍舌蘭，吃著一盤盤精打細造的法式冷肉醬（Pâté[*3]），而我則穿梭在吧台和桌子之間，不斷地送餐。

過了一陣子，他漸漸不再是一個我不得不友善對待的顧客，而成為了我的朋友。那個時候，我已經忘記他看起來像是一隻怪獸這件事了。說來不可思議，但這是真的……在我真正認識伊恩以後，他在我眼中的形象起了翻天覆地的變化。我意識到的不再是那火灼燒過的臉，而是他明亮的藍眸、疤痕歷歷凹凸不平的手、以及他的嗓音和聲線。這並不是說我從此就看不見他極其醜陋的可怖外貌；它仍在那裡，他仍是個畸形怪異的醜八怪。但除此之外，還有別的特色在他身上，散發出比他的醜更強烈的光——他的美。

我不是唯一一個看見他的美的人。有許多人都深愛伊恩，而我們全都一再地強調，我們對他的愛，正是有朝一日會有某個人真心愛上他的鐵證。不是我們對他的愛，不是朋友之間的愛，而是「**那一種愛**」。

但伊恩一個字都聽不進去。即使只是要他考慮交男友的可能性，對他而言都難以承受。早在他還在醫院裡的時候，就已經決定將愛情拒於心門之外。沒有人會愛上像他這麼醜的男人，他認定。我試圖與他爭論，但他說我一點都不瞭解外表在同性戀文化中有多重要。我告訴他，這個星球上肯定還是有人願意去愛一個遭火吻的男子；他則說，他會偶爾找個提供性服務的對象來「將就一下」就好。而當我說，我認為他拒絕敞開心胸接受愛情的可能性，這種逃避源於恐懼，而克服這樣的恐懼是他真正從那場不幸禍事中走出來的最後一步——他說，我們的談話到此結束。

於是這場談話就結束了。

有一天下班後，我和伊恩去了另一間酒吧喝點東西。我們坐了下來，他對我說，今天是他那場意外的週年紀念。我要求他把那個早晨所發生的所有事情都告訴我，他同意了——那天早上他剛醒來，還帶著朦朧睡意；整間廚房驟然爆炸成一團藍焰的那一刻，他正心不在焉地盯著流理台上一條椒鹽餅乾。他驚奇地看著那椒鹽餅乾和它的外包裝分崩粉碎，剎那間就消失在空氣裡；在他眼中，那個畫面很美，彷彿帶有魔力。下一刻，他發現自己也已被藍焰吞噬，同樣地正在消失崩解。他跌在地上痛苦呻吟，室友驚醒了，因太害怕而不敢靠近，只待在隔壁房間裡對他喊叫，試圖安撫他，讓他好過一些。第一個打電話報警的，是在人行道旁，目睹那間公寓窗戶被炸飛的路人。他躺在擔架上，被抬下樓時，急救人員溫柔地對他說話。他告訴我其中一人是如何對他說，他可能撐不過去，這個念頭又是如何令他哭喊出聲。在那一聲喊叫中，他聽見了自己的聲音，竟是那麼不知所措——這是他在失去意識、昏迷數週前，記得的最後一件事情。

他永遠不會有戀人。

他會有快樂的時光，也會有悲傷的時刻。他會有些氣量狹小，有時卻又寬宏大量。他會工於心計，他會慷慨大方；他會尖酸刻薄，他會溫柔貼心。他會從一間奢華的房子搬到另一間同樣奢華的房子裡，換掉室內裝潢所有的色彩主題。他會喝酒，會停止喝酒然後再次開始喝酒。他會買下藝術品原件，以及某特定品種的狗。他會在房地產界大賺一筆，也會在另一樁投資上慘賠。他會與他所愛的人和解，並與其他人疏遠。他總不回我電話，但會讀我的第一本書，並給我一張最最貼心的便條。他會送我的第一個孩子一件貴得荒謬至極的時髦寶寶長褲，然後在我告訴他我懷了第二胎時，嘆著氣說他超討厭小孩。他會在感恩節咆哮。他會蹲在床邊，說自己是隻噴火怪獸；他會和那些聽懂了這個笑話的大人們一起捧腹大笑。

接著，還不到一個月，在聖誕節的前一週，他四十四歲時——他會奪走自己的生命。甚至沒有留下遺書。

我曾無數遍想過伊恩究竟為什麼自殺。而在讀著你的來信的時候，我再一次想起了這件事，野獸。若將他的死歸因於多年前的那根火柴，似乎是很容易、很理所當然的理由。他聲稱即使時光倒流依然會點燃的火柴。讓他有了怪獸的可怖外表，因而無法擁有愛情的火柴。讓他成為百萬富翁，所以過著快樂生活的火柴。那根火柴的隱喻象徵是如此明顯，像是童話故事裡你得付出相等的代價才能得到力量的寶物，閃著爍爍流金般刺目的光。

然而我並不認為他的死應歸因於此。我認為伊恩之所以自殺，應回溯到多年前，他決心自我封閉於愛情之外，拒絕讓自己擁有人生中這麼重要的一部分（甚至僅僅是承認有這種可能性，都不願意），為的卻是如此表面、如此膚淺的原因——他的外貌。而你問我的問題，追本溯源，圍繞的其實亦是同樣的心結。你的問題並不真的是「**我能找到一個願意愛我的戀人嗎？**」（儘管這確實是個值得探討的議題，我們稍後再談），而是「**我願意讓某個人愛我——如一般人那樣地愛我嗎？**」我們應從此處著手。

你絕對不會從我這裡得到一張許可令，同意讓你就此封閉自己，放棄愛的可能。永遠不會。你得用盡全部心力去追求自己想要、需要的東西，去尋找「那一種愛」。它就在那裡。我知道這麼說讓人覺得驕傲自負、目空一切，畢竟，關於擁有怪物或野獸般的外表這種事……我懂什麼？我什麼都不知道。但我知道我們所有的人——野獸也好、怪物也好、美人也好、壁花也好，全都一樣——在生命的途中，都應全力以赴地活一場。而每一個人，都有比放棄更好的選擇。

尤其是你。不論任何人，擁有如你一般的外貌——「一名支離破碎的男人」——在這世上努力生活長達二十六年，內在所蘊藏的力量都絕非「普普通通、平凡無奇」可以形容。正因如此，你追尋愛情的旅程也將同樣地不同尋常。你必須要很勇敢。你必須大步踏進最幽深晦暗的森林裡，卻沒有可藉以支撐的拐杖傍身。你不是一個會被多數人認為「具有迷人魅力」的人（或者甚至如你所言，一個至少長得正常的人）；很多人會因此就立刻畫一個大叉，將你排除在有可能交往的對象之外，這一點你也很清楚。不過無所謂，因為你不需要這些人。他們的退出對你其實是利大於弊。在那些笨蛋都離開了以後，剩下的，將是閃著智慧光輝的心靈，以及溫柔滿懷的真愛。這才是我們想追求的對象，才是值得你去愛的人，他／她將光采照人，美好得使人神迷目眩。

而你，親愛的，你也值得那些人的愛。在你為自己這場甚至尚未開始的戰役列舉出種種失敗的證據時，你提到在電影中，「相貌醜陋的角色往往能夠受到幫助，『改頭換面』一番，然後及時地吸引他們心愛的人的注意」；但我不相信這種故事，寶貝。我們比這要古老得多，有更真實、更好的故事可以說。你聽說過《美女與野獸》（*Beauty and the Beast*）這個童話嗎？一七五六年，珍妮—瑪麗・雷普林斯・德・伯蒙（Jeanne-Marie Le Prince de Beaumont[*4]）對加布里埃爾—蘇珊・巴爾博特・德・維倫紐夫（Gabrielle-Suzanne Barbot de Villeneuve）的原著《美女與野獸》（*La Belle et la Bête*）進行刪節並發表，成為後來最廣為人知的版本。在此我將省略細節，只簡述故事的梗概：

貝兒（Belle）是一名年輕美麗的女子，和一頭野獸一起住在城堡裡。她被野獸的涵養與大度所感動，並深深受他敏銳的智慧影響。但每一夜當野獸向她求婚時，她都因為無法接受他的外表而拒絕了他。有一天，她離開了野獸，回家探望家人。他們達成協議，她將在一週內回到城堡。一週後她卻失信未歸，野獸又是孑然一身，一無所有。他悲痛逾恆，走進了玫瑰園裡，頹然倒下。當貝兒回到城堡，看見的就是這副景象——野獸奄奄一息，幾乎因心碎而死。她終於發現自己對他的愛有多深；不僅僅是朋友，而是「那一種愛」。貝兒將她的愛說出口，淚如雨下。她的眼淚滴落，墜在野獸身上，魔法將他變回了一個英俊的王子。

我希望你注意到的一點是，貝兒在野獸仍然是野獸——而非英俊的王子——時，就已經愛上他了。是因為她愛他，他才有了轉變。這也同樣會發生在你身上。愛就是有這種力量，能令我們「改頭換面」。但你得要足夠勇敢，無畏地容許它改變你。

我認為你現在還沒有這種勇氣。你說大家都喜歡你，但沒有人把你列為可能的交往對象。但你怎麼知道？你曾向人告白，然後被狠狠回絕嗎？還是你只是將自己的恐懼和不安全感投射在他人身上？你是不是在別人有機會對你產生好感之前，就已經自我封閉起來了？你喜歡的人是誰？你曾開口邀人出去約會、要求別人吻你、或是要他或她將手放進你褲子裡嗎？

從你那封明晰、誠懇、悲傷、情感強烈的信裡，可以看出你是個很棒的人。我非常確定，單憑這一封信，就有很多人會考慮要將手伸入你的褲頭，一路往下。你願意讓其中一個人這麼做嗎？如果你的答案是肯定的，當他或她真的這麼做了的時候，你又將如何反應？我無意表現得像個愛開黃腔又自作聰明的傢伙（雖然我其實就是個愛開黃腔且自作聰明的傢伙沒錯），我想表達的是，在不刻意忽視很多人確實會因為你的外表就將你排除在可能的戀愛對象之外這個事實的前提下，你是否曾問過自己：究竟什麼才是阻撓你與對你有好感的人（真的！別懷疑，一定會有的）燃起愛火的障礙——那不是你的外表，而是你美麗又脆弱的內心。你要做些什麼，才能讓自己相信有人將會把你視作戀人，而非朋友？你又該如何封閉那個想要自我封閉的衝動？

這些問題是你尋求愛情的關鍵，親愛的。你要求我給你實用的交友、配對解答，但我相信一旦你讓自己在心理上做好準備，能去愛也願意被愛，那麼你尋求愛情最好的方式和一般人就沒有兩樣了：把你最好的一面展現出來，真誠無欺，幽默風趣。網路交友也好，現實生活中的交往也好；認識陌生人也好，在你的朋友圈中尋覓也好——絕不設限。綻放棲於那個深藏在醜陋外衣下的美麗心靈，同時也盡你所能去看見其他野獸們的美。拋下拐杖，步入那幽深晦暗的森林裡。去相信童話故事終將成真。

Sugar

我選了梵谷

親愛的 Sugar：

我十六歲時曾遭人性侵。那時的我太過天真，還不太明白究竟發生了什麼事情。然後焦慮一點一滴滲入浸潤，變成我生活的一大部分，幾乎將我拖垮。我能做的，就是努力將自己從沉淪深淵中拉回來，然後跌跌撞撞繼續蹣跚前行。如今，我已能夠和這段過往和平共處。

我和一個很棒的男人交往一年半左右了。我該如何告訴他我曾被性侵？我需要告訴他嗎？這件事不會對我現在的感情或是日常生活造成什麼影響，但那畢竟是重大而尖銳的事實。我之所以成為現在的自己，與它有著密不可分的關聯。我們曾經歷過某些情感上非常激烈的事件，所以我知道他能夠承受。而我期待妳能給我一點意見。

已癒合的傷
敬上

親愛的已癒合的傷：

我有個年長我二十歲的朋友，一生中曾被強暴過三次。她是個頗負盛名的畫家，才華橫溢。當我知道那些她遭受過的強暴事件以後，我問她是如何走出來的，又是如何仍然能夠和別的男人擁有健康的性愛關係？她說，當走到了生命的某一個轉捩點時，我們每一個人，都有機會決定要讓誰影響自己的人生。「我可以選擇讓自己被那三個違背我意願、強迫我發生性關係的男人影響，或者也可以選擇讓梵谷在我生命中發揮影響力。我選了梵谷。」

我始終忘不了這句話。此後，每當我感到沮喪絕望，就會想起那句「我選了梵谷」。在我讀著妳的來信時，也同樣想起了它，親愛的已癒合的傷。妳也選了梵谷。一件醜陋不堪的事情發生在妳身上，但妳沒有讓它將妳也變得一樣醜陋。我非常敬佩妳的勇氣與涵養。我認為妳應該將曾被性侵的事情告訴妳的男友，坦然直率地說出一切。當初發生了什麼事，妳曾受到什麼樣的痛苦與折磨，而在經歷了這件事以後，妳又是如何重新面對生活。

妳說這段可怕的經歷不再影響妳的日常生活，但同時也說，這件事深深地形塑了妳如今的樣貌。當妳全心地、真實地去愛一個人時，讓那個人知道是什麼造就了現在的妳，是很重要的一件事。對妳男友隱瞞這段創傷，只會無端令傷疤撕裂得比原來更深；這是一個不必存在的祕密，如妳這樣美好的一個人，不應緊守不言。將事情說出來，向來有種可以令一切隨風而逝的魔力，也能讓妳的戀人得以真正進入妳的心牆，近得能與妳並肩而立——讓他這麼做吧！

Sugar

泳池的另一端

親愛的Sugar：

我有兩個已成年的兒子（一個三十五歲，一個二十三歲），他們如雛鳥歸巢般回到了我的家。沒有人事先問過我；他們只是直接了當地出現在我的門前。

我的小兒子為了一筆助學金，進入大學就讀，雖然他其實很討厭這件事。他平時就是喝酒、吸大麻、坐在電視前看日間節目、然後打電動。他十八歲的女友及他們的寶寶即將搬進來一起住，把我家那間本來就已經很擁擠的客房塞得更滿。（但那個寶寶畢竟是我的孫子*5，所以對這件事我還是感到有點興奮與期待。）

我的大兒子同樣在大學就讀；他很認真看待學業，成績很好。但他有喝酒的毛病，對我的態度喜怒無常，往往語帶挖苦譏諷。我幾乎清空了銀行戶頭，才付得出他買車的車款和其餘的開銷。

我正在戒酒的恢復期；我也有自己的情緒。我靠著當一名作家，來支持整個家庭的開銷——也就是說，收入很微薄。但我有辦法應付過去，善用身邊的資源，使用折價券、到廉價二手店購物等等。

我的問題是，該如何讓他們離開我的房子，去過自己的人生？我想要在保有隱私的環境中寫作，只穿著內衣在房間裡踱步、思索對白，找資料，唱歌，扭屁股，做瑜珈；把東西放在某處時，我想要隔天還能在同一個地方找到它，不會莫名其妙消失；我想要擁有香味宜人的客用浴室，馬桶座永遠是放下來的；我想吃的是豆腐和橘子，喝綠茶，而非薯片與潛艇堡。我不想要有美乃滋醬灑在廚房櫥櫃前。我想要能夠看著浪漫的愛情電影落淚，聽著莫札特最偉大的樂章，自己負擔自己的開銷，買幾條手鐲、手鍊。

我被困住了，Sugar。我愛這些孩子。他們的父親（我的前夫）去年過世了，我能理解他們感到失落、茫然、困惑。我也知道現在經濟不景氣，要構築起自己的生活、找到所愛的人、愉快地享受人生……這些都不容易。但我害怕我的兒子無法真正踏上自己的人生旅途，害怕再也負擔不起開支，害怕在步入老年時無法得到自己想要的生活，害怕我的兒子永遠不會出發向前。滿滿的恐懼占據了我，溢成一片擁擠的汪洋。

妳認為我該怎麼辦？

擁擠

親愛的擁擠：

我擁有的最久遠的一段記憶，同時也是最鮮明的。當時我三歲，參加了本地基督教青年會（YMCA）所舉辦的游泳課程。第一天，他們將「泡泡」發給所有的三歲孩童——那是一種漂浮的裝備，扣在肩膀及腰間，還有大小和形狀都很像一顆橄欖球的東西，緊緊貼在我的背上。據稱這套裝備可以讓我在水裡浮起來。「別擔心！」我媽一再向我保證，「妳的泡泡會撐住妳！」

她以不同的語氣重複著這句話，聲調隨著當下不同程度的耐心或是惱怒而變。時間一週週過去，我始終牢牢抓著泳池的邊緣，她說的那些話對我一點用都沒有。我拒絕被她慫恿，不願加入同學的行列到水裡去。我嚇壞了。我很確定，只要我放手離開那道牆，就會馬上沉進水底——不論有沒有泡泡都一樣。所以，每一週我都固執地駐紮在原地，看著同學們一個個踢著水、在泳池裡游來游去。「妳看！」每當他們經過，媽都會興奮地指給我看。

但我絕不動搖。

課程的最後一天，家長們本應與孩子一起游泳。我媽換上泳衣，陪我坐在池邊，我們一起在水中晃蕩著雙腳，看著其他的小孩展示他們在課程中學到的各種技巧。接近下課的時候，她對我說：「不然這樣好了，我們一起下水怎麼樣？我會抱著妳。」

這個我倒是可以接受。一直以來，我都是這樣進入水裡的——我會緊緊攀住我的母親，而她則輕輕地朝我潑水，或是托著我上下搖晃，直到我笑出聲來。於是我們下了水。來到泳池中央時，她說服了我，讓她只握住我的手，拉著我穿過層層水波。我一遍遍懇求她：「不要放手喔，不要放手喔……」她則一遍遍地承諾：「不會的，不會的……」然而就在猝不及防的一瞬間，她將我的身體轉了一個圈，然後遠遠將我推擲了出去。

我依然記得那是什麼感覺，一個人在水中急滑猛掠，沒有母親在身邊。那已經是四十年前的事了，但記憶仍舊如此鮮明、如此發自肺腑。那種感受同時包含了生理與心理的層面，我生平第一次明白「無拘無束」是什麼意思，沒有任何力量將身體往下拖，彷彿我是自由的。這種體驗極其神奇、美妙無比。我的情緒迅速地從對我媽背叛行為的震驚，轉換到獨自在水裡的恐慌，再轉換成對游泳這件事純粹的欣喜若狂——我媽是對的。我的泡泡撐住了我。

當然，我一點都不想離開泳池了。那一天我不斷游過來、游過去，繞著她打轉。我們一起大笑，帶著驚奇和愉快，兩人都暗自有些懊惱，要是早點知道解決的方式竟然這麼簡單就好了——她只需要放開我的手，就這樣而已。我在泳池裡待得實在太久，媽上了岸，在池畔坐下，而我則從她坐的地方一路游到泳池的另一端（對當時的我來說，這段距離簡直遙不可及），來來回回地游。到達另一端時，我會轉身看她，大喊：「我在游泳池的另一邊喔！」而她會對我微笑，回答：「對，妳在另一邊。」——一路到游泳池的另一邊那麼遠喔！——然後我會游回她身邊，再重來一次。

我認為妳應該做的事，跟當初我媽在經過數週的耐心以後選擇的方式有點類似，親愛的擁擠。妳需要將妳的兒子推擲出去，讓他們學會怎麼游泳。妳必須要求他們搬出去。他們沒有生病、沒有面臨危機；他們不是小孩了，而是兩名成年人，有能力供養自己。他們的泡泡會撐住他們的。妳得要求他們相信這一點。

當妳對妳的兒子說，他們不能再住在妳家的時候，他們可能會非常驚詫。被依賴許久的那個人拋出去，會令人無比震驚。但我想，這對你們所有人來說，都將是個健康的、良好的轉變。就我看來，儘管妳的兒子肯定是愛妳的，但他們似乎並未真正把妳視為一個獨立的個體，將自己與妳分隔開來。妳的需求對他們來說彷彿不重要，因為他們從來沒有想過，妳也會有自己的需求。沒有事先問過妳就搬進了妳的房子，因為在他們眼中，那不是妳的房子，而是你們的房子；他們下意識地認為自己也有權利住在裡面，只因那棟房子屬於妳——屬於妳，他們的母親。**他們的**。

妳的兒子沒有在最根本的層面上將自己和妳分開看待。他們希望妳不要煩他們，不要老是對他們的生活方式指手畫腳，但尚未意識到妳也有自己的生活，而且這個生活正因為此刻的他們而陷入挫折與困境。他們沒有將妳視作一個有隱私權和自主權的成年人。

這不是說他們不是好人，只是他們需要通過人格發展的最後一個階段——兒童真正地與父母分隔開來，成為獨立的個體——而就情況看來，只有妳能幫他們辦到這一點。妳記得他們還是學步幼兒的時候，老是喊著「讓我自己來！讓我自己來！」的樣子嗎？我不認識妳的兒子，但我猜測，和其他的小孩一樣，到了人格發展的某一階段時，他們會想要自己完成曾由妳代勞的各種事情（打開門、繫安全帶、拉上外套的拉鍊……）。孩子需要這麼做，非如此不可。學習自理的能力，關係到他們未來是否能在社會中生存。

而妳的兒子似乎對這種起於幼兒時期的「**讓我自己來！**」的衝動有所抗拒。箇中的複雜原因我只能猜測，無法確知（情感上發育未全、經濟上的壓力、妳縱容的傾向、喪父之慟、青年時期的自我中心……）。他們發現，讓妳代勞一切簡單多了。要求他們搬出去等於是說：你們自己也辦得到。這麼做是在幫助他們，展示妳對事情發展的自然規律抱有信心——他們已經有能力在沒有妳的情況下，活出自己的精彩人生。

將兒子逐出妳的房子，並不意謂著將他們逐出妳的生活。身為他們的母親，妳應該給他們的，是無條件的愛、情感上的支持以及尊重。要求他們搬離，也不代表妳未來不會再給他們任何援助。比如，妳那個剛成為新手爸爸的小兒子，就很可能會需要妳幫忙照顧孫子。

重點在於，當談到金錢或資源時，妳能選擇自己要給予哪些幫助。妳將這些男孩養育成人，已經盡了該盡的責任。是時候讓妳的兒子也盡他們自己該盡的責任了。唯有放手將他們拋出去，他們才能辦到這一點，才能體驗漂浮在水面上的感覺，才能明白妳在泳池的另一端看著他們時，是什麼樣的風景。

Sugar

住在其中的真相

親愛的Sugar：

我是一名二十六歲的女性，新婚九個月。我先生四十歲。他的求婚超級浪漫，像是奧黛麗・赫本（Audrey Hepburn）主演的電影情節。他也是個善良、風趣的人，我是真的愛他。可是……

我只有過兩段認真的感情；他是第二任。在籌備婚禮的過程中，我開始有些遲疑，不知道是否該這麼年輕就定下來。但我不想因為將婚禮叫停而傷害他，使他顏面盡失。我擔心自己就這樣和年長我許多的人結婚，會錯過生命中許多寶貴的經歷。我想申請加入和平隊（Peace Corps），走遍這個國家，到日本去教英文，以及——沒錯，和其他人約會。這些都是我在回答「我願意」時放棄的東西，但我一直到現在才恍然醒悟。

我覺得自己被困住了，動彈不得。我想離開，但很怕這麼做會傷害我先生。他對我非常好，同時也是我最親密的朋友。Sugar，一直以來，我都習慣打安全牌：我選擇了安全的主修科系、安全的工作，並且照計畫進行了婚禮。我感到恐懼不已；要是真的離開了他，是否就意謂著我終於不再有任何藉口，而必須跳入那個我夢想中大膽、豐富、充實的生活冒險？

Sugar，請妳幫幫我。

安全牌

親愛的Sugar：

我是個遍體鱗傷的女人，人生是一團亂局。我帶著許多傷口——情感虐待、些許實際生理上的虐待、以及一次的性侵害。我有成癮性格（addictive personality），時而短暫地與厭食症眉來眼去，還患有強迫症。我被長期的壓力陰影籠罩，體內始終存在一股如腎上腺素般奔湧的激流。我虛榮、自我中心、抑鬱、憤怒、自我厭恨、又好孤獨。我一直如此。

從小到大，我受的教養告訴我，我是個骯髒污穢的人；唯有循規蹈矩、行為檢點，上帝才會愛我。因此大部分的時候我都謹守本分。然後，我遇到了一個男人，他對我說，無論如何上帝都會愛我。我轉而成為基本教義派基督教徒，與他結了婚，當時我十八歲。這已經是七年前的事情了。

他其實是個好人。他的出發點是好的，而且很愛我，但他犯了我們這個信仰裡大多數年輕男性都會犯的毛病：「一家之主」症候群。在他眼裡，我「應該」要是某種樣子的。所以，他也就理所當然地認定，我就是那樣的人。如果我不提醒他，他甚至不會發現自己有什麼問題。在經過這麼多年以後，我早已懶得再對他開口說這些了。但問題是，我根本就不是那個人。日復一日我將真實的自己藏在面具底下，隨著我們的婚姻持續越久，我越感到困坐愁城，無處可逃——真正的我，是那個一團糟的、遍體鱗傷的女人。他知道我過去所有的創傷經歷，但身為一名基督徒，他並不明白什麼叫做「心理疾患」。他懇求我多信任上帝一些。他說，如果我更努力一點去嘗試，我肯定會好起來的。他說我是有這種潛力的。

我並未將自己對一切的不滿怪罪在他身上（至少這不能完全怪他）。當初大家說我們還年輕，不該那麼早結婚，但我不顧心底隱隱的疑慮，堅持與他步入禮堂，只為了證明所有人都是錯的。我們兩人都固執得不可理喻。我以為，若是我能成為那個我「應該」成為的人，一切就都會沒事的，我就可以好起來。這是我一遍遍拿來欺騙自己的謊。

我愛他，不想傷害他。但我不知道該如何讓這場荒謬劇落幕，該如何療傷，該如何讓他理解。數年前，我曾因憂鬱症在精神科病房待了一週的時間；那時我太需要在生活中踩下煞車，而且我知道，要讓他明白，唯有採取最激烈的手段——自殺，或是尋求醫療上的幫助。我選擇求助。然而，那個虛假的面具在出院的那一刻又覆上了我的臉。整場治療就像是個笑話，什麼都沒有改變，我只覺得自己又來到那個即將破裂瓦解的崩潰點。我不再有自殺的衝動，也開始能夠意識到自身狀態的警示徵兆，但我真的很需要休息一下。偽裝真的好累。過去數月以來，我的健康亮起紅燈。我們終於買下了屬於自己的房子，但大部分的日子裡，我都坐在那間房子裡哭泣。

我想過無數次要離開，但我不想傷害他。他非常努力地工作，好讓我可以待在家裡（儘管我們沒有小孩）。如果我走了，他將失去在我們教區人人稱羨的領導地位，被人鄙棄嘲笑。我不想要這樣對他。除非我背著他有了外遇，否則他是不會贊成離婚的。而我，我已經不知道自己到底相信什麼。我試過和他談我的感受，但我們根本不是同一個世界的人。如果我坦然說出一切，他會覺得受到背叛，而這會讓我感覺更糟。過去他總是拒絕接受心理諮商，說我們的／我的生活很棒，根本就不需要那種東西，但我其實很需要。我最害怕的是，如往常一樣，如果我說了些什麼，事情彷彿暫時有了點改善——然後過沒多久，一切又恢復如初。我厭倦了這種循環。

那個休止符究竟應該劃在哪裡，Sugar？當妳希望現在擁有的生活能夠順利運作，但並未如妳所願，妳也不確定有朝一日它真的能有好的結局；又，若妳同時也想要截然不同的人生，因為人心是如此複雜難解，而事情永遠沒有那麼簡單——妳會踏上哪一條路？我是否應該留在原地，一點一滴抹掉原本的自己，等到或許某一天，我能變成那個符合別人期待的我？「長大成人」是不是就是這樣子的？我從來沒有看過什麼能當作榜樣的模範婚姻，一直到我自己步入了婚姻，才從我公婆身上略窺堂奧——也發現我們和他們一點都不像。但若再多給自己一點時間，我們能像他們一樣嗎？我得努力多久，才可以坦然承認自己永遠不會成為那個符合期待的人？

原地踏步
敬上

親愛的Sugar：

我是個年近三十的女人，和同一個男人交往了將近三年，同居也快一年了。身邊的朋友們大多一個個步入婚姻，讓我覺得自己也該開始考慮這件事。然而，單單是想到和我男友結婚，就令我感到恐慌不已，幾乎透不過氣來。有一次，他曾和我討論過我們兩人攜手共度一生的可能性；但或許是因為感受到我對這個話題展現出的不安，之後他再也沒有提起過這件事。

我交過的男友並不多。一段穩定的高中戀情、大學後短暫地和幾人交往、再來就是現任了。他是世上最貼心、最好的人，我們也有一些共同點，但我就是覺得那還不夠。我開始幻想和其他人交往，對他的尊重與關心日漸減少。我不知道這些是暫時性的感覺，還是這段感情真的無法長久。和他在一起變得很無趣，而我擔心隨著時間過去，這種無趣感只會越來越深。但我也害怕，或許世上其實沒有人比他更好、更適合我，而我應對已擁有的一切心懷感激。我害怕我真正有興趣的對象，永遠不會對我產生同樣的好感（就以往的經驗看來，這是很可能的）。我討厭這種感覺，好像自己深深地傷害了他，因為我無法愛他像他愛我一樣多。

我該怎麼辦，Sugar？先謝謝妳的幫助。

恐慌與窒息
敬上

親愛的女人們：

選擇一起回覆妳們的信件，是因為我認為，僅僅是將它們擺在一起，所展示出的故事就已經完整到足夠作為妳們問題的答案。在閱讀妳們的來信時，我突然有了這個念頭：如果能讓妳們有機會看見其他身處於類似情況下的人所遭遇的問題，這本身或許就是一種解藥，能療癒妳們的傷口。當然，對妳們的問題，我也有話要說。在過去，我也曾有過和妳們一模一樣的掙扎──我曾和一個非常好的男人結了婚，我愛他至深，同時卻一心渴望能離開他。

不是我前夫的錯。他縱然不完美，但也很接近了。我在十九歲生日後一個月認識他；而距離二十歲生日還有一個月的時間，我就在魯莽又浪漫的衝動下和他步入禮堂。他熱情、聰慧、敏感、英俊，而且非常、非常迷戀我。我也很迷戀他，只是可能沒有像他一樣愛得那麼深。他是我最好的朋友，最甜蜜的戀人，是我那彈著吉他、政治偏激、熱愛公路旅遊的夥伴，是我們廣泛的音樂與文學收藏品的共同所有人，同時也是家裡兩隻親愛的貓的爸爸。

但我心底有個令人討厭的東西，從我們交往之初就一直存在，揮之不去；那是一個微弱但清晰的聲音，不論我怎麼做，都無法讓它停止在我耳邊低喃：「離開。」

離開，儘管妳是愛他的。

離開，儘管他善良、忠誠，是妳心愛的人。

離開，儘管他是妳最好的朋友，同時妳也是他的。

離開，儘管妳無法想像沒有他的人生是什麼模樣。

離開，儘管他是那麼愛慕妳，而妳的離去將令他傷心欲絕。
離開，儘管妳的朋友會對妳很失望或驚訝或惱怒——或者以上皆是。
離開，儘管妳曾說過要留下來。
離開，儘管妳害怕孤獨。
離開，儘管妳無處可去。
離開，儘管妳很確定，再也沒有人會像他一樣愛妳。
離開，儘管妳不知道究竟自己為什麼非走不可。
離開，因為妳想走。
因為妳想要離開——這個理由已經足夠了。將那最後一句話寫在掌心（妳們三個都是）然後看著它，一遍又一遍，直到淚水將字跡沖淡。

單純因為想要去做一件事，就真的去做，這對許多人而言都是很不容易的；但我覺得對女人而言尤其困難。畢竟，有一個巨大的徽章被牢牢地、恆久地別在我們身上，上面寫著「**犧牲奉獻**」。因性別之故，我們被認為應照顧、應給予、應將他人的感受與需求視作比自己的更加重要。我並非反對這些特質；我最敬慕的那些人，事實上都是樂於照顧他人、慷慨大方又體貼的。確實，在文明的、合乎道德倫理的人生中，我們常常得做一些其實不太想做的事情，或是阻止自己做出某些心中欲望所向的舉動，無論性別是男是女。

然而文明的、合乎道德倫理的人生，同時也需要我們真誠相待，坦承自己真實的樣貌，並活出那樣的自我。

因為「想要」離開而終止一段感情，並不意味著妳自此不再有當個正直的好人的義務。妳可以在離開的同時，依然是你的伴侶貼心的好朋友。因為「想要」離開而終止一段感情，也並不代表妳在遇到爭執、掙扎或不確定感的那一刻就要收拾行李離去。那代表的是，如果妳渴望自一段感情中脫身而出，那種渴望牢牢嵌在體內，比任何其他與之矛盾的、相反的渴望都還要強烈，那麼妳想要離開的欲望不僅合情合理，而更可能是正確的選擇——即使妳愛的人會因此而受傷。

我花了很久的時間才明白這一點。至今我仍舊無法清楚地解釋，當初為什麼必須離開前夫。這個無解的問題折磨了我許多年；我覺得自己是個混蛋，竟然那樣讓他心碎、讓他傷心欲絕。我為此痛苦萬分，同樣也將自己的心摔得粉碎。那時我太年輕，還無法讓自己許諾只忠於同一個人。我們並不如最初所以為的那麼完美契合。我受寫作的動力驅使奮發，而他對我的成功抱著複雜的感受，既有嫉妒，也有讚許與祝福。我還沒有準備好進入長期單一伴侶的生活。他在中上階層的家庭長大，而我是窮人家的女兒；我就是無法克制自己因此而恨他的衝動。我的母親過世了，繼父在她死後自我生命裡抽身而出，不再扮演父親的角色；二十二歲那年我正式成為一個孤兒，因打擊與悲慟而暈眩，蹣跚難行。

這些理由形形色色，全都是真的。但追根究底，它們皆通往同一個原因：我必須要走。因為我想離開。就像妳們一樣，儘管可能妳們還沒有準備好這麼做。在那些信裡，妳們各自都列出了各種理由。然而追本溯源，信中字字句句所指向的，依然只有簡單的一句：「離開」。我想，有朝一日妳們會明白這一點。說到底，妳必須信任那個關於自己最真實的真相，即使還有其他不同的真相也同時存在——比如，妳想離開那個妳深深愛著的另一半。

我的意思不是要妳在一出現這個念頭時就拋下他轉身離去，而是在深思熟慮後，為自己的人生做出選擇。我曾不顧一切地希望自己可以不要那麼想離開前夫。那時的我，和妳們一樣痛苦不堪，而我的痛苦與掙扎也影響了他，令他和我一起飽受折磨。我試著對他好，試著對他不好，我悲傷、恐懼、厭倦、犧牲自己，終於踏上了自我毀滅的道路。最後，我背著他和別人偷情，只因為沒有膽量告訴他：我想結束這段關係。我愛得太深，無法乾淨俐落地離開他，結果反而搞砸了一切，讓我們兩人在最不堪而混亂的情況下分道揚鑣。在坦承對他不忠以後，我們又花了一年多才真正分手，那段期間的生活是個撕心裂肺、創鉅痛深的地獄。在裡面，不是我和他針鋒相對，而是兩人一起落入骯髒污穢的泥沼，扭打著、搏鬥著，深陷其中，污泥一路漫到頸間。與他離婚，是我這輩子所做過最痛、最難以忍受的決定。

但也是最明智的決定。不僅是我一個人的人生因此而變得更好。他值得更好的愛，來自於另外一個耳中沒有幽魂般如影隨形的聲音，不斷低喃著「**離開**」的女人。離開他，其實對他也是好事——只是當時看來並非如此。

一直到數年後，我與Sugar先生結婚，才真正瞭解了我第一段婚姻。愛上他，讓我更明白自己當初為什麼會愛上前夫。這兩段婚姻有許多共同點，只不過在現任身上，有一種難以言表的引力，如同帶有魔法、閃閃發光的膠水，將兩人黏合在一起，是前任所沒有的。Sugar先生和我前夫從來沒有見過面，但我相信如果他們認識，一定能相處愉快。他們兩個都是好人，有著善良的心與溫柔的靈魂，和我一樣熱愛閱讀、戶外活動，政治立場左傾。他們都是藝術家，只是分屬不同領域。我與Sugar先生爭執的頻率幾乎與前任不相上下，也總是為了相似的原因而爭吵。在這兩段婚姻中都存在掙扎與悲傷，那種痛不僅罕為人知，也更難被意識到或者被理解。我與Sugar先生也曾一起身陷泥沼，被骯髒污穢的泥濘淹沒至頸。但唯一的不同在於，每當我和他一起落入深坑時，我從來沒有為了想要自由而奮力掙扎，他也沒有。在我們接近十六年的婚姻裡，我一次也沒有想過「**離開**」這兩個字。我只想更努力奮鬥，好讓自己可以從淤泥裡脫身而出——和他一起。

我並不想和我的前夫在一起；儘管我全心全意地希望留在他身邊，但我內心深處卻始終抗拒。有一件事我深信不疑：內心深處真正所思所想、所欲所望的一切，是無可偽裝的。住在其中的真相將有朝一日取得勝利。那是我們不得不尊奉的神，是無可抗拒，不得不聽之任之、遵循其指引的力量。而因為它的存在，我只有同樣的一個問題要問妳們：妳打算在此猶疑不決，還是現在動身？

Sugar

太多顏料了

親愛的Sugar：

一直到數月前，我的感情生活都是有點非黑即白的。有時身處於認真的、單一的感情中，有時卻悠遊於一夜情或與純友誼的男性友人之間，享受各種隨機、不需負責的風流韻事。最近，我踏入了一個陌生、古怪又神奇的世界，體驗到沒有束縛的、非專一性的約會。我認識了幾名男性，他們在心靈與智識上帶給我樂趣，同時性愛方面也一樣美妙。分別和多名各有特色的對象交流，令我更瞭解自己的「性趣」，彷彿我終於開發了這個部分的自己，這感覺棒透了。

或許是因為我才剛開始嘗試非專一性的交往模式，對我而言這似乎不是（或目前還不是？）一種自然而然的本能；有時我發現自己感到難以承受，周旋在那些不同的男人之間，疲於應付。在一週之內，我週一與「比爾」約會，週二和「傑克」見面，週三則與一名保持友好聯繫的前任男友，做一場沒有承諾責任束縛的愛。連續三天滾床單是很棒，但跟三名不同的對象滾床單，多少令我有些頭暈腦漲。

我並不想要匿名的及／或完全無意義的性愛。但我目前暫時也無意專注於同一個人身上，或是追求一段認真的情感。我該如何在這片全新的大海中遨遊，而不迷失方向、令自己精神崩潰？我有義務告訴我的那些對象，他們不是我唯一的性伴侶嗎？

腳踏多條船的玩咖

親愛的腳踏多條船的玩咖：

讓我先回答簡單的問題：是的，妳有義務告訴那些固定和妳上床的男人，他們不是妳唯一的性伴侶。這個原則絕無例外，無論何時何地、對象是誰、在任何情況下都一樣。所有人都有權利知道正和自己翻雲覆雨的對象，是否同時期間也和其他的人有性愛關係；只有這樣，那些和別人滾床單的人才能夠為自己的人生做出健康的情感選擇。這麼做乾淨俐落、正確、誠實。這是Sugar從失敗的經驗得來不易的教訓——「愛別人也愛自己」道德準則中，最基礎的一條。

此外，說出這件事似乎並不困難，親愛的腳踏多條船的玩咖。就妳的敘述，看來妳的床伴戀人們應該已經知道他們不是妳的唯一（然而，如果他們都早就知道了，妳為什麼還會問這個問題呢？）。最好將事實坦承相告，越快越好。妳不需要交代一切細節，也不用沉重地睜著無邪大眼，開始「嗯……我們需要**談一談**」這樣子。簡單地對他們說，「嘿，——（比爾／友好的前任／在寫信給Sugar之後新交往的床伴），這真的很愉快。但我想讓你知道，我也有在和別人約會喔。」

然後微笑，淡淡地。或許將妳的手輕柔地撫過他那厚實性感、強壯多毛、充滿男人味的手臂。

好啦，現在我們可以繼續討論妳的另一個問題，如何在「一個陌生、古怪又神奇的世界裡（沒有束縛的、非專一性的約會）」而不迷失方向？我認為，妳能與自己喜歡但並不愛的人上床，從中得到樂趣，並在心靈智識與性愛層面都受到啟發，是一件很棒的事。更棒的是，妳的性生活這段全新的（且很可能是暫時的）階段，幫助妳探索自己在性愛方面的喜好，是妳過去從未發現的。這一切都非常美好。但不美好的地方在於妳感覺「有時發現自己感到難以承受，周旋在那些不同的男人之間，疲於應付」。

知道妳的狀況最棒的一點是什麼嗎？親愛的腳踏多條船，是妳可以不需要腳踏多條船。只因為妳能夠在一週的每天晚上都和不同男人做愛，並不代表妳非得這麼做或應該這麼做。有一項基本原則，適用於任何型式的藝術：重要的不是實質存在的一切——那些音樂、那些文字、那些動態、那些對話、那些顏料——而是不存在的東西。在視覺藝術領域中，這被稱為「負空間」（negative space）——在物體周圍與之間的空白區塊，每一部分都與物體本身一樣重要。正是負空間讓我們得以真正看見非負空間的美麗與哀愁、色彩與謎樣神秘與光。不存在的部分賦予了存在的部分其意義。想像一下這一點。

連續三個晚上和三個不同的男人做愛？妳塗太多顏料了。別再這麼做了。不是因為我要妳停止這個行為，而是**妳告訴我妳想要停止**——在妳用「頭暈腦漲」與「精神崩潰」這些詞彙來描述那三天性愛馬拉松時。傾聽妳自己的聲音。玩得愉快！

Sugar

迷你革命

親愛的Sugar：

我是一名五十餘歲的中年婦女。身為妳專欄的忠實讀者，我猜，我的問題肯定非常平淡無奇而乏味。但我依然想虛心向妳尋求意見與支持，因為這一切令我非常苦惱。

在結婚數十年後，我和我先生決定分手。對此我感到很平靜——就我看來，這段婚姻其實已經名存實亡好一陣子了。我先生從來不是一個慣於展露熱情的人，無論情感上或肢體上皆是如此。許多年來我一直感到非常孤單；我不斷試著從他那裡得到我想要的，但一切努力都徒勞無功。我費了很大的勁才說服自己，我值得更好的，所以我應該朝那個方向邁進。

當然，未來令我既恐懼又興奮。我想要人生中的友誼也好，愛情也好，能夠更充滿著愛。我想要、需要關愛的肢體接觸與言語。然而同時，我也害怕自己永遠無法感受到來自男人的溫柔碰觸。昨天，我和一個朋友聊到他和伴侶間的親密時刻——這令我更加憂懼，是否我生命中永遠得不到這樣的美好？

我很擔心關於性的事情。我從來沒有和另外的男人長期交往過，而在婚姻中，我們的房事一成不變、猶如例行公事。有一次，我對我先生說，想要更常和他做愛，隔天晚上他卻因此而取笑我。另外，我恐怕也沒有很好的「技巧」。和我先生在床上時，我時常能高潮，所以不是這個問題。但在找到不錯的做愛方式以後，我們一直維持著相同的模式，直到當初令人興奮的一切都變得無趣至極。多年來我幻想著狂野濃烈的、新奇大膽的性愛，但依然默許著那日復一日乏味的房事繼續。我很苦惱，若真遇上了一個和我非常契合的男人，我們會做愛，然後我在床上的表現將慘不忍睹。

我需要幫助。該如何在為時已晚之前做出改變？

此外，我的身材也是個問題。當穿著衣服的時候，我的外型還看得過去。然而脫掉衣服，曾經忽胖忽瘦留下的痕跡就展露無遺。我很高興自己瘦下來了，但裸體時我的身體鬆垮下垂，令我感到尷尬窘迫。我試著想像，從性的角度出發，帶著那些令我不安的缺陷，自己看來會是什麼模樣。手術太過昂貴，我負擔不起；但醫師說，如果不動手術的話，我的肌膚是沒有辦法恢復如過往般緊實的。我精心想出了各種的方式，希望能掩藏我的裸體，但我真的很害怕未來可能的戀人會怎麼反應。我不想一直躲在恐懼身後，然而要我站出來、暴露自己，卻又畏縮不前。我知道妳不能代替我行動，Sugar，但我好孤獨，一個人被籠罩在恐懼的陰影之下。

這世界上，有和我同齡的男人，願意和我這個年齡的女人約會，並接受我的身體嗎？我知道妳不可能有確切的答案，但我還是忍不住想問。在情感上，我一直很勇敢；在性愛及對自己的身體缺乏自信這方面，卻不是如此——但我很想變得勇敢。當然，我也同樣害怕，是否其實我根本就不再有機會，再也不會遇到讓我能展露自我、面對挑戰的戀情？請幫幫我。

不及格
敬上

親愛的不及格：

我女兒五歲的時候，無意間聽見我對Sugar先生抱怨我是個又肥又醜的醜八怪，每個地方都難看得要命。她立刻開口問我，滿面詫異：「妳是個又肥又醜的醜八怪，每個地方都難看得要命？」「不是！我只是在開玩笑的！」我嚷道，裝出愉悅的語氣。之後，為了她未來的自尊發展著想，我繼續假裝其實我一點都不覺得自己是個又肥又醜的醜八怪，每個地方都難看得要命。

我有一股衝動，想要為妳做出同樣的事，親愛的不及格。為了保護妳不受複雜難解的現實所傷害，我很想假裝男人們依舊垂涎全身鬆弛下垂的中年婦女，貪戀她們原始的以及飽經歷練的美。「**外表不重要！**」我想用一種過度熱情、「**真有妳的，女孩！**」的聲調這麼大喊。這其實不是謊言，外表真的不重要。妳知道這一點，我也知道這一點；所有Sugar王國的甜心們都會挺身而起，對這項宣言表示認可。

然而。但是。我們也知道，這不完全是真的。

外表對大部分的人而言都是重要的。可悲的是，它對女人的重要性大得令人沮喪；不論年齡、不論體重、不論妳身處於迷人——醜陋區間的哪一點上，都無可避免。我應該不需要將收信夾裡那些與妳有相同恐懼的女性的來信一一詳述，以資佐證。在此我只需簡單記述，在我認識的女性中，幾乎所有人——那些多半迷人、深具魅力的女性——都因為她們很胖、平胸、頭髮有自然捲、身形奇怪、有皺紋、有妊娠紋……而驚慌失措。有一名全知全能、毀滅女性、冷酷無情的美之神，在祂扭曲雙眼底下，映出這種種所謂不完美的形象；祂統治、主導、有時甚至宣判我們人生中許多重要的部分。

關於這些，我說得夠多了。夠了。

我常寫道，我們該如何朝自己想要的人生邁進，盡其所能地往那個方向抓取想要的東西，儘管這麼做很困難。我也常建議人們設下明智的界線、專注於溝通和交流、勇於冒險、為真正值得的事情全力以赴、正視矛盾衝突的真相、信任內心那個懷抱著愛的聲音，並忽視內心另外一個帶著仇恨憎厭的聲音。但重點是——許多人常常忘記這一點——這些價值觀、態度、原則並不僅限於我們的情感世界，而同樣也適用於我們的身體。

妳的身體、我的身體。無論它們是否下垂、醜陋、肥胖、消瘦、或是殘破不堪。拿出對心之所向的無畏精神，來面對妳的小腹。

這條路沒有捷徑。妳那難題的解答，並非是想辦法讓未來的戀人相信妳看起來就跟安潔莉娜・裘莉（Angelina Jolie）一樣；反而是要讓他習慣妳看起來並不（而且永遠不會）像安潔莉娜・裘莉的這個事實——此外我想補充的是，這個事實，是即使安潔莉娜・裘莉本人有朝一日也需面對、甚至現在就已經在為之苦惱的。

真正的改變在於態度的層面上，某個人做某件事的方式與她／他過往所為有所不同。在於一個男人選擇不邀請曾對自己施虐的母親參加婚禮；在於一個女人決定將她週六早晨的時光花在繪畫課上，而非蹲在浴室刷馬桶；在於一名作家不讓自己為嫉妒的陰影所吞噬；在於一位家長深深吸一口氣，忍住了摔盤子的衝動。在於妳和我未著寸縷站在戀人的面前，儘管這讓我們感到扭捏不安。這是我們得完成的舉動，清晰明瞭。這麼做將賦予我們堅強的力量，令一切更加明朗，使我們距離那個理想的自己又更近了一步。

妳不需要很年輕。妳不需要很苗條。妳不需要很「辣」（不管那些識見狹隘、以管窺天的蠢蛋是如何定義這個詞的）。妳也不需要擁有緊實的肌肉、翹臀或是恆久不變永不下垂的胸部。

妳得找到一個方式，與妳的身體和平共處，同時令妳最深刻的慾望成為可能。妳得足夠勇敢，來建立妳值得擁有的親密關係。妳得將衣衫褪盡，然後說：「**這就是我**。」

生命中有許多小小革命，有千百種方式能令我們成長、變化、安然無恙。而或許身體是我們最後的邊界。它是我們離不開的所在，永遠存在，直到生命終結的那一天為止。大多數的女人及部分的男人一生都在試圖改變它、隱藏它、美化它、將它轉變成與本質相悖的樣貌、或者掩蓋它原本的模樣。

如果，我們不要這麼做呢？

這是妳需要回答的問題，不及格，是能夠將妳最深的慾望引領進入妳的生活的答案。並非：「**這世界上，有和我同齡的男人，願意和我這個年齡的女人約會，並接受我的身體嗎？**」而是「**如果我將對自己肌膚的憎厭轉為愛，這個迷你又巨大的小革命將為我帶來什麼樣的改變？**」這種特殊的自我解放，將結出什麼樣的果實？

我們不知道——做為這個文化、做為一個性別、做為獨立的個體、你和我——事實上，我們的「不知道」是女性主義的一種失敗。我們聲稱擁有力量，我們賦予自己權力，我們負榮載譽……但我們從未停止擔心自己穿著牛仔褲時屁股看起來翹不翹。這背後有許多的原因，一個個性別歧視的理由堆成小山，任我們理直氣壯地歸咎責怪。但最終，如同世上其他事情一樣，情況是否能有所改變，依然是操之在己。

我們的社會與文化不會主動給妳下垂鬆垮、年齡漸長的身體「狂野濃烈、新奇大膽的性愛」，所以妳得勇敢地自己去追求。這將需要很大的勇氣，不及格，但是勇氣本就是任何美好人生裡不可或缺的因子。我明白妳感到害怕的原因。我無意輕視妳所承受的一切，包括最近劃下句點的人生階段以及即將開展的新頁，但我得非常清楚地對妳說，現在真的不是頹然躲在不安全感背後的好時機。妳為自己博得了成長的權利，現在就得一肩將這個責任扛起，妳的重擔，妳得自己挑。

現在，讓我們聊聊男人吧。在他們之中，有許多會因為想要更年輕、更窈窕的女人，而將妳從戀人的可能名單上劃掉——但不是所有人都會這麼做。有些人會非常興奮，能遇到像妳這樣的女人。我所認識的「非社會大眾眼光刻板印象的典型性感」的人——年長的、體胖的、身有殘疾的、剛生產完的——他們之中最性感的那些，往往都直率得討喜，對於自己真實的樣貌坦承不諱。我建議妳採用他們的這種方式。與其隱瞞、掩蓋妳身體上令妳感到不安的那些部分，不如從一開始就開誠布公（在妳還沒走進臥室、偷偷摸摸試圖鑽進被子裡不被看見，同時感到恐慌無比之前）。如果妳對「即將和我滾床單先生」這麼說：「**我超級在意我的身體有點下垂、不夠緊實。我甚至不確定自己到底還知不知道怎麼享受性愛，因為多年來我和前夫在床上都像是例行公事一樣無趣**」——他會有什麼反應？

從我的經驗，這樣的坦白通常是有所幫助的，能將心底深藏的恐懼解放出來，將親密關係推至更脆弱之處，並能極準確地展露出即將和妳上床的對象，究竟是什麼樣的人。他會笑出聲來，告訴妳：妳很可愛、很美，所以什麼都不必再說了嗎？還是他會清清喉嚨，給妳他前妻的整形醫師的聯絡方式？他會同樣也對妳承認他自己的不安全感，還是他會因為妳的不安全感，嚴厲地教訓妳一頓？那是妳真正想要與之分享身體的人，還是妳最好在還來得及的時候趕快溜之大吉？

我知道身為女人，我們一直被情色產業／好萊塢世界燃起的美之火炬燒灼得遍體鱗傷，彷彿無處可逃。但在現實生活中，我卻發現，對於女性身體各有不同型態這件事，那些值得上床的男人們所抱持的看法其實比一般大眾想像中溫厚得多。「一絲不掛，滿面微笑」——這是我一名男性友人對戀人的唯一要求。或許這是因為男人也是人，對他們的身體也有自己的恐懼與不安全感與不足之處。找到那其中的一個，能讓妳思考、讓妳笑、讓妳高潮的男人。邀請他一起進入妳的美麗新世界裡，參與妳的迷你革命。

Sugar

不夠

親愛的Sugar：

去年我認識了一個很棒的男生，雖然我知道他還需要變得更成熟一點（他才二十四歲）。我們相處愉快，擁有相似的幽默感，性愛也很契合。相識九個月至今，每當我看見他，依舊能感到心底一陣悸動。剛開始我們的關係是很隨意的；但隨著時間過去，彼此之間的瞭解越來越深，在對方身邊，能展現出真正的自我。我們可以一起下廚、嘻笑打鬧、共同冒險、為對方朗讀、在地上做愛然後烤個蛋糕一起在床上享用。最初，我並不介意這段關係不是專一性的；然而當我們的感情逐漸升溫，不再是一時新鮮放縱以後，我開始想要彼此承諾忠於對方的穩定關係。我們談過這件事，而他告訴我，只和一個人上床可能會變得很無趣。可是很明顯他是喜歡我的，否則就不會花這麼多時間與我在一起了。他說他害怕我會改變他，將他變得不像自己。

當時我並不明白；現在我依然不懂。是我太笨嗎？他喜歡我，但沒有喜歡到讓他可以說出「只喜歡我」這種話？或許就是這麼簡單而已。

我們還是時常見面，但不再做愛了。我仍舊在乎他，但我不知道自己徘徊不去地等著他是不是很傻。這樣將他留在生活中，我是不是在折磨自己？

亟需方向
敬上

親愛的亟需方向：

我收到過很多類似的來信，大多長篇累牘，細細敘述著種種令人惱怒的狀況與交流。但在每封信裡，深層都藏著同樣一個問題：我能說服那個我迷戀的人，讓他變得同樣迷戀我嗎？

簡短的答案是：不。

詳盡的答案是：不。

令人遺憾但強而有力且真實無比的答案，妳已經告訴自己了：這個男人喜歡妳，但並不是像妳喜歡他那樣。也就是說——不夠喜歡妳。

所以，現在妳得決定要怎麼做。妳能和這個妳愛他多過他愛妳的男人成為朋友（甚至偶爾的情人），卻不會感到：

a.自己是個很糟糕的人

b.恨他

c.不斷想要更多

嗎？

如果妳的答案不是以上皆是，我建議妳對你們之間的友誼喊停，即使只是暫緩，讓妳能從單戀中走出來也可以。在這個世界上，有太多事情將為妳帶來痛苦，親愛的。生命中有太多折磨人的事物，不要讓一個不愛妳的男人成為其中之一。

Sugar

「不」是黃金定律

最最親愛的 Sugar：

寫這封信給妳，其實一半的答案我心裡已經有底了。我覺得應該先說明這點，因為就一般人的普遍認知，一個當局者迷的人無論得到什麼建議，最終都會踏上自己選的那條路。我的問題是關於我即將到來的婚禮。我們計畫在歐洲，我未婚夫父親的房子舉辦婚禮。因為我來自美國，所以我這方的賓客將是少數，這也代表我必須更仔細考慮，誰真正值得被列入邀請名單中。

年至三十，我感覺自己到了人生的特定階段，應在不遺忘過往的前提下，盡力向前邁進。去年我接受了心理治療，試圖慢慢接受自己的童年，逐漸與那些會令一個孩子長成尖銳、情感受創的成人的往事和解。酗酒、藥物濫用、身體與情感上的虐待——再加上一個從我五歲起就依賴我的母親，需要我一遍遍向她保證，我父親沒有因意外死在某條黑壓壓的小路上——二十至三十歲的我，因為這一切而始終立於惶然不安的一道分水嶺上，在明理盡責的生活與悲慘的墜落之間徘徊搖擺。

但我很幸運。我離開了家，來到另一個國家居住。我心底寬恕的力量令我和母親重新建立了關係。我鼓起勇氣，讓自己能夠達到我所謂的「正常」人生。人們往往忽略了「正常」的重要性。「正常」意味著沒有人對彼此尖叫、爭吵、相互羞辱；意味著我不再躲在房裡抽泣；意味著聖誕節和其他家庭節日是歡樂的；意味著（對於某些人而言）能夠與某個人結為連理，共度一生。

於是，我來到了這一步，準備和一名真誠體貼的男人結婚。他有著超級正常的家庭，即將要與我那不正常的、破碎的、毫無自覺的家庭成員見面。這令我恐慌至極。

但更令我害怕的是我的父親，那個造成了我童年絕大多數痛苦的人。我難以抉擇，不知道該不該邀請他來參加婚禮。

在多年失聯後，近來我父親（雖然他有很多很多很多的缺點）開始重新踏入我的生命之中。他在我最年幼的弟弟生命裡也扮演了很重要的角色。而現在，我的未婚夫希望他也能出席婚禮。上一次我見到他時，他本應載我和弟弟去火車站，卻喝得爛醉如泥（最後，當然又沒有成行）。

我很掙扎。並不是說我期待婚禮當天一定要一切都很完美。有一部分的我想，不論可能會發生多少誇張的場面，這都是一個機會，讓我的父親能參與我人生中重要的一個階段，或許能對他起到療癒、甚至某種程度宣洩情感的作用。然而我又想到母親，想到當她看見父親又多喝了幾杯時的表情，以及我未婚夫的家人臉上驚恐的神色（我的父親並不是那種酒後變得友善、討喜、風趣的醉漢）。

我想翻過那典型的一頁，但我的手僵在原地，無法下定決心。最簡單的方式就是根本不邀請他來參加，不去冒這個風險，這樣我就不會在我們的大日子裡緊張得神經過敏。可是……我從來就不是個會選擇最簡單的方向的人。請幫幫我！

有著（或許）已是過去式的爸爸難題的女兒

親愛的女兒：

每一次讀妳的信，都有一種尖銳刺耳的警報聲在我腦中響起。拜託，請不要邀請妳的父親參加婚禮。信中字字句句，都透露著這個訊息：妳並不想這麼做，更不應該這麼做。

讓我們先來處理妳未婚夫的部分，畢竟是他——**而不是妳！**——想要讓妳父親出席。我想他是基於善意的出發點，才提出這個建議——那種受到好萊塢電影影響的想像，在那個具有神奇魔力的大日子裡，各種深刻的、出乎意料的發展與感人肺腑的重聚。但妳知道嗎？在這件事情上，他的意見根本不重要。要不要邀請妳父親的決定，與他完全沒有關係。他的提議，顯示出他對妳的家庭歷史毫無瞭解，對妳那生活失調極不正常的父親也一無所知。我建議妳和他好好談一談，越快越好。最好**現在**就做。

我非常敬佩妳那麼努力讓自己終於能和童年往事和平共處。我知道那有多痛苦，也知道這麼做令妳的人生變得有多豐富多彩。但妳肯定明白，寬恕並不代表允許那個被原諒的人重新再踐踏妳一次。寬恕，是因為妳找到了前進的方式，妳承認當初的傷害確實存在，但並未讓妳的憤怒或痛苦主導妳的人生、定義妳與那曾錯待妳的人之間的關係。有時候被原諒的人會做出改變，讓我們最終能和他們如最初一樣親密（甚至有過之而無不及）；但也有時候，那些被原諒的人依然故我，始終都是個混蛋。於是我們接受這一點，但同時確保他們離自己的婚禮接待臺大概至少有三千英里那麼遠。

就我看來，妳的父親似乎比較像是後者。

也就是說，妳得更堅定一些。妳在渡過悲慘的童年後，竭盡所能為自己創造了美好的人生。若在這過程中，妳贏得了一枚硬幣，其中一面寫著**愛**、**光明**、**接納**、**寬恕**這些字眼，那麼硬幣的另一面則寫著一個字：**不**。

「**不**」是黃金定律，是善良的女巫所施的魔法，是完整、健全、情感成熟的人與他們生命中的混蛋維持關係同時又保持距離的方式。

此處我想說的，毫無疑問，是「界線」，是直視著那個「造成了妳絕大多數痛苦的人」，告知妳已決定的人生大事，並且這次，將妳自己的需求與願望擺在第一位。仔細想想，其實事實是明擺在眼前的，對不對？妳的父親在妳兒時錯待了妳，在妳成長為女人時辜負了妳，而在妳的婚禮當天，如果妳給他這個機會，他非常可能依然會令妳失望。

這不是因為他不愛妳，但愛無法使一個惡劣的酒鬼變得不惡劣、不爛醉如泥，無法讓一個自戀狂變得不自我中心，也無法將一個混蛋變得不那麼可惡。在妳的婚禮上，他的表現多半會和他過去這些年來的行為一般無貳。即使他真的克制了自己，最好的情況會是什麼樣子？妳一整天都坐立難安、憂心忡忡，擔心父親將失控出醜，令妳蒙羞，激怒母親，使妳的姻親對妳們敬而遠之——**不過最後他沒有這麼做**？這聽起來愉快嗎？是妳想要的嗎？是妳期盼的嗎？

當然不是。妳希望自己的父親是個如同王子一般耀眼的人。如果他辦不到這一點，那麼起碼希望他是個正直誠懇的好人。妳想要自己的大日子能夠舉足輕重，蓋過多年來他在妳生命中占據的那間小得可憐、低劣不堪的陋室。我懂，我明白那種痛。每當我的父親浮現在腦海，只要想到他超過五秒鐘，那種「爸爸憾恨」（daddy sorrow[*6]）依然清晰尖銳，將我整個人淹沒。噢，可是，親愛的女孩，妳的父親並不會照著妳的期望去做任何事情，只因為妳期望他這麼做。半件都不會！妳就是沒有那種父親。妳的爸爸，只做他做得到的事。

妳願意來到那間荒頹陋室前，將那扇門敲響，這是非常高尚的舉動。妳試圖修補和父親之間的關係，這其間所積聚起的堅強力量和信念，將令妳的生命閃耀熠熠，無論你們兩人之間最後結果如何，都無法削弱這種光芒。這種難能可貴的行為，女兒，完全是由妳堅韌的勇氣與涵養而來。這是屬於妳的，讓它引領妳，向父親解釋為什麼他未受邀參與婚禮。妳寫道，不邀請他來參加是「最簡單的方式」，但我想建議妳，將它變成最困難的事。將這個決定視為一個機會，讓妳能直白地、坦率地告訴他，他的所作所為如何影響了妳，以及妳真正接納他重新成為妳人生的一部分的能力。

如果妳的父親是個值得擁有妳日益深厚的愛與情感的人，他會尊重妳的決定，儘管這讓他感到受傷。他會理解，被排除在婚禮之外並非妳對他的懲罰，而是他自己一生中從未克盡父職、行為失當所造成的後果。他會告訴妳，還有很多其他的方式能慶祝、祝福妳步入婚姻，而他會想辦法辦到這一點。

如果他不值得擁有妳日益深厚的愛與情感，他會大發雷霆。他會將自己的失敗怪罪在妳身上，說妳自私、刻薄。他可能會將妳逐出他的生活。又或許，這對他來說無關緊要，他根本不在乎自己可悲惡劣的行徑讓他的女兒選擇將他排除在婚禮之外；他可能會單純地讓這件事（和其他許許多多的事情一樣）就這樣過去，了無痕跡。

但是妳知道嗎？無論他如何反應，有一件事是可以肯定的：他不會搞砸妳的婚禮。那一天，絕對該是完美的；或者至少，越接近完美越好。而儘管言來心酸又沉重，但妳得孤軍奮戰、獨自努力讓它成真，就像妳一路走來讓自己的人生變得那麼美好一樣。

妳的婚禮一定會很完美，親愛的。我甚至不需要一張請帖，就敢肯定這一點。

Sugar

愛情不是一場競賽

親愛的 Sugar：

我二十五歲，這幾個月開始和一名超棒的男生交往。他聰明、溫厚、風趣，而且完全能令我燃起性致。能夠遇見他，我真的很快樂，而讓我更快樂的是——他喜歡我，和我喜歡他一樣多。我們的性生活非常美好。但，我家男人有個壞習慣，總是提起過去的性經驗。他不會說得很詳細，而且似乎沒有發現我很在意、感到不安。我認為他是真的信任我，只是單純想跟我聊那些事情而已。

最近，他告訴我，他曾參與過一次多P縱欲狂歡會。我制止了他，說：「抱歉，我一點都不想知道任何關於這個聚會的事情。」他沒有生氣，也尊重我的要求，但現在那些影像開始在我腦海中重複播放著。不斷地。揮之不去、陰魂不散。我無法停止想像當初那場聚會是什麼樣子，他是什麼樣子，那些女人是什麼樣子……我只覺反感，因嫉妒、不安全感和恐慌而心煩意亂。我驚恐又惶然，覺得自己要瘋了。

我並不擔心他會背叛我，偷偷再去參與那種多P聚會；但我擔心自己是否無法滿足他的需求。我不知道該怎麼做。那些影像（和其他的一樣）依然在我腦海裡，可是我不確定跟他談這件事是不是個好主意。從他那裡得知更多細節——那些會令我想像力豐富的腦袋不斷往負面的方向去想的細節——究竟是會對情況有所幫助，還是讓一切變得更糟？

如果我置之不理，是否過了一段時間，我就會意識到這件事只不過是他過去曾經歷過的健全又正常的性生活的一部分？還是我得告訴他一切帶給我的感受，儘管這或許會讓自己看起來像是個不理性的、沒安全感的、嫉妒心重、不信任他的女人，還冒著將他推開、與他疏遠的風險？若我真的必須跟他談一談，我該如何阻止自己腦中那瘋狂的火焰燎原、一發不可收拾？

因他過去的的性生活焦慮難安
敬上

親愛的因他過去的的性生活焦慮難安：

嗯……我看看。所以妳的意思是，妳男友他：

1. 超棒
2. 非常聰明
3. 溫厚善良
4. 幽默風趣
5. 床上技巧超好
6. 喜歡妳和妳喜歡他一樣多
7. 信任妳
8. 值得妳信任
9. 懂得尊重
10. 有意願和妳進行親密的談話，聊關於他生活的事情

一定要我把我的絲質手套取下，然後用它們將妳砸醒嗎？

妳不是因男友過去的的性生活而焦慮難安。妳是受自己那不理性、沒安全感、嫉妒心重的情緒而困擾。如果妳繼續這樣下去，最終真的會將他遠遠推離妳的身邊。

我也不想對妳這麼嚴厲，親愛的。我說得很直接，是因為我真的想要幫助妳。而且我看得出來，妳是個善良而真誠的好女孩。我知道，聽見問題其實在自己身上，對妳來說是一大打擊；但這其實同時也是一件很棒的事情。因為到頭來，「妳自己」，是唯一一個妳能夠改變的人。

所以，讓我們抽絲剝繭，分析妳那不理性的狂躁情緒。

妳說因為知道了戀人過去的性經驗，讓妳感覺嫉妒、不安，害怕自己「不足以滿足他的需求」。**妳是認真的嗎？**關於愛——尤其是你們兩人正處於的那種自由的、不受限制的、未受婚約束縛的愛——有一個特點，那就是我們的所作所為，往往都符合自己真實的意向。如果妳真的不能滿足他的需求，妳一定會知道，因為若是如此，他根本就不會跟妳在一起。他選擇和妳在一起的這個事實，就已經證明了他喜歡妳，非常喜歡。而且他並不想和其他那些與他上過床的女人在一起；或者至少，比不上想和妳在一起的欲望那麼強烈。

有別於現下專為單身男女打造的系列電視節目以及「毀人不倦」的整體好萊塢複合產業想要讓人們相信的假象，愛情其實並不是一場競賽。在那些曾與妳男友上過床的女人裡，或許有的人臀部比妳翹，比妳聰慧、比妳風趣、比妳胖、比妳大方、比妳更混亂茫然……這都無所謂。這些，全都對妳毫無影響。妳要面對的並不是那些女人。妳有自己的競賽要跑。我們並非依據一張列滿身材數據、智識成就、性格怪癖的表格，來決定自己喜歡誰、不喜歡誰。喜歡是沒有理由的。而我焦慮的小甜心，妳想過嗎？這個男人——妳的戀人——他喜歡的是妳。

不要因為他曾在某個時間點也喜歡過別人，就毀了這一切。想到那些女人曾與他耳鬢廝磨，這個念頭當然會令妳感到不舒服，這是很自然的。我懂。我知道那種感覺。不久前，我站在家中地下室裡，無意間發現了一個信封，收件人是Sugar先生。我將它拾起，信封內掉出了一大堆閃亮小碎片（感覺像是有七千片那麼多）。若是將它們拼湊起來，就會組成一張照片，上面是在我之前，最後一個和Sugar先生做過愛的女人。而且，她還不是隨隨便便的一個普通女人，而是身輕體柔到不可思議的程度的現代舞舞者，身材緊實有致、健美窈窕，相形之下我看起來根本就像貝氏堡麵糰寶寶（Pillsbury Doughboy[*7]）。此外，那七千片碎片並不是我家男人的傑作，不是因為他再也沒興趣看她（那個不是我，但卻也曾與他做過愛的女人）的照片，所以才將它撕碎。不是的。那些碎片是她為他親手做的愛的拼圖。知道這一點，是因為我同時也讀了信封內的卡片內容；簡單來說，那裡面只包括了一個訊息：**來找我，擁有我……我的勇士**。

於是，我當然在蜘蛛網與衣物棉絮之間站了許久，將那些碎片一一拼起，直到她逐漸成形、躍然紙上，美艷不可方物——一點都不像我。

那種感覺，有點像是有人在我小腹上捅了一刀。

但也就是這樣而已。當我將七千片的她掃入掌中，放回它們所屬的信封裡，那種感覺已經淡去，褪成一縷微微的隱痛。那天稍晚時，我和Sugar先生一起外出散步，我把發現了信封的事告訴了他。我們一起笑了一陣子；然後，儘管我早已知道關於那個藏身在七千片小碎片之中的女人的故事，我依然再問了他一次——他當初是如何被她所吸引，他們在一起做過些什麼，又是為什麼他與她曾做過某些事——當談話來到尾聲，我已不再有任何刺痛的感覺了。我只覺得與他靠得更近、比以往更親密。

我會有這種感覺，是因為我們**真的**因此而變得更加親密。不是因為我對那個讓我看來像個麵糰寶寶的女人有了更多瞭解，而是因為我又進一步地進駐了Sugar先生心底最私密的空間。焦慮難安的妳，在妳男友試圖想與妳分享他過去的性經驗時，心裡燃燒起的那道嫉妒火焰，將成為你們兩人更加親密的阻礙。妳的戀人曾認識的、愛過的、上過床的、共度多P縱欲聚會的所有那些女人，都是他過去人生中的一部分。他有意將這些都告訴妳，是因為他想要讓你們之間的關係更緊密，想要和妳分享他不會告訴別人的事情。

這正是我們稱為親密的行為。這是妳說「**噢他媽的當然好！**」的時刻。有人對妳做出這樣的舉動，妳應感到榮幸之至。而當那個有意這麼做的人，同時也是妳深愛的人時，這會引領你們踏上一段人生旅程，沿著專屬於兩人之間、閒人勿入的軌道行進。

這不是很棒嗎？這真的、真的非常美好，寶貝。當妳的戀人和妳分享他生命中的故事時，妳應該覺得感激，而非讓嫉妒、不安、恐懼將妳淹沒。我鼓勵妳去尋找那種感動的情緒，它就在妳腦中那瘋狂燃燒火焰外不遠處。我很確定，只要妳努力去找，一定能將它握在手中。

將妳寫給我的信，對他大聲唸出來吧。這會有點尷尬，但妳還是該這麼做。告訴他妳的感受，但不要讓他覺得，妳是在將一切歸咎於他身上。問他為什麼想要把那些事情告訴妳，反問他想不想知道妳過去的性愛經歷？你們可以一人一次、輪流說出一個故事，或許都會令對方有一點點覺得，彷彿小腹被捅了一刀。

容許妳自己去挨那一刀，去承受那種刺痛。讓那一刀將妳剖開，然後以此為始，重獲新生。

Sugar

精采絕倫的人生

親愛的Sugar：

我的問題非關愛情或性，而是關乎身分認同，關乎盡力為最美好的人生而奮鬥。和許多其他美國人一樣，我也陷入經濟困境。每一分每一秒，學生貸款都重重壓在我的心上；幾乎是我生活中所有壓力的來源。

我的父母慷慨地共同簽署了我的學生貸款。但是，隨後我又被迫合併貸款，以解除他們的壓力。我知道他們這麼做是不得不然，而不是有意為之，但這個改變嚴重地影響了我本已艱難的經濟情況，以及我唸研究所的夢想。我真的很氣我父母，未能支持我拿到研究所學位、好得到夢想中的工作，卻讓我陷於這種困境——然而，我又因為有這種念頭而感到自己好自私。

我與父母間的關係並不和諧；我們處得跌跌撞撞，直到我終於意識到，要從他們那裡獲得情感上的支持是不可能的。我很感激他們願意資助我拿到大學學位，但我們從來不太親近，他們展現出的意向也時常令我感到厭倦。每一通電話，我們聊的百分之百都是學生貸款的事情，而不是關於我這個人本身。

我時常被「學生貸款」所界定，因之受限；我知道我受的教育、學生貸款、職業等等都會在某種程度上定義我這個人，但我的價值，應不僅止於我的工作和以上所有東西加起來的結果。我是個二十五歲的女性，正全力以赴，追尋能力範圍之內所能達到最美好的人生，並努力成為最好的自己。然而我卻常被自己「背負著學生貸款」這樣的身分所定義、束縛。我無時無刻不想著這件事；取出一罐啤酒的時候、買新衣服的時候……這個念頭無所不在，基本上可以說是占據了我的生活。我並沒有不知節制地花費，也一直都很小心謹慎地管理金錢。但現在的狀況已經不是謹慎的金錢管理可以解決的。

一直以來，我都盡力克服生活中的逆境，將危機化作轉機。幾年前，我曾墜入幽深陰暗的坑洞之中，跌得很重。但我靠著自己的力量，慢慢地爬了起來。我意志堅定地去改變生活中那些我不喜歡的部分。無論從哪一方面而言，那都不是件容易的事情，但我最終還是脫身而出，終於又能夠呼吸、生存下去。可是，如今學生貸款帶給我的負擔太重，我很難對前景與未來保持樂觀。

Sugar，在這件事上，我非常需要妳的意見。我希望我的父母能看見我是一個多麼具有活力與朝氣的女性；同時我也無比希望自己能成為期望中的那個滿是活力與朝氣的女性。

漸漸無力
敬上

親愛的漸漸無力：

我從父母（或是任何親屬）那裡沒有得到半毛錢的大學學費資助。並非我的母親和繼父不願意在經濟上給予我協助，而是他們確實無能為力。一旦我有了賺錢的能力，我就得工作養活自己——一直以來我都很清楚這一點。我別無選擇，只能這麼做。

我十四歲時找到了第一份工作；之後，整段高中生活都在兼職中渡過。賺來的錢，花在衣服、學校活動費用、一輛跟破銅爛鐵沒兩樣的破車、汽油、車險、電影票、睫毛膏……等等等等。我的父母是極其寬厚大方的人；他們將自己所擁有的一切全都和我們兄弟姊妹分享。他們為我遮風蔽雨、供我三餐飽暖，盡全力讓我們也能擁有精彩歡樂的聖誕節。但從我很小的時候開始就知道，如果我想要什麼東西，通常意謂著我得自己花錢買。我的父母經濟非常拮据。每到冬季裡，往往會有幾個月的時間我們實在湊不出錢來，我母親會到當地的食物銀行（food bank *8）去取我們需要的生活用品與雜貨。在食物銀行計畫依然通行的那段日子裡，我們家收到了聯邦政府所發給一塊塊的起司、一袋袋的奶粉。我童年的健保一直是低收入醫療補助保險（Medicaid *9）——適用於低收入貧戶家庭的兒童。

十八歲生日前一個月，我搬離父母的家，靠著自己賺的錢、補助金、獎學金、以及學生貸款，支付我在英文及女性研究的學位學費所需——那筆費用，我到現在還在償還。截至今日，我只欠四千八百七十六塊美金了。在過去漫長的這些年裡，我時常說（有時帶著詫異，有時滿懷憤怒，但更多時候我都是以一種無可奈何、有些扭曲的自我解嘲這麼笑著開口）：「我得到四十三歲才能把學生貸款還完！」

但妳知道嗎？時光飛如逝水，我已站在四十三歲的這一頭，向對岸的妳揮著手。而看來很可能，我到了四十四歲，還在還我的學生貸款。

這有毀了我的人生嗎？有妨礙我去追尋幸福、寫作、或是一雙貴得離譜的牛仔靴嗎？有迫使我不得不拒絕所有不具合理實用性的消費，比如昂貴晚餐、旅遊、「有機」洗髮精、以及高級幼稚園嗎？有阻止我領養兩隻急迫需要上千美金醫療費用的貓，或是贊助許多朋友在Kickstarter[*10]上的藝術專案，或是刷卡買下一瓶二十美金的酒，或是偶爾去做美甲護理嗎？

沒有。

我一生中大約一半的時間都背負著學生貸款的債務，但我並未被我的「學生貸款身分」所定義。說實話，我甚至不知道所謂「背負著學生貸款的身分」**究竟是什麼意思**？妳知道嗎？到底「學生貸款身分」是什麼？

我猜測，那正是當妳無法正確看待這件事時將遭遇的困境，親愛的。那是妳裹在身上的一件陳舊披風，由那些半是事實半是誇大的自憐與幽怨編織而成。這對妳一點好處都沒有。

妳得停止自怨自艾。我這麼說，並不是在指責妳——我自己也時時需要提醒，才不至於陷入自怨自艾的情緒當中。我將對妳直言相告，但這樣的直白與坦率，是來自於我對妳的同理與同情，而非對妳指手畫腳的批判。沒有人能替妳過妳的人生。一切全得靠妳自己，無論妳是富有還是貧窮，是身無分文還是腰纏萬貫，是巨額財產抑或不公不義行徑的受益人，無一例外。而妳必須過妳的人生，無論真假、無論有多困難，無論有什麼不公、悲傷、糟糕至極的事情發生在妳身上，都不能改變這一點。自怨自艾是一條死巷，是妳決定要開著車沿這條路開進去。而現在，妳可以選擇繼續停在那裡，或是掉頭將車開出去。

妳曾這麼做過至少一次了，漸漸無力。不久前，妳曾「墜入幽深陰暗的坑洞之中，跌得很重」，之後又勇敢地爬了起來。妳得再次這麼做。唯有在妳的縱容默許之下，妳的學生貸款才會是妳人生中的阻礙。是的，妳得想辦法償還債務。是的，妳辦得到的。是的，那是一件極其惱人的事。但即使它如此令人苦惱厭煩，我卻能向妳保證，它為妳帶來的回饋將遠高於妳所付出的。

妳知道自己付帳最棒的一點是什麼嗎？沒有人能指示妳應該怎麼用妳的錢。妳說，妳的父母吝於給妳情感上的支持；妳說，妳對他們的意向感到厭倦；妳說，他們並未看見妳是一個多麼具有活力與朝氣的女性。嗯，事實上，當妳在那一張免除他們對妳債務責任的文件上簽下字的那一刻，妳就自由了。妳可以愛他們，妳可以討厭他們，妳可以選擇與他們保持任何形式的關係——但妳再也不會在這件重要的事上對他們有所虧欠——妳已經經濟獨立了。如果他們輕視妳選擇的工作或是花錢的方式，妳這時已有資格堂堂正正地告訴他們：那不關他們的事情。在這一點，他們完全沒有資格插手。妳將擁有強而有力的真正自由。

當然，這也將是很艱辛的一件事。我知道，親愛的，我真的、真的、真的知道。

多年前，就在我們兩人都即將從大學畢業的前幾天（雖然就我而言，所謂「畢業」還有待商榷——見「未來有一顆古老的心」[*11]），我遇見了一個不太熟的朋友，在此我將稱她為凱特。凱特和她的父母在一起——他們不僅支付了她全額的教育費用，還包括她大三在西班牙的一年、暑期的「學習機會」，諸如在GQ雜誌[*12]的無薪實習工作、前往法國進行語言深造、以及超有趣的考古挖掘（天曉得是在哪一個超有趣的地方進行）。我們站在人行道上聊著天，我被告知(a)凱特的父母送了她一台全新的車子作為畢業禮物；(b)凱特和她母親剛剛才花了一整天的時間大肆採購，為她第一份工作增添行頭。

對了，那時她根本還沒找到工作。當然，在她找工作的期間，生活所需依然是父母付錢。她有耀眼的求職履歷，裡面包括了各種國家以及時尚雜誌的名稱；這些履歷毫無疑問地被寄往同樣耀眼的企業，而我不需要親眼目睹，也知道最終結果肯定也是耀眼無比。

我能做的，只有盡力克制自己，不往她肚子狠狠揍上一拳。

與凱特不同，當時我已經有了份工作。事實上，我有過十六份工作，這還不算上在我年紀太小無法合法打工時，為人當褓姆的那些日子。我當過清潔工的助手（就在我讀的高中裡……非常、非常丟臉）、速食店員工、野生動物保護區勞工、房地產經紀人的行政助理、教那些「英文作為第二語言」的學生英文；檸檬汽水攤車服務員、小鎮報紙記者、左派非營利組織說客、日本餐廳服務生、生育權（reproductive rights[*13]）機構的志願者聯絡協調人員（volunteer coordinator）、農場的莓果採摘勞工、素食餐廳服務生、會計事務所的「咖啡女孩」、學生與教職員間衝突的協調人員、女性研究課助教、以及在大概半打不同地方裡當過「辦公室短期人員」——儘管那些辦公室看起來一點都不像辦公室，而我被要求做的工作也跟辦公室一點關係都沒有，反而包括了諸如頭戴髮網，穿戴著紙面具、長袍、護目鏡、塑膠手套等等裝備，站在水泥地上，手裡拿著鑷子，將輸送帶緩緩送到我面前的兩個清潔通條放進無菌盒子裡，就這樣一天要做痛苦萬分的整整八小時。

在那些年裡，我有時會因憤怒而哭泣。我的夢想是當個作家。我太想要、太想要這個夢了，這份渴求濃烈得令我心痛。我是那麼肯定，為了當一名作家，我需要多采多姿、精采絕倫的人生。對當時的我而言，所謂精彩，就是像凱特所擁有的那樣。我需要體驗文化、看看世界的模樣。我需要會說法文，並與那些認識GQ員工的人交朋友。

但是，我卻因為沒有投個好胎，被迫在一個又一個工作間馬不停蹄地輪轉，迫切絕望地想要賺點錢以支付帳單。這真的超級不公平！憑什麼凱特可以在大三的時候到西班牙唸書？憑什麼她能在履歷上寫下「法國」這兩個字？憑什麼她能無債一身輕的拿到大學學位，然後除此之外，還有一輛新車？憑什麼她能有一對父母，在未來漫長的日子裡都將是她經濟上的後盾，然後在數十年後他們死後，還將留給她一筆遺產？

我沒有半點遺產！我媽在我大學「畢業」前三個月過世了。她留給我的，只有一台破舊古老的Toyota汽車。她死後，我火速以五百塊美金的價格將它賣給了一個叫蓋伊的傢伙。

見鬼。

總而言之，親愛的漸漸無力，事情是這樣的：世上沒有那麼多「憑什麼」。在人生中，那些妳認為應該發給妳的牌，事實上妳並沒有權利擁有。妳的責任與義務，是用妳手上握著的牌，打出一場精彩的局。而且，親愛的，妳和我手中所擁有的，其實已經是很好的牌了。

在妳還是學生時，父母幫妳支付了大學教育的學費。此外，假設妳二十五歲時尚未從大學畢業（這個假設可能正確、也可能錯誤），他們還在妳畢業後支付了妳每個月的學生貸款償還費用。拒絕繼續支付這些款項，不是他們想要懲罰妳，而單純只是因為他們有困難。就我看來，這非常合理、也很公平。妳是個受過良好教育的成年人，有著健全的心智、無殘疾的身體、堅韌的精神，完全沒有任何理由不能經濟自主，儘管這代表妳或許需要透過一些妳覺得不愉快的方式來賺錢。

妳說妳很感激父母在妳大學學費上的幫助，但妳並沒有展露出這種感激之情。信中幾乎每一個字都告訴我，對於不得不接手償還學生貸款這件事，妳感到極端惱火。指出這一點，是因為我認為，讓妳正確地意識到自己的怒火來自何方，是很重要的一件事。妳生氣，因為妳覺得自己有權利使用父母的錢。然而妳終究得面對一項事實——妳其實沒有這個權利。

妳父母不再有能力替妳償還學生貸款。這是否會阻止妳實現「讀研究所的夢想」，完全取決於妳自己。妳真的要因為現在多了一份帳單要付，就不去追尋妳的夢想嗎？失意與逆境真的能將妳嚇成這樣？

妳沒有提起自己想要在哪一領域深造，但我可以向妳保證，還有很多條路能資助研究所教育所需。我認識很多進入研究所就讀但沒有因此破產的人。許多學校都有學費減免、助學金、有薪研究、助教等等方案，以及——是的，更多的學生貸款。而或許更重要的是，就妳的情況，有許多方式可以減免部分的貸款，或是推遲償還的時間。經濟困難、無業、至少有一半的時間在學校就讀（比如念研究所！）、在某些特定領域工作、在和平隊服務或者志願加入其他社區服務——這些都是可能可以讓妳獲得延遲償還或減免的資格的方式。我建議妳做點功課，研究一下妳有哪些選擇，然後做出計畫，讓自己能冷靜下來。有許多網站都對我上述所總結的事項有很詳盡的說明。

至少，有一點我敢肯定：妳因學生貸款而驚慌失措是沒有用的。妳會沒事的，只不過是錢而已，而且是花得很值得的錢。在我的生命裡，除了我愛的那些人以外，幾乎沒有什麼比所受過的教育更令我珍視。一旦付完大學學貸，Sugar先生和我打算開始為Sugar寶寶們存大學資金。我的夢想是，他們的大學生活，相形之下會比較像凱特的經歷，而非我自己的。我希望他們有時間專注於學業，而不是被一個個工作所填滿。我希望他們在大三時也可以到任何他們想要去的國家就學。我希望他們能參與那些很棒的、卻唯有在父母資助的情況下才有機會體驗的實習工作。我希望他們能有機會與其他異國文化交流、也能參加有趣的考古挖掘。我希望能資助他們體驗所有那些我過去因為缺乏經濟支持而從未做過的事情。我可以想像他們能從中學到多少東西。

但是我也可以想像，如果我跟Sugar先生真的能給予他們我夢想中的大學生活，那他們將「不會」學到什麼。

原來，沒有辦法去法國這件事，也讓我學到了很多。原來，那些日子裡，頭戴髮網，穿戴著紙面具、長袍、護目鏡、塑膠手套等等裝備，站在水泥地上，手裡拿著鑷子，將輸送帶緩緩送到我面前的兩個清潔通條放進無菌盒子裡，一天要做痛苦萬分的整整八小時——也教會了我某些重要的事情，是其他任何經歷都無法辦到的。那個工作，以及我在大學畢業前做過的另外十五份工作，都是我個人的「學習機會」。它們改變了我，使我的人生變得更好，儘管我花了好一段時間才理解到其可貴之處。

它們讓我對自己的能力有了信心，給了我對這個世界——陌生的和熟悉的——獨特的視野。它們令我保持正向樂觀，也常令我氣惱不已。它們讓我認識到過去從不知道其存在的現實面貌。它們迫使我變得堅強，懂得犧牲，明白自己所知究竟有多渺小，同時又有多廣闊。它們給我機會與那些有能力資助一萬個孩子上大學的人接觸，也認識了另外一些真正歷盡艱苦、真正懂得何謂「困境」的人（要是我向他們抱怨自己有筆學生貸款要到四十三歲才還得完，這真是超不公平的——他們絕對有權利倒在地上，對我微不足道的煩惱捧腹大笑）。

這一切，讓我的人生多采多姿、精采絕倫。這絕對是金錢買不到的教育。

Sugar

已知的未知

親愛的Sugar：

我曾和一名女孩交往了一陣子，才發現她是個自我中心的瘋子。去年，她和她最好的朋友大吵一架，自那之後就斷絕了往來。有一天晚上，前女友的那名朋友打電話給我，邀我去她家。事情就這麼自然而然發生了，我和她上了床。幾天後，這個我前女友的前任好友告訴我，她已經訂婚了。她戴著奇特的超短假髮，結束了我們之間「友達以上」的床伴關係。問題是，在和她約會的那兩週裡，我感覺自己與她比當初交往多月的前女友更契合、更心意相通。請幫我弄清楚，我是否不該和她們兩人任一人再有聯絡？我不是個聰明的人，但我知道戀愛的感覺。

傻瓜（Gump[*14]）

親愛的傻瓜：

我寧可被一隻草坪塑膠裝飾紅鶴捅進屁股裡，也不願意投票給一名共和黨員。但想到你的情況時，我情不自禁想引用前任國防部長唐納．倫斯斐（Donald Rumsfeld[*15]）曾明智地說過的名言：「世上的事，有『已知的已知』：有些事情，我們知道自己知道。我們也知道，還有『已知的未知』，亦即，我們知道有些事情，自己現在還不知道。但還有『未知的未知』存在——那些我們不知道自己不知道的事。」

談到你的小小三角難題，讓我們從「已知的已知」開始，怎麼樣，優柔寡斷？

a）你發現自己的前女友是個瘋子，然後與她分手了。

b）你和前女友的前任好友上床，只不過兩個禮拜的時間，你就覺得自己和她「很契合、心意相通」。

c）然而即使有這樣「很契合」的關係，你的前女友的前任好友依然戴上一頂假髮然後宣布她沒有興趣繼續和你上床了，聲稱她即將進入一段（大概是）專一的關係，並與另外一個人心意相通。

而這又進一步帶我們瞭解了「已知的未知」：

a）為什麼要戴假髮？而且，如果一定要戴，為什麼要選一頂令人焦躁、莫名其妙的短髮？

b）你的前女友的這個前任好友是真的訂婚了，或者她對你已經不再感興趣了，這只不過是個隨便又浮誇的藉口，好讓她擺脫你的糾纏？

c）怎麼會有這麼多人的前女友都是瘋子？那些女人後來會怎麼樣？她們會繼續沿著人生的道路向前邁進嗎？生個寶寶、照顧年邁的父母、在週日早晨為那些蹦蹦跳跳的小鬼做一鍋堆如小山般的炒蛋（而他們之後居然還敢纏在身邊追問晚餐吃什麼！）？還是只有我不知道，其實各大都市裡都有個連鎖式的瘋狂婊子庇護院，專門收容那一批女人——她們共通的入場券，就是自己曾愛過的男人，都在分手後宣稱她們是瘋狂的婊子？

最後，還有「未知的未知」。也就是那些你不知道自己不知道的事情，傻瓜。

a）你什麼也給不了這些女人

b）這些女人什麼也給不了你

c）但是……

d）但是！

e）你是被愛的。

你的島嶼之上

親愛的Sugar：

我是一名跨性別者（transgender[*16]）。二十八年前我以女性的身體誕生在這個世界上，但早在有記憶以來，我就知道自己應該要是個男性。不意外的，我的童年過得很痛苦，被其他的小孩欺負、霸凌，被自己的家人（平時是那麼善良、那麼慈愛的家人）所誤解。

七年前，我和爸媽說，我打算去做變性手術。他們因這個消息而勃然大怒、心煩意亂，對我說出了一些極傷人的話，與妳想像中這世上任何一個人能夠對他人說出的最狠心、惡毒的言語相比，也是有過之而無不及——更有甚之，那些言語攻訐的對象，正是他們親生的小孩。作為回應，我切斷了和他們所有的聯繫，搬到現在居住的城市，以男性的身分重獲新生。我的生活中有朋友、有愛情。我熱愛我的工作。對於自己成為了現在這個人，擁有了這樣的生活，我感到很幸福。這就像是我親手構築起了一座島嶼，安然遠離我的過去。我很喜歡這樣。

在多年失聯後，幾週前，收到了父母寄來的一封email，我始料未及，幾乎難以置信。他們為當初在我告知將進行變性手術時的反應道歉。他們說自己很抱歉，過去從來沒有理解過我；但現在他們懂了——或者至少，他們願意理解的程度，足夠讓我們重新建立起親子關係。他們說很想念我；說他們愛我。

Sugar，他們希望我回到身邊。

我哭得不能自已——這也令我感到詫異。我知道這麼說或許很怪，但這些年來我讓自己相信，因為父母將我拒於千里之外，也因為長期失聯，所以我已經不愛他們了（或者，起碼我的愛已經褪成無關緊要的淡漠）。但當我收到那封email時，許多我以為早已不復存在的情感瞬息間死灰復燃，如潮般一一湧上。

我覺得很害怕。能夠走到今天，是我很堅強的緣故。我等於是個孤兒，但沒有他們的這些日子，我也過得很好。我該讓步、原諒他們、與他們恢復聯繫，甚至依他們的請求回家探望嗎？還是我應該回封email說：謝了，但因為過去發生的事情，我無意再讓你們回到我的生命中？

孤兒

親愛的孤兒：

請原諒你的父母，好嗎？不是為了他們，是為了你自己。這麼做的結果，是你自己奮鬥而來的，你比任何人都有資格擁有。你已經使自己重獲新生。如今，你和爸媽也可以重新來過，一起步入一個新的人生階段。在其中，他們終於能夠接受你真實的樣貌，去愛真正的那個你。給他們這個機會。也去愛他們。去體驗那種感覺。

你的父母七年前對你做的一切很惡劣。他們現在明白這一點了，他們感到很抱歉。他們也成長了、改變了，開始能夠明白那些最初令他們惶惑不解的事情。在你疏離的這些年裡，你的父母也成為了與過往不一樣的人；如果你拒絕接受這樣的他們，那麼，你和當初拒絕接受你的爸爸媽媽，其實也沒有那麼不同。同樣都是恐懼造成的行為，同樣地都是對對方的懲罰。這是軟弱，不是堅強。

但你很堅強。在你的人生中，你得問無解的問題、忍受羞辱侮慢、承受心理上的各種衝突矛盾，並且以一種多數人都不需要、甚至難以想像的方式，重新定義自己的人生。但你知道嗎？

你的父母也是。他們有個女兒，變成了他們預料之外的樣子。當你最需要他們的時候，他們對你殘忍又惡劣，但這是因為他們當時也沉溺在自己巨大的恐懼與無知裡，幾乎滅頂，無法呼吸。

而他們現在不再被那些情緒淹沒了。這花了整整七年的時間，但他們總算游到了岸邊。終於、終於踏上了你的島嶼。

你應歡迎他們的到來。

Sugar

注釋

注1：beauty and the beast：因現有作品之故，一般會譯成美女與野獸。但內文中提及的beauty是個男人，故此處譯為美人，而非「美女」。

注2：身體畸形恐懼（body dysmorphia），一種精神障礙，患者對自己的外型過度關注，並有不切實際的幻想與認知。譯名眾多，除「身體畸形恐懼症」，也有懼畸障礙、身體變形症、醜陋恐懼症、體相障礙、身體形象異常疾患、醜形幻想症等。

注3：法式冷肉醬（Pâté）是一種法式食物，口感介於固形食物與醬料之間，有許多不同原料，包括各種肉醬、鵝肝醬等。

注4：珍妮—瑪麗・雷普林斯・德・伯蒙（Jeanne-Marie Le Prince de Beaumont）。

注5：grandchild，原文性別不明，譯為孫子。

注6：「爸爸憾恨」（daddy sorrow）應是作者由daddy issue轉化而來的說法。

注7：貝氏堡麵糰寶寶（Pillsbury Doughboy），貝氏堡公司的吉祥物。

注8：食物銀行（food bank），為需要協助的家庭提供應急食物的機構。

注9：低收入醫療補助保險。

注10：Kickstarter：美國集資網站。

注11：見第二部「未來有一顆古老的心」。

注12：GQ雜誌（Gentlemen's Quarterly），全球知名男性時尚雜誌。

注13：生育權（reproductive rights）機構：爭取父母應享有決定子女人數、或者何時、距離多久出生之基本人權權益等相關業務。

注14：指軟弱、遲緩的傻瓜。

注15：唐納・倫斯斐（Donald Rumsfeld），美國前國防部長、共和黨員、鷹派代表。

注16：跨性別者（transgender）與變性者（transsexual）並非完全相同，本文的來信人，在進行變性手術之前，已是一名跨性別者，而非變性手術後才改變，故此處譯為「跨性別者」。

第四部

不需要為了我而當一個支離破碎的人

如果愛是一種動物，它會是什麼物種？它能被訓練、馴服嗎？

愛會是兩種動物：一隻蜂鳥和一條蛇——兩種都完全不可能被訓練、被馴服。

在妳身上曾發生過什麼奇特的事？

有一次，我在新墨西哥州（New Mexico）的山上健行。那是三月時分，步道上仍時有積雪。我走了許久許久，都是孤身一人，附近沒有其他同伴，直到我突然碰到了才剛剛相遇的一男一女。我們是三名陌生人，在新墨西哥的山裡偶然相逢。令人驚訝的是，不過聊了短短的幾分鐘，我們就發現，三人的生日全都在同一天！更妙的是，我們三個人是在連續的三年裡出生的。當我們正在聊天時，三片羽毛隨風飄揚，朝我們飛來，然後輕輕落在雪上。我們將羽毛撿了起來。

當妳不知道該怎麼辦的時候，妳會怎麼做？

我會和我的伴侶及朋友談談。我會列張表。我會試著從那個「最好的自己」的角度去看事情——那個慷慨、理智、寬容、充滿了愛與廣闊胸懷、懂得感恩的女人。我會非常努力地想，一年後的我，將希望此刻的我做了什麼決定。我會詳細列出各種可能的方案帶來的後果。我會問自己：我的動機是什麼？我的希冀是什麼？我的恐懼是什麼？我可能會失去什麼，又可能會得到什麼？我會朝著光明邁進，即使那條路上有更多的艱苦與困難。我會信任自己，並永遠保持信念。即使，我有時也會搞砸一切。

妳的精神信仰是？

我不信仰上帝（對，那個大多數人所設想、所認定的上帝）。但我相信在我們每個人心中，都有種神聖的精神存在。我相信有比個體的自我更重要、更偉大的東西，當我們活出正直、誠實、善良、充滿愛的人生時，就能夠觸及。

關於性，妳有什麼想要告訴我們的？

蛇與蜂鳥。或許還有一頭北極熊。

渴望魔力

親愛的Sugar：

我是個六十四歲的老男人，目前已單身五年。我的上一段感情長達十年，曾擁有非常美好的八年。前女友有四個成年子女，三個孫子孫女。我很喜歡她的子女，更是深愛那幾個孫輩的孩子。分手後的那一整年，是我這輩子最痛苦的時光（是的，即使經歷在高中時喪父、參加越戰一年[*1]、眼睜睜看著另一位愛人因癌症過世……種種之後，這依然是最痛苦的時光）。

為了熬過那段心碎的日子，我投身於各種社區志願義工服務之中。過去四年，我曾任職幫助家暴及性侵害受害者非營利組織的董事會，到中學教導學生，也為愛滋熱線（AIDS hotline）服務。在此期間，我試過網路交友，與幾名女性約會，更和其中一人成為了好朋友，但我沒有找到愛情。而分手至今，我只有過一次的性經驗——付費的。但這沒有帶給我滿足。我很想念生活中的性愛，也想念在吃飯或喝咖啡時，能有個人在身邊聊聊天、說說話。

在我義務服務的愛滋熱線單位，有一名新加入的志願者聯絡協調專員。她真的棒極了！她令我心動到克服了恐懼、開口約她去看表演。但她不能赴約，她說，有個朋友恰好從外地來找她。我相信她，我知道自己應該再試著約她（她看來是有意願的），但在我諸多的擔憂之中，有一項是——我的年紀足以當她的父親了。我不想當個下流猥瑣的老男人！

我的諮商師說，我該慢慢來，從最單純的方式開始，展現自己風趣迷人的一面。「像卡萊・葛倫（Cary Grant）那樣！」她說。但我不確定自己能辦到，Sugar。

我為他人付出了很多，但我自己也有情感上的需求。我想要性、愛慕、親密的情感。我想要有人在乎我——當然，我知道很多人都在乎我，但我想要一個特殊的對象。我想要被愛、感受到愛；想要有個人能一直在我身邊。對此的渴望太過強烈，我害怕這對任何人來說都是過份的要求。我擔心，如果那名協調專員和我出去約會，我會忍不住將這一切都一股腦告訴她。然後她將把我看做一個飢渴的人，儘管心懷同情，依然會因此而被嚇跑。當然，我很清楚，即使她和我真的開始交往，她也有可能不是「對的人」。或者，我也可能不是她的「對的人」。

但我真的很想放手一搏，看看結果如何。我不想讓自己的畏懼成為阻礙。妳覺得呢，Sugar？

唯恐只是奢求

親愛的唯恐只是奢求：

你當然會想要一個特別的人愛你！我所收到的大部分來信，其實都在問一樣的問題——關於他們要如何才能得到如你所求的那些東西。這些人裡，有的「性感、聰慧、正值二十五歲青春年少」，有的「四十二歲、身材有點豐腴、但風趣迷人」，有的「非常優秀，但正處於混亂迷惘的泥沼之中」。其中許多是青少年和二十出頭的年輕人，初嘗心碎的滋味，認定自己再也不會找到那樣的愛情。少數是如你一般，成熟的、有過許多經歷的大人，對愛情的信念在孤單中一點一滴地褪去、消散。儘管每一封來信都是獨一無二的，但在字字句句背後，執筆的那個人想說的其實都是同一件事：**我想要愛情，而我害怕自己永遠都得不到**。

這些來信很難回覆，因為我是個答客問專欄作家，不是算命師。我擁有的是文字，而非一顆水晶球。我不知道你能不能得到愛情，或是你將如何找到真愛，我甚至無法保證你一定找得到。我只能說，你值得擁有愛，而這永遠不會是一種奢求。害怕再也得不到愛的心情，也並非不理性的念頭——儘管這種恐懼不見得是事實。愛是我們不可或缺的養分，少了它，人生將了無意趣。它是我們所能給予的最美好的東西，同時也是我們能接受的最珍貴的禮物。它配得上所有因之而起的騷動。

我會說，你所做的一切都已經朝向正確的方向了，親愛的。我從「我該如何得到愛情」的茫茫信海中選出你的來信，是因為我被你的正直與誠懇所打動。你在尋找愛情，卻沒有讓這件事影響你活出自己的人生。在面對最近期（也最深刻）的心碎打擊時，你選擇不讓自己深陷泥沼、沉湎悲傷，而是慷慨地付出，投入對你具有意義、對社區多所貢獻的活動裡。並且在這期間，你遇到了讓你燃起愛火的對象，這一點都不令我意外。

所以，我們來談談她吧。這名使你心動的志願者聯絡協調專員。我同意你所說，不應讓自己的畏懼成為邀約她的阻礙。只是，如果她說不，不要過於在意，也不要將這個答案看得太具有針對性。我可以想到兩個她可能拒絕你的理由：第一，或許是你們兩人之間的年齡差距過大的關係。有很多女人願意和自己年齡有差距的對象交往，但有些無法接受。其二，或許是因為她任職的機構，恰好是你服務的地方。她可能受到工作場所的規定所限，無法與你交往；也可能受她自己本身抱持的原則影響，而不願意這麼做（畢竟，她擔任的職位在專業領域上與你有所交集）。

不去探索，你是不會知道其中原因的。我建議你再約她一次。這一次，不要限定特定的日期、時間或場合。這樣一來，若再遇到「我很想去，但是……」的情境，你就能夠排除其中的不確定性。你可以單純告訴她，你覺得她很棒，不知道能否約她出去？她可能同意、可能拒絕，也可能說好，但只限於朋友的關係。

我也同意你的諮商師的意見；開始時，最好慢慢來，不要給對方太大的壓力——無論是她，或是其他你可能邀約的女性都一樣，即使你得偽裝自己一陣子。

就像卡萊．葛倫曾做過的那樣。

他並非天生就是一個成熟世故、迷人性感的電影明星。起初，他甚至根本不是卡萊．葛倫，他只是個孤單的孩子。大約九歲、十歲時，在他不知情時，母親因憂鬱症被送進了瘋人院。他的父親說她去度假了，直到他年至三十，才發現母親仍然活在世上，並且始終被關在精神病院裡。十四歲時，他在英國被踢出了學校；十六歲，他一路旅行至美國，以表演踩高蹺、雜技和默劇為生。最終他找到了自己的天職，成為一名演員，將本名改成了後來那個家喻戶曉的名字——也就是你的諮商師所引用的那個名字，那個等同於最美好的男性風采魅力的同義詞。但在他內心深處，那個孤伶伶的男孩從未消失。葛倫曾這麼敘述過自己：「我假裝自己就是我想要成為的那個樣子，直到我最終真的變成了那個人。或者是他變成了我。又或者，我和他在某個時刻，就這麼相遇了。」

我建議你也這麼做。不是要你成為一個電影明星，而是期許你腳踏實地讓自己成為那個你想成為的人，同時將那個充滿著不確定與渴望的自己扛在肩上共同前行，你會在心底清楚明白：這一個你，也同樣是你。你對愛的渴望，只是你的一部分而已。我知道在你孤身一人寫信給我、或在你想像著與那名令你心動的女人初次約會的時刻，這種感覺會如排山倒海般襲來；但別讓這種渴求、需要的感覺，成為你唯一展露出來的樣貌。這樣真的會把對方嚇跑的。這會造成誤解，讓人看不清你有多少美好的特質。我們得是完整的自己，才能找到完整的愛。而在其中，有時候不可避免地需要一些修補。

在反覆思考你的來信時，親愛的唯恐只是奢求，我想起了年輕時的自己。大約十五年前，我和Sugar先生坐在咖啡廳裡。當時我們才相戀一個月，已深深墜入情網，踏進「你把一切都告訴我，我也把所有的事情都告訴你，因為我真的愛你愛得發狂」的階段。就在那個下午，我告訴他一個悲慘的故事，關於我一年前如何懷上了一名海洛因毒蟲的小孩，又是如何因墮胎而陷入憤怒、悲傷，一股自我毀滅的欲望迫使我拿著刀在手臂上劃下淺淺的傷痕，即使我其實從未這麼做過。當我說到割傷自己的部分時，Sugar先生制止了我。他說：「不要誤會，關於妳的任何事情，我全都想聽。但我想要妳知道的是，妳不需要藉著告訴我這種事情，來讓我愛妳。妳不需要為了我而當一個支離破碎的人。」

那一刻深深烙在我腦海裡，經久難忘分毫——他與我坐著的相對位置，他開口說話時臉上的表情，我身上披著的大衣——因為當他說出這段話時，感覺就像是：他伸出手，從我心底生生挖出了一大塊，然後在我面前攤開掌心，一覽無遺。那絕不是一種令人很舒服的感受。在此之前，我從來沒有發現過自己是這樣想的，以為要讓一個男人愛我，我就得看起來遍體鱗傷、破碎不堪、需要被拯救。然而當他將這件事說出來時，我意識到——立刻羞愧地意識到——他說的是真的！那是如假包換的、真到不能再真的真相，是「我怎麼能從來沒發現自己是這樣的」真相，「哪裡有洞能讓我鑽進去一頭撞死」的真相。因為在我面前正坐著一個男人，一個美好、強壯、性感、善良、不可思議如奇蹟般的男人，而他終於、終於，一語道破我虛張聲勢的假象。

妳不需要為了我而當一個支離破碎的人。

我不需要為了他而當一個破碎的人，即使一部分的我確實傷痕累累。我可以每一部分都是完全真實的自己，而他依然會愛我。我的吸引力並不在於我的柔弱或是我的需求，而在於我是誰、我想成為誰。

你的魅力同樣在於此，親愛的。在下一次和可能的未來戀人約會時，帶著那個滿懷渴望的你，但也別忘記其他面貌的自己——強壯的你；慷慨的你；太早喪父、撐過一場戰爭、因癌症失去一名戀人，又因十年無情歲月失去另一個情人，但卻因這一切變得更有智慧、更溫柔蘊藉的你。也帶著那個你希望自己成為的人，一個已經找到久等的真愛的男人。將你擁有的一切都放上棋盤，然後全力以赴，直到棋局終了。

Sugar

這就是卡萊．葛倫當初所做的。那個受父親刻意欺瞞，在一片迷霧中失去母親的孤單男孩，終在「希冀與渴求」的魔法下找到自我。他的名字叫做阿齊博爾德．李奇（Archibald Leach）。

別樣絢爛的幸福

親愛的 Sugar：

自我開始記事以來，我哥就是個恐怖的存在。他對我做過最嚴重的肢體虐待大概是把我打到腦震盪的那次，只因為他被鎖在屋外、按了電鈴，而我開門不夠快（當時我八歲，他十二歲）。而最糟的心理虐待則或許是他殺了我的寵物鼠的那次。他將她的脖子和肚子剖開，再把屍體放在我的枕頭上（當時我十一歲，他十四歲）。其間還有數不盡的大小殘酷事件不斷發生。我與他是真的完全、完全沒有快樂的回憶——我的童年有過一些幸福時光，但其中絕對沒有他的身影。有生以來，我感受過最接近兄妹愛的時刻，是有一次他對我大喊：「貪吃的肥婆」，指責我吃掉了剩下的最後一點起司。我好像真的沒吃，也可能只是為了轉移、減輕他的怒火。總之，我爭辯那不是我吃的。然而他回答，那一定是我，因為我是「家裡最愛吃起司的人」。那一刻的記憶如此鮮明清晰，我震驚不已，他居然知道這一點！（我確實很愛起司，到現在還是。）他對我的鄙夷不屑是那麼深，以至於我難以相信自己在他眼中居然還是「存在」的——除了他揍我或辱罵我的時候。

我的父母盡力了。看見他虐待我時，他們會責罰他；但很快地我就學到了教訓，因為告狀的結果比不告狀更慘。如果他被爸媽處罰，隨後我就會被他處罰。隨著年紀漸長，他的行為越來越脫序，也不再只是針對我。他剛踏入青少年時期時就首度觸法，之後接觸了毒品、從高中退學，來來去去，成為了監獄、勒戒所及精神病院的常客。當我十八歲時，他已多次被警方逮捕，並且有了一個小孩，接著又生了另一個。我選擇遠赴外地就學，部分的原因就是想逃離他製造的混亂與災難。

現在，我二十九歲。我已離家十年，也終於明白即使我哥不愛我，也不代表我是不值得被愛、無法被愛的（這是他過去常常對我說的話）。大約一年前，我搬回了家鄉。過去我住在大城市裡，做著毫無升遷希望、無趣至極的工作。我深愛我的父母和我的姪兒姪女，也很想念他們。我的家鄉有個很優秀的碩士課程，是我深感興趣的領域，我已經註冊報名了。這一切都很棒，能回到所愛的小鎮，令我感到充滿活力。

我哥一點都沒變，但我與他已經沒有什麼往來了，除了他打電話給我要錢或是需要我幫忙看孩子的時候。然而我的父母就沒有那麼幸運了，他們在能力所及的範圍內盡力幫助他。我哥的信用狀態很糟，所以他們買了一間房子「租」給他（當然他從來沒付過租金），因為背著一長串重罪紀錄，他找不到工作，所以他們為他購置食物、支付托兒所的款項、以及孫子們所需的任何費用（孩子的媽媽們過得還可以，但她們無法獨力負擔育兒支出）。他們甚至付錢贖回了去年聖誕節送給我姪兒姪女的iPod，因為我哥把它們拿去當了換錢。

當然，就如同其他吸了太多安非他命／古柯鹼的反社會者一般，妳可以想像他對待我父母是什麼態度。他偷他們的東西、用各種羞辱難聽的字眼稱呼他們、威脅要傷害他們、說出一個又一個的漫天大謊。我父母會傷心失望、試著劃出底線，總是說某件事是最後一根稻草、再也無法忍受了……然而，他們永遠會給他第二次機會，只因為他是他們的兒子。永遠。他有時友好、有時暴力，以愛和恐懼輕易操控著我的父母。當他戴上親切和善的面具時，一切會看似有所好轉，然後又在不超過一週內再度惡化。

上週，情況變得比以往更糟。只因為我媽拒絕給他錢（事實上，她前一天才給了他一百塊美金，身上已經沒錢了），他拿酒瓶丟她，朝著她的臉吐口水，將碗盤全摔到地上砸個粉碎，在屋內暴跳如雷，把他們的貓朝牆上擲去，毀了所有的家具。直到我媽打了電話報警，他才離去。但踏出門前，還沒忘記從冰箱偷走幾罐啤酒。

好幾天，我的父母都緊守底線，不回他的電話、不允許他踏入房子，只和他的孩子的媽媽們保持聯繫，談談關於小孩的事。然而……和以往一樣，他再次找到方式回來，含糊其詞，連句道歉都沒有，甚至根本不承認發生過那件事。真的，Sugar，這是最令我生氣的一點！這些事情一再發生，然後他會在隔天打電話給他們，要求這樣那樣的幫助，假裝什麼都沒發生過。一直以來，我的父母都盡了全部心力，希望找到能幫助他的方式，讓他不再像個狂暴的瘋子。但他拒絕了——不是他自己有問題，而是他覺得全世界的人都對不起他。我的父母將這一切怪罪於毒品，因為在他還是個孩子的時候，他們沒有真正見識過他的可怕。但我有，我認為他單純就是一個邪惡的人。

儘管如此，我願意原諒他身為兄長所做的一切惡劣的事情。我知道他的那些行為絕對不正常，但我們都是成年人了，如果他感到抱歉、變得成熟，不再喜歡欺負人，我可以將這些一筆勾銷。我願意與他重新建立起兄妹關係。但我無法原諒他對待我父母的方式。如果有其他人敢這麼做，他們肯定將面對保護令（restraining order）與上法院的日期通告。

這是很長的一段故事，Sugar，但我的問題很短。是關於聖誕節的。

我想要我哥從我的生活中消失。每次想到他對我父母做的事，我心底就會升起一股無能為力的憤怒。在寫這封信的過程中，我手指抖得打不出字，好幾次不得不離開電腦前讓自己冷靜下來。我不想和那個喊我媽「該死的婊子」的人同桌吃飯。但只要我父母仍然容許他的存在，我覺得自己始終沒辦法完全斬斷與他的關係。一直以來，我們都是全家人一起過聖誕；可是今年，我想要下定決心、堅持立場——他去，我就不去了。我願意做任何我父母期望的事，因為我愛他們；但我將拒絕參與與他有關的一切，這同樣也是因為我愛他們。我無法忍受任何人傷害他們。他竊取了他們內心的平靜、他們對自己是個好人的信念、以及他們的身分——真的，他用我父母的信用卡和銀行戶頭進行詐騙，而因為不願意告他，他們的信用也受到了很大的影響。

我擔心，拒絕在聖誕節和我哥見面將是徒勞無功的舉動，只會讓我父母的生活更加複雜痛苦。聖誕時我也會很想念姪兒姪女，想讓他們能過一天正常的日子（不過，我見他們的機會其實很多，因為在我哥監護期間，百分之九十九的日子，兩個孩子都由我父母照看）。我真的不知道自己還能怎麼辦。

我覺得好無力——好像又回到我十一歲的時候，被迫和一個每週都威脅要殺掉我的人住在一起的感受。我幫不了我的父母，他們也不願意幫助自己。我也沒辦法和朋友聊這件事，他們完全無法理解為什麼我父母不與他斷絕關係。律師、警察、心理治療師、親友……全都和我父母說過，這種行為只是在縱容我哥，他們應該與他斷絕來往。但他們就是不願意。我早已放棄說服他們改變了。現在，我只想感受那種有能力掌控自己生活的感覺，不想再假裝愛著那個傷害我父母的人。然而我知道，若我拒絕和哥哥共度聖誕，我父母也同樣會感到受傷，並將這個舉動視為對他們的一種批判。Sugar，我該怎麼做？

致上我的愛

C

親愛的C：

去他的，別管聖誕節了。有更重要的事情正面臨著危機——妳的心理健康、妳的幸福，以及妳的人生的尊嚴、涵養與完整。這麼說或許很老套，但妳真的需要設下界線。

那些生活混亂不堪的人，會抱持反對意見，試圖告訴妳那條界線代表著妳是否真的愛某個人。但界線與愛不愛無關。它不是批判、不是懲罰、不是背叛，而是通往和平的道路。在那條路上，妳得自己設定最基本的原則，這決定了妳將忍受哪些行為、不忍受哪些行為，同時也決定妳對那些行為將做出什麼樣的反應。界線能使人們學會如何對待妳，並讓妳學會如何尊重自己。在一個完美無缺的世界，我們的父母會以身作則，示範如何設定健康的個人界線。而在妳的世界裡，妳得為妳的父母示範，因為他們可能從未設過界線，又或者那條線早已可悲地歪曲變形了。

即使是心理健全的人有時也會做出不理智的事情：失控地大發脾氣，說出不應該說的、或是明明能說得更恰當的話，偶爾也會受到自己受傷、恐懼、憤怒的情緒影響，做出不合宜、惡劣的舉動。然而這些人最終會承認錯誤、試圖彌補。他們不完美，但大致上都能夠辨別自己的行為舉止哪些是屬於破壞性的、不理性的，然後努力去改變，儘管不一定能完全成功。這是平凡如我們不斷嘗試的事。

然而妳所敘述的狀況是全然不同的，C。那是一個深深嵌入妳家的失衡系統。妳的故事讀起來就像個挾持人質的情節，在其中，妳那毫無理智的破壞狂哥哥手裡握著一把槍。他訓練了妳和父母該如何對待他，而儘管那種做法荒謬至極，你們依然全都服從指示。在什麼樣的世界裡，有人會襲擊自己的母親、虐待她的貓、洗劫她的房子？

妳的世界。所以，妳得將自己放逐出那個世界之外，否則將永遠無法擺脫痛苦。妳得親手構築起屬於自己的世界。妳現在就可以踏出第一步，但要將家庭帶給妳那盤根錯節的各種異常與障礙一一拔除，毫無疑問需要多年的時間。我建議妳尋求心理諮商的幫助。

然後，我們可以來聊聊聖誕節了。

妳的處境非常艱難。妳的哥哥是個反社會者，而妳的父母則是任他予取予求的受害者。妳不抽身離開，是無法擺脫這一切的。妳想切斷所有和他之間的聯繫，那就這麼做吧！還記得我說，劃下界線和愛與不愛無關嗎？那個道理恰適用於此。妳的父母是好人，迷失在可怕的夢魘裡。我並不贊同他們一直任妳哥哥為所欲為的行為，但我理解他們的行為。妳的哥哥是他們的兒子；或許從他出生的那一刻起，他們愛這個男孩的程度，就甚至願意為他而死。然而，他們不需要為他而死；他已經正親手在殺死他們了。

妳不能坐視，不能當個自願的旁觀者。不是我告訴妳不可以——是**妳自己**告訴我不可以的。所以，不要袖手旁觀。告訴父母妳愛他們；然後，就單純地愛著他們就好了。將妳所有身為女兒的美好特質都與他們分享，但不要參與任何他們自我毀滅的過程。讓他們知道，妳將與哥哥斷絕聯繫，並規劃好要如何與他們共度聖誕假期、以及此後的所有時光。別讓他們說服妳改變心意，即使這個決定會讓妳孤單一人過聖誕，也千萬不要動搖。將這視作妳脫離哥哥暴虐掌控、通往自由的第一步。

至於妳的姪兒姪女，我希望妳能繼續在他們生命中扮演重要的角色。和他們的母親聯絡，選擇不在妳哥哥監護下的時間去探望他們，怎麼樣？（妳沒有問關於這方面的問題，但我為那兩個孩子感到很擔心。妳說他們的母親「還可以」，但同時也說妳的哥哥——那個距離「還可以」十萬八千里遠的父親——也共享部分的監護權。就算「百分之九十九的時間」孩子都是由妳父母照顧，在我看來，妳哥哥仍不應擁有任何人的監護權，即使只有一小段時間。我建議妳做點功課，和他們的母親、甚至妳的父母一起，找到保護妳姪兒姪女的方法，在法律上限縮妳哥哥與孩子接觸的機會。）

妳害怕父母將因為妳的決定而覺得受傷，這種憂懼是合理的。在妳將計畫告知時，他們確實很可能感到痛苦。在他們多年來與妳哥哥那種瘋狂的相互依存（co-dependent[*2]）的關係中，妳的合作，無疑是他們最大的安慰。當妳畫下新的界線時，伴隨而來的往往是爭執與悲傷；但妳的人生會因此而變得更好。並且或許——只是或許——妳立下的榜樣，將給妳父母全新的動力，也在他們自己的人生中做出一些改變。

最後，我希望妳記得這一點：妳深陷於如此複雜混亂的境地，但當遇到妳知道是正確的事情時，妳並未搖擺、退縮，那是因為妳真的知道什麼才是對的。所以，就去做吧！我知道這很難，這將是妳一生中做過最困難的事情之一。在這過程中，妳可能會覺得難以承受、嚎啕大哭、放聲尖叫。但我保證，一切都會沒事、都會好起來的。妳的淚水來自悲傷，但同時也源於解脫。妳會因這一切而變成一個更好的人。它們會將妳變得更堅強、更柔軟、更純淨、更踏實。從此自由。

而在那盡頭，有別樣美好而絢爛的幸福等著妳。

Sugar

午夜夢迴的隧道

親愛的Sugar：

我想（或者說，我知道），我有嚴重的酗酒問題。我驚慌失措，甚至在夜半時分從夢中驚醒，我對自己不由自主在那條黑暗的隧道裡越陷越深，感到驚恐萬分。從來沒有人和我談過這件事，因為一直以來，我都是專業、冷靜、隨和、自制的人。然而我不認為自己現在還有任何自制力可言，這令我非常害怕。我上班前喝、起床時喝、午餐也喝……回到家以後，更是立刻沉浸酒精之中，趁著沒人看見的時候，一路喝到睡過去為止。

我也會在社交場合和朋友們喝一杯。跟他們聚會，幾乎不可能**不**喝酒。他們很喜歡那個喝茫了的我，而這似乎是現在我唯一不會感到不安的狀態。我不認為自己能放棄在社交場合喝酒。因為，如果沒有朋友，我大概只會躲在家裡，喝掉更多酒吧！

我知道妳不是心理學家，但在這件事情上，我真的需要一點客觀的意見。在此之前，我曾試過向其他人尋求協助（包括心理治療），但都是徒勞無功，而且令我非常、非常尷尬。我猜我暗自期待妳能給我一個魔法般神奇的簡單解答。然而，我也假設，世上很可能並沒有這種東西。

謝謝，

酒徒

親愛的酒徒：

我的客觀意見是：你很清楚自己對酒精上癮，而且你需要幫助。你是對的，並沒有什麼「魔法般神奇的簡單解答」，親愛的。但我們確實有解決方式，那就是你停止接觸酒精——無論是私下、是社交場合、在早晨、在中午、在晚上……或許永遠、永遠都不再碰一滴酒。

當你準備好了，你就會這麼做。而要讓自己準備好，你只需要一股改變生活的渴望。在此過程中，大多數人將需要團體支持的幫助才能成功。匿名戒酒會將是個很好的開始。在那裡，你會發現很多和你一樣正在痛苦掙扎的人——那些曾一遍遍對自己說著某些事情「不可能」的謊言、那些自欺欺人的人。

酒癮是一條隧道，在午夜夢迴時讓你驚醒。而世上其他的一切，都發生在隧道之外，那個有光的地方。

Sugar

成功的必經之路

親愛的Sugar：

我剛進入一段民事結合（civil union[*3]）的關係。即使我們之間有些問題存在，但我仍深愛我的配偶（或說是妻子？）。對我來說，其中最嚴重的問題——有時甚至令我輾轉難眠——是她不願意工作。

我們二十五、六歲，都還是學生，沒有什麼錢。我們在一起已經四年了，在這段期間，我的女孩有過三份工作：其中一份因為工作本身結束，所以解雇了她；一份她自己遞出辭呈；而另一份，她則是被開除了。這些工作全都撐不到六個月。

在失業的這一年半裡，為了安撫我，她也曾敷衍了事、心不在焉地找過工作。但大多數的時候，我們會吵架，她會放聲大哭、拒絕溝通、或是說謊表示自己已經試著在找了，儘管我很清楚她並沒有那麼做。她有輕微的社交恐懼，聲稱自己無法接受任何需要與其他人接觸的工作。至於我建議她嘗試的那些工作（送報紙！在學校人較少的區半工半讀！上網拍賣她那些奇特可愛的手工藝品！洗碗工！），她也置若罔聞，甚至連找藉口不去都不願意。她還一度表示，寧可每個禮拜去賣血，也不想工作。

Sugar，我是個全職學生，還有兩份兼職，要扛起兩人的開銷真的非常勉強，時常得仰賴我父母的幫助。然而，他們要給我經濟援助，同時又得負擔原本的生活所需，也讓他們陷入了困難，很難繼續協助我們。我真的好苦惱，擔心我的伴侶始終沒有足夠的動力去找份工作；更擔心幾年後，當她步入三十大關卻從未有過長期的工作經驗，她未來的職涯發展將何去何從？擔心她即使對我的痛苦心知肚明，但那一點愧疚卻永遠不足以使她恍然醒悟，有所行動。

我到底該怎麼做，才能讓她認真看待找工作這件事？多年的社交恐懼、遭父親性虐待及情感虐待、一再復發的進食障礙（eating disorder[*4]）……這種種都令她變得很敏感、很脆弱。而正因如此，我不願意以下最後通牒的方式來威脅她。一來，那些要求將不會是我的真心話；二來，我怕這麼做帶來的傷害會比助益更大。我的女孩有一顆善良的心，但她太害怕失敗，以至於刻意忽視我為了支付房租所做的犧牲。我愛她，她也愛我，但在這個困境裡，我總覺得自己和沒有伴侶一樣，只能孤軍奮戰。我不知道接下來該怎麼辦。請幫幫我。

雙人單薪

親愛的Sugar：

我丈夫每天都能讓我開懷大笑。真的，他**每一天**都能無數次地帶給我這種影響。他是我多年來最好的朋友，也是我在世界上最喜歡的人。在各種難以計數的層面，他都使我的人生更加豐富精彩。而且他告訴我，這種充實是互相的，我也增色、豐滿了他的人生。噢，我是這麼愛他。**這麼愛**。而我很確定，他也同樣愛我。

問題是，他已經失業三年了。有一陣子，他試過到處應徵工作（我想，他現在仍然偶爾會投投履歷），但現在他似乎認為自己除了上一份令人痛恨的工作以外，任何其他的職位他都不夠格，也沒有任何會讓人想雇他的優點。惰性控制了他。他試著寫作，但覺得這一切毫無價值，又因此放棄。他明明有才華、有學識、幽默風趣，但卻看不到自己的任何優點。他不繪畫、不雕塑、不嘗試任何可能會帶給他成就感的活動，也不做任何能讓他沿著人生道路繼續向前邁進的事情。無論他選擇什麼職業，我都樂見其成（我是真心的），然而他卻被自己困住了，動彈不得，躁鬱症、自我憎厭等等心理狀況也同時纏住了他。

幸運的是，我的收入足以負擔我們兩人小家庭的開銷，雖然只是勉強支持著。有他在，我們的房子很乾淨、衣服有人洗，狗狗有人遛，但三年過去了，他始終未曾找到能在經濟上有所貢獻的方式。對於入不敷出的情況，他同樣也焦慮，但卻沒有做任何事（什麼都沒有！）來改變這一切。如果我很富有，那這些都無所謂，但我不是。我獨力扛起這個重擔已經很久了，我一直想和他談談，但總是徒勞無功。

我好愛他，卻也因此覺得好悲傷。我在想，我這樣留在他身邊，是不是毀了我們兩個人的人生？是否我扛起了擔子，反而讓他無法去追逐、實現自己的夢想？妳認為呢，Sugar？

扛起重擔的人

親愛的女人們：

我相信妳們一定都知道，配偶不外出工作賺錢這件事，本身並沒有什麼問題。當遇到一對配偶只有單薪收入的狀況時，最常見的合理情境多半是兩人有了小孩，需要其中一人全心照顧。隨之而來的是繁瑣的居家工作——無休無止的清潔打掃、購物、下廚、洗衣摺衣、整理、帶貓去看獸醫、帶小孩去看牙醫等等形形色色的任務。在類似的情況下，若將時間納入考量，「沒有工作」的那名配偶所負擔的工作量其實往往是更重的。儘管表面上看來，「有工作」的那個人對家庭經濟的貢獻比「待在家」的那個人來得大，然而如果仔細計算雇人來做這些工作所需支付的薪資，則外出工作的那名配偶應該就會瞭解，自己應該閉上嘴，少提什麼誰付出多、誰貢獻少的事情了。

當然，在某個時期，也有其他（暫時性的）原因，會使其中一名配偶無法分擔賺錢養家的責任，比如失業、重病、全職學生、照顧體弱或臨終的父母。或者他／她的工作領域，需要等待一段時間才會有收入，而且必須等待一陣子，才能知道這份工作的利潤有多少。

然而，妳們所敘述的，似乎並不是以上的情況。當然，嚴格說起來妳們兩人的配偶都處於失業狀態，但很明顯地，還有更複雜的原因在裡面。雙人單薪，回顧妳的配偶那不穩定又短暫的工作經歷，相對而言，無業是她的生活習慣，而非一種暫時性的狀態。而扛起重擔的人，妳的配偶顯然沉浸在失業後的沮喪情緒之中，放棄了尋找新工作的可能。妳們兩人都感到負擔過重、苦惱不堪，都迫切地希望有所改變。妳們也同樣都讓配偶明白這樣的感受，也都得到了他們彷彿帶著同情、實際上卻漠不關心的回應（說白了就是：噢，這真是糟透了，寶貝！我很難過，但他媽的我什麼都不打算做。）

這真是一團亂。

我希望，當我說妳們無法強迫另一半去工作的時候，妳們不會感到太訝異。或者至少，以妳們目前所做的一切（試著喚起他們善良的那一面，提醒他們什麼才是公平、合理的。懇求他們把對妳、對妳的期望以及你們兩人經濟狀態的關心化為實際的行動等等），是無法達到這個目的的。無論是什麼幽晦陰暗的恐懼，令妳們的配偶無法為自己的生活負責——憂鬱、焦慮、喪失自信、因恐懼改變而退縮、保持現狀——這些情緒影響與控制他們的程度，都大於妳們因為一肩扛起經濟重擔而展露的怒氣與擔憂。

關於轉變，有個不言自明的重點：如果我們希望事情有所改變，我們得先改變自己。我認為，妳們兩人都需要將此謹記在心，就如同這世上每個曾成功改變過生命中任何一件事情的人，也都牢牢記住了這一點——坐而言不如起而行。不要讓它只是一句好聽的話，讓它是一件艱難的、需要我們真正**付諸實行**的事。隨著妳們的改變，妳們的配偶可能會決定去找工作，也可能不會；但這已經不是妳能夠控制的了。

就我看來，要脫離妳們現在身處的困境，有兩條路可以選擇：

a）接受事實：妳的配偶不會去工作的（甚至不會願意深入探討他／她為什麼不願意找工作這件事）。

b）下定決心，決定另一半拒絕對家庭經濟做出貢獻這件事是不可接受的，結束你們之間的關係（或者至少暫時分開，直到狀況有所改善為止）。

先假設妳們選擇選項 a。妳們兩人都表現出對另一半的愛與戀慕，不希望失去他們。所以，妳們該如何接受自己的親密戀人，在這個人生階段中遊手好閒的樣貌？可能嗎？他們所給予的，值得讓妳們扛起他們施加於妳的生活重擔嗎？妳們願意將自己對伴侶無法成為經濟來源之一的焦慮與惱怒暫時束之高閣嗎？如果願意，妳們能忍耐多久？想像在未來的一年裡，妳都將是家中唯一的收入來源，妳做得到嗎？那三年呢？十年？妳們與伴侶能否達成協議撙節開支，讓這樣的單薪生活變得較為可行？試著將事情從頭理清一遍，情況會好轉嗎？如果，妳們不再因伴侶無業這件事忿忿不平、難以釋懷，而讓它成為兩個人一起做的選擇，又會怎麼樣？將它重新定義為你們共同的決定——妳是那個負責維持家庭開銷的人，而妳的伴侶則是沒有收入，但在背後支持妳、當妳後盾的人——這或許能帶來一種每件事都在掌控之下的感覺，而這正是妳們現在所缺乏的。

雙人單薪，妳沒有提到平時妳的伴侶是否負擔較多的家事。但扛起重擔的人，妳說「房子很乾淨、衣服有人洗，狗狗有人遛」——這也是貢獻。而且，事實上，還是挺重要的貢獻。當然，這不能換算成金錢，但透過完成這些事，妳的丈夫對妳的生活是有正面貢獻的。很多上班族下班回家後，會非常、非常開心能面對一個乾淨的房子，沒有堆成山的髒衣服要洗、沒有狗需要遛。很多人會另外僱人幫忙，否則他們在結束一天的工作、回到家以後，只不過是踏入另一個各種家事雜務的工作罷了。妳丈夫的這些無薪工作對妳是有益處的。記得這一點，然後妳可以接著想，既然妳的伴侶不願在經濟上有所貢獻，那麼還有哪些方面，是他能夠分擔的？能不能將其他家庭和個人的需求列表（經濟、補給、居家、管理等等），然後以雙方都覺得公平的方式，依據整體工作量與負擔（將妳的工作也納入考量）來分配責任歸屬？

當我建議妳們認真考慮去接受另一半無限期的無業狀態時，我得承認，我真正的看法比我提出的這個建議還要悲觀。在妳們兩人的來信中，除了帶來主要壓力的金錢問題以外，我注意到了一個共通點：妳們真正擔憂的是伴侶無動於衷的態度、他們對自我期許與個人志向的漠不關心，這些與是否有收入都無關。如果妳們的另一半是快樂、具有成就感的人，相信在這段伴侶關係中，他們比較適合待在家，扮演主內理家的角色——若這樣也許還好。然而妳們兩人的伴侶卻非如此。很明顯地，他們躲在家與這段關係的保護傘下，將之視作避難的庇護所，退縮陷溺，沉湎於不安全感與自我懷疑的泥沼之中，並且拒絕從裡面掙扎脫身。

所以，現在讓我們來談談選項b。雙人單薪，妳說妳不願對另一半下最後通牒，但我建議妳重新考慮。如果對這件事，妳能和我一樣旁觀者清，那麼妳就會知道：真正被下了最後通牒的，是妳和扛起重擔的人。起碼，是無需言明的、以退為進式的那種。

對許多人來說，最後通牒具有負面的意涵，是因為它們時常被橫行霸道的混蛋和施虐者濫用，這些人喜歡將伴侶逼至無處可逃的絕境，強迫他／她做出某種選擇。但當動機良好、心智健全的人下最後通牒時，是指出一條充滿尊重與愛的道路，去穿過那遲早毀掉這段感情的僵局。此外，妳們兩人其實早已身陷絕境許多年了，被伴侶強迫成為唯一的經濟支柱，即使妳們都曾多番強調自己不願、也無法再繼續獨力支撐。然而一切還是維持原狀，妳們繼續賺錢養家、伴侶繼續尋找藉口，明知這令妳們感到痛苦，卻依然故我，讓妳承擔妳不想做的事情。

妳們的最後通牒很簡單、很公平，只需要指出妳們自己的意願，而非意圖迫使對方改變意向。那應是像這樣的：**我不願意再過這樣的生活了。我不願意在能力或意願所及範圍之外，扛起如此沉重的**

經濟重擔。我不願意再縱容你的惰性。我不願意——即使我愛你。我不願意——因為我愛你。因為這麼做將毀了我們兩人之間的關係。

單單只是讀這幾個句子，是否就讓妳們覺得好過了一點？

當然，困難的部分在於說出這些話以後，伴隨而來的將是什麼結果。但妳們不需要立即確認結局為何。或許，這會導致分手；或許，這會讓妳們能做出規劃，採取行動，拯救妳們與伴侶的關係。無論如何，我強烈建議妳們兩人在企圖找到出路的同時，也與妳們的配偶一起，試著去尋求那個衝突背後最深層問題的解答。妳們共同的及分別的問題，不僅止於某個人沒有工作而已。

妳們辦得到的。我知道妳們可以。這是真實可靠、通往成功的必經之路。只要願意去做，我們都能有更好的人生。

Sugar

無人搭乘的幽靈船

親愛的 Sugar：

像我這種沒有那麼幸運，可以確定地說「我就是知道」的人，該如何決定要不要生小孩？我已經是個四十一歲的男人了，我之前不斷拖延這個決定，因此得以優先處理人生中的其他部分。基本上，我很享受沒有小孩的生活。我一直相信，只要沿著人生的道路繼續往前走，總有一天，我會自然而然地知道自己是否該成為一名家長，我只需要讓生活引領我朝某個方向走下去。而我也真的走到了今天：當我身邊幾乎所有的朋友都已經結婚生子，並大肆宣揚他們新生活中奇妙而不可思議的感受（當然，也有各種磨難艱辛）——我依然過著一樣的生活。

我熱愛屬於自己的人生。一旦有了孩子，生活中那些我鍾愛的事物，必然被迫縮減，比如安靜的環境、空暇的時間、即興的旅遊、各種不受束縛、沒有責任的自由。我非常珍惜這一切。我相信其他人也跟我一樣，但以大眾情況的整體光譜來看，我想自己所處的位置比其他人更接近極端一些。老實說，我對放棄那些事物感到非常焦慮，我害怕在成為家長以後，將瘋狂想念原本的人生。

身為男性，我知道自己的生理時鐘還有一些可以等待的空間。但我的伴侶則不，她已經四十歲了，也同樣在生或不生之間舉棋不定。在這件事上，我們考慮的細節或許不完全相同，但主要的困擾是一樣的。我們正試圖剔除雜訊，聆聽自己真正的心聲：我們是因為真的想要孩子才生小孩，還是因為害怕未來將懊悔不生小孩的這個決定？我們都知道，這個決定迫在眉睫、已經沒有多少時間了，所以更需要立刻行動，搞清楚自己要的是什麼。

當我試著想像自己成為父親時，常常會想起二十二歲時我心愛的兩隻貓（牠們近兩年前過世了，我將牠們葬在後院裡）。貓媽媽身體很弱，牠們又是早產兒，我用奶瓶餵牠們、半夜驚醒替牠們擦屁股、從幼貓時期一路陪伴牠們到成年，可以說愛了牠們一輩子。我將牠們養育成懂得信任與愛的生物。我是有意識地這麼做，甚至當初曾想過，這是為未來養育自己的小孩（如果屆時我想生小孩的話）做的自我訓練。我等於是牠們的父親，而且我非常喜歡那種感覺。然而，我也喜歡自己只要多放一碗食物與清水在地上，就能隨興踏上三天兩夜小假期的自由。

總之，我正在考慮是否該成為一個父親，非常認真地考慮著。Sugar，幫幫我。

舉棋不定

親愛的舉棋不定：

托馬斯・特朗斯特羅默（Tomas Tranströmer[*5]）寫過一首詩，我非常喜歡，這首詩就是〈藍房子〉（The Blue House）。每一次思考著我們所做的各種不能回頭的選擇——比如你現在面臨的——我都會想起這首詩。森林中，一名男子站在自己的房子旁，詩篇由他的視角展開敘述。他從那個一覽無遺的位置望向房子，觀察著，彷彿他剛剛死去，正以一種全新的角度觀看它。那名剛死的男人站在樹林之中——那是幅極其奇妙、同時又深具啟發性的景象。以一種全新的、相隔一段距離的觀點看見熟悉的事物，其中隱含著轉變的力量。正是這種立場，使特朗斯特羅默詩中的敘述者得以看見自己人生的真實樣貌，同時也認識到自己曾經可能有的另一種人生風景。那首詩真實得如此悲傷、如此歡愉、如此震撼，深深觸動我的心。每一段人生，特朗斯特羅默寫道——「都有一艘姊妹船」，循著我們沒有選擇的「另一條路線」駛去——我們希望能有所不同，但往往木已成舟。我們一度可能成為的那個人，正活在一段不同的、虛幻的人生中，與如今的我們截然不同。

所以，問題在於：你想要成為什麼人。如同你信中所述，你相信自己在兩種情境都能感到幸福——成為一名父親，或者保持無子狀態。你寫信給我，是想要心裡有底，想要一個明確的答案，想知道究竟該選擇哪一條路。但或許，你應該放棄這個念頭，然後試著象徵性地踏進森林裡，如同詩中的男人一般，並且單純地只要看著你的藍房子就好。我認為如果這麼做了，你將能看見我所看見的——很可能根本沒有什麼明確的答案，起碼一開始沒有。那裡只有你做出的決定，而你深知兩種選擇都將令你失去某些東西。

你和我大約同齡。我有兩個小孩，是在三十五、六歲時接連懷胎生下的。如果我三十四歲、還沒有小孩的時候，有個神奇的寶寶仙女來到面前，許諾將我的生育能力期限向後推遲十年，好讓我能多過一點當下這種寧靜、以貓咪為中心、無拘無束的生活，我會毫不猶豫地答應。我和你一樣，在成年後總是假設有朝一日，我會突然「就是知道」自己想成為一名母親了。我也曾將自己放在「大眾情況的整體光譜」的「該死的別來煩我」那一端。我決定要懷孕，是因為時間緊迫，已來到我生育能力的最後幾年；同時，也因為我對這件人人都說意義深遠的事，想完成它的欲望剛剛好勝過了我的質疑與猶豫。

所以我懷孕了，心裡一點都沒有底。在這件事上，Sugar先生和我是完全一致的。儘管大致上來說我們很高興將有寶寶，但同時也憂心忡忡。我們喜歡做愛，喜歡以各種顯然對寶寶不安全的方式漫遊異國，喜歡兩人在客廳裡，分別窩進兩個面對面擺設的沙發，然後花上許久的時間靜靜閱讀。我們喜歡一頭鑽進各自的藝術領域，工作多日不受打擾，隨時想睡就睡，喜歡背上背包，在荒野裡健行一兩個月……。

在我懷孕期間，我們並未討論太多關於寶寶出生後一切將變得美妙無比，或者我們喜歡做的這些事情將變得全然（或幾乎）不可能辦到的狀況。多數時候，我們的都話題圍繞著這些矛盾的、略微令人恐慌的主題上：希望自己沒有犯什麼可怕的錯誤。**如果我們確實愛這個寶寶，但不像大家所形容的那麼愛呢？**每過幾週，我都會這麼問他。**如果寶寶令我們感到厭倦、惱怒、噁心呢？如果我們想騎單車在冰島旅遊，或健行橫跨蒙古呢？去他的！我們真的想騎單車在冰島旅遊，健行橫跨蒙古！**

我的重點不在你對「應該要生個小孩」感到舉棋不定，而是你預設自己應該對這件事「有感覺」，但老實說，那種感覺可能永遠不會來。是否有清晰而明確想生孩子的渴望，並非決定該不該成為父母的最佳衡量工具。我知道這聽起來很瘋狂，但這是真的。

那麼，到底**什麼才是**最佳的衡量工具？

你說你和另一半不願意單單只因為害怕自己未來「將懊悔不生小孩的這個決定」，就選擇成為一對父母。但我希望你重新考慮這一點。站在未來的你的位置上，仔細想想如今你的選擇與行動——這可以為你帶來動力，也具有修正、改變的力量；能幫助你誠實面對自己的真實面貌，同時也給你啟發，讓你能憑藉胸中渴望，面對心底的恐懼放手一搏。

「為了將來不後悔」——我人生中所做過最好的事情中，有四分之三都是基於這個理由而行動的。為此，我決定懷上第一胎（當然，如果那個寶寶仙女能多給我十年，我會很感激），也是同樣的原因，使我懷了第二胎（儘管第一個孩子已經讓我心力交瘁）。因為你對目前沒有孩子的生活也感到很滿足，所以，若要深刻地探討生孩子對你的重要性，就我看來，最佳的方式就是去判斷自己未來是否會後悔。說實話，在這件事情上，我甚至認為「將來是否後悔」是你唯一需要回答自己的問題。正是這個問題，可以指引你正確的方向。

對於其他的一切，你都已經有答案了。你知道自己對成為父親抱持著開放的態度，卻也不排斥一直沒有小孩；你知道自己會因養育其他生命（你心愛的貓咪們）而得到快樂與滿足，也知道自己從自由、獨立、沒有小孩束縛的生活中得到的深切滿足感。

那你不知道的是什麼呢？列張表。將你對未來生活的所有未知寫下來（很明顯地，也就是全部），試著想像。想像你到了兩倍的歲數時，浮出腦海的是什麼樣的念頭與影像？想像選擇了「繼續過相同生活」的、八十二歲的自己時，湧現的是什麼情景？八十二歲的你，若有一個三十九歲的兒子或女兒，又是什麼樣貌？寫下「相同生活」及「兒子或女兒」，在下方列出你認為這種經歷將帶給你／將令你失去的一切，並衡量其中哪些項目能與其他相抵銷。在中年暫時失去很大部分個人自由的損失，能否被此生從未經歷的愛的體驗抵銷？害怕永遠不曾成為任何人的父親——這種刺痛的不確定感，能否會因能夠活出相對無拘無束、不被他人需求束縛的璀璨生活而消散？

究竟什麼才是美好的人生？寫下「美好的人生」，並列出你認為與之相關的一切，將它們依照重要性排列。你人生中最重要的東西，來得安逸自在還是歷經掙扎？關於有所失去，最令你害怕的是什麼？關於無所犧牲，最令你害怕的又是什麼？

好了，現在你坐在地上，面前攤著一張寫滿了字的巨大白紙，彷彿一面船帆。或許你依然沒有明確的答案，或許你仍不知道該怎麼做，但你確實感受到了什麼，對不對？你的真實人生與姊妹人生的速寫，正在你面前展開，一覽無遺，而你還可以決定要往哪條路走。左手邊是你將渡過的人生；右手邊是你無緣體驗的生活。在腦中將它們來回替換，看看自己有什麼感受。哪一個真正影響你、深入骨髓？哪一個始終徘徊不去，令你無法放手？哪一個是受制於恐懼，哪一個又是被渴望所驅使？哪一個讓你想要閉上眼睛一躍而入，哪一個令你想要轉身奔逃？

即使有諸多恐懼，我絲毫不後悔自己生了小孩。我兒子的身體緊緊貼著我——這是我此生未有的「明確的答案」。他出生後數週，每當想到當初自己差一點就選擇了沒有他的人生，就令我恐慌不已。成為他的母親，是一件鑽心蝕骨、無休無止、不移不易的事，我的人生終結於此，亦啟始於此。

若時光倒流，我會在彈指之間就做出相同的抉擇。然而，我的姊妹人生也始終在那裡，另一條路線上，滿列各種我本來能夠做的事情。我很清楚，自己如今所知的，在成為母親以前，我都無從知曉；所以我也敢肯定，正因為我成為了一名母親，這世上將有許多事情，是我再也沒有機會知道的了。過去的七年裡，如果我沒有養育自己的兩個小孩，我養育的會是誰？我的愛將因什麼樣的創造力或實際的力量而匯聚集結？在溜滑梯的底部接住孩子、在身邊盯著他們搖搖晃晃扶著矮牆行走、無止盡推著鞦韆的那些時光裡，我因此而無法寫出哪些文字？我因此而寫出的，又是什麼樣的作品？如果這些年來，我都能靜靜坐在Sugar先生對面的沙發裡閱讀，我會更快樂、更有智慧、或是更美嗎？我會比較少開口抱怨嗎？睡眠不足加上吃了太多安妮兔子有機起司餅乾（Annie’s Homegrown Organic Cheddar Bunnies），會令我的生命增長還是縮短？如果我能騎單車在冰島旅遊、健行橫跨蒙古，我將遇到什麼人，經歷什麼事？這種體驗又將引我朝向何方？

我永遠不會知道。你也是，那段你沒有選擇的人生，你將一無所知。我們只知道一點：我們的姊妹人生至關重要、無比美麗，並且——終將不屬於我們。那是一艘無人搭乘的幽靈船。我們別無他法，只能站在岸邊，遙遙向它致意。

Sugar

心底可怖的隱形人

親愛的Sugar：

我二十九歲，正和我愛慕的男人交往，我們即將要同居了。我有一份穩定的工作（雖然我很討厭它），也期望未來能找到真正熱愛的工作。我有家人、有朋友、有嗜好、有興趣、有愛——很深、很深的愛。而我卻抱著絕望的恐懼，怕自己將罹患癌症。

我害怕自己遲早會被診斷出癌症。我大學時，母親被診斷出乳癌。她挺了過來；然而從某些方面來說，她其實沒有。這場病擊垮了她，Sugar。我高中時，父親因肺癌而死；他沒那麼幸運，不曾成為倖存者的一員。祖母在我還是個新生兒時得了腦瘤，甚至沒能撐到我一歲生日，就撒手人寰。儘管我非常注意自己的健康、小心謹慎如履薄冰，揮之不去的擔憂依然糾纏著我，害怕我的基因將注定我的失敗。

我知道妳沒辦法告訴我，我會不會得癌症，或是什麼時候會得癌症。但我真正掙扎的，真正需要協助釐清的，是如何在明知道這一點的情況下，為自己的人生做出抉擇。妳知道我的意思——關於**人生大事**的抉擇。

我該如何決定要不要結婚？我該如何直視我愛的男人，向他解釋如果我罹癌——或是更糟，如果我死於癌症——他將要經歷些什麼？我已經下定決心不生小孩了。我怎麼能讓一個孩子面對這些連我自己都難以承受的事情？當未來可能根本不存在的時候，我該如何規劃未來？人們總是說，「盡情揮灑人生，因為明天不一定會到來。」但當我們所愛的人要承擔那些「沒有明天」的後果時，該怎麼辦？我該如何讓他們做好準備，面對我可能將經歷的一切？我又該如何讓自己做好準備？

害怕未來

親愛的害怕未來：

妳的腦子裡住著一個瘋狂的女士。我希望，聽見自己並不是唯一的一個，會令妳好過一些。事實是這樣的：大多數人心底都住著一個隱形的、可怕的人，他／她還滿口毫無根據的瘋言瘋語。

有時候，當我感到一蹶不振，而我心底那個瘋狂女士喋喋不休時，我會停下來，然後思考她那些訊息究竟從何而來。我會要她「透露她的消息來源」。我會要求證據。我會搞清楚她的見解來自於合理的事實，還是她（我）是從地獄的泥沼中把這些恐怖思想挖掘出來，如同我飢渴且自私的小小靈魂底部的永生之火那般燃燒？

我的朋友背地裡都討厭我——這個想法有確實根據，還是他們只不過是剛好在我走進房間時聊得太熱烈，以至於晚了一秒鐘和我說嗨？當那個不熟的友人對我說「班級裡的人數那麼多，我是絕對不會把我兒子送去公立學校的」時，她在暗示我是個次等的母親，魯莽地毀了我的孩子（因為他們班上有三十名學生）嗎？還是她只不過是將自己身為家長需要做出的複雜抉擇與我分享？當我收到信件，激烈地反對我在專欄裡給的某一個意見時，究竟是因為我真的永遠不可能讓所有讀者全都同意我的看法，還是因為我是個愚昧無知的蠢貨，根本不該再寫任何東西？

如果要我畫一幅自畫像，我會畫出兩個形象來。其中之一會是一個普通的女人，快樂、自信；另一個則是一張血盆大口的特寫，饑腸轆轆，渴求著愛。許多日子裡，我都得默默對自己說：**沒事的，妳是被愛的。即使有些人不愛妳——即使有些人恨妳——妳依然是被愛的。儘管有時妳覺得被朋友忽視怠慢，儘管妳選擇將孩子送去的學校和某些人不一樣，儘管妳寫的東西激怒了一票人——妳都會沒**

事的。

我得常常及時制止那個瘋狂女士。多年來，我的心理健康皆取決於此。因為假如讓她占了上風，我的人生將會更渺小、愚蠢、故步自封，更可悲。

妳的人生也是，如果妳放任這種情況繼續的話。我對妳抱持著最深切、真誠的同情與理解，但在這件事情上，妳沒有理智地思考。妳任憑那個瘋狂女士掌握太多力量了。妳的悲傷與恐懼蒙蔽了妳，令妳面對死亡的議題時失去理性。如果繼續這樣下去，它會剝奪妳值得擁有的人生——心底那個可怕的隱形人終於閉嘴退散的人生。

妳不需要直視妳的戀人，並「向他解釋他將要經歷些什麼」。如果妳得了癌症的話，告訴他妳家人的罹癌經歷，而妳又是如何挺過那些痛苦的日子。將妳的恐懼、妳的悲傷都與他分享，但不要毫無邏輯性可言地將妳親人真實發生的病痛與妳那不存在的、想像中的病痛連結在一起。事實上，只有那個瘋狂女士才會肯定妳將患上癌症、芳年早逝；我們這些其他的人，對此全都一無所知。沒錯，妳需要瞭解自己的風險，並密切注意健康狀態。但同時，妳也該記得，在大多數情況下，無論什麼病症，基因都只是決定妳是否患病的預測因子之一。

我們任何人都可能在任何一天裡，因為各種不同的原因而死去。妳會期待妳的伴侶給妳一席談話，關於「妳要經歷些什麼」，如果他死於車禍或心臟病或溺水嗎？這些也是可能發生的事情啊！妳是個凡人，總有一天將面臨死亡，就如同所有的人類和六月蟲、每一隻黑熊與每一條鮭魚一樣。我們全都會死，但只有某些人會在明天、在明年、或在接下來的半個世紀死亡。並且，大致上，我們都不知道那些死去的人將會是誰，會在什麼時候死去，或者會因什麼而死。

這個無解的謎不是我們活在世上的詛咒；相反的，是一種不可思議的奇蹟。那正是人們在說「生命的循環」時所指的東西，是無論我們願意與否，都陷身其中的迴圈——活著的，過世的，這一刻呱呱墜地的初生嬰孩，於此同時生命正萎縮褪色的人們。將自己置於這個迴圈之外並不能拯救妳，無法令妳不再悲痛，無法保護妳愛的人在妳死後不受傷害。這不會延長抑或縮短妳的人生。不管那個瘋狂女士在妳耳邊低喃了些什麼，都是錯的。

妳在這裡。所以讓妳自己安穩地留在此時此刻，親愛的。就是現在，妳和我們在一起，一切都會沒事的。

Sugar

電話旁的守候

親愛的Sugar：

在這個臉書和推特的時代，要怎麼樣才可以在被各種狀態更新和推特推文（或者，我常稱它們為長一百四十個字母的痛苦）轟炸時，放下前任，試著只當朋友？

不斷重新整理
敬上

親愛的不斷重新整理：

追蹤前任在臉書和推特上的每一個動態，實在不是個放下他的好辦法，寶貝。臉書和推特是令人心碎的刑具。在Sugar年輕的時候，該死的電話就已經夠折磨人了。事情通常會是這樣的：

它會響嗎？它不會響。

你該打這通電話嗎？你不該打這通電話。

但你還是會打。你無法控制自己，因為你的心已碎落滿地，而你還以為如果自己能再一次將感受說出來，或許那個令你心碎的人就會回心轉意，將碎片拼回，還給你完整的一顆心。

於是，你會握著電話，坐在原地好一陣子，話筒緊貼掌心，因痛苦與渴望而變得火燒般灼燙。最後你會撥通那個號碼，讓鈴聲一聲聲響著，直到轉入答錄機，他／她的聲音響了起來——那麼歡快！那麼輕佻！那麼令人心痛且難以企及！——然後嗶一聲，你開始對著靜默的彼端說話，語調依稀與過往（也就是在答錄機的可愛主人傷透了你的心之前）那個冷靜、堅強、總是明智超然的自己有幾分相似；然而過不了幾秒，你的嗓音就會開始拔高、顫抖，充滿絕望與迫切。你會結結巴巴地說：只是打來說聲嗨，因為你真的好想他／她，也因為，嗯，你們畢竟還是朋友對吧？而且，呃，你只是想說說話——儘管其實你們之間已經沒什麼好說的了。最後你終究會閉嘴，並在掛上電話後那一瞬間痛哭失聲。

你會不斷不斷不斷地啜泣，哭得撕心裂肺，連站都站不起來。然而你的哭聲會漸漸變小，頭卻感覺重逾千斤。你會從雙手之間將那千斤重的頭抬起來，走到浴室裡，鄭重地望著鏡子裡的自己，心裡很清楚一點：你死了。你還活著，但已猶如行屍走肉。而這一切，全都是因為那個人不再愛你了。或者，即使那個人愛你，他／她也不再想要你了。這算什麼人生？根本沒有人生可言，再也沒有了！有的只是一分鐘接著一分鐘的過去，每一秒都難以忍受，而在那之間，這個你想要的人依然不會要你，於是你會再度崩潰大哭，看著鏡中自己可悲地哭泣著，直到哭乾眼淚才停止。

你會洗把臉，梳順頭髮，塗上護唇膏（儘管你現在看起來像是一條熱帶河豚），然後搖搖晃晃走到車子旁，你身上的牛仔褲，因為整整一週毫無食慾，突然就大了兩號（不過別擔心；當你來到心碎的下一個階段：暴飲暴食時，這同一件牛仔褲馬上就會變成小了兩號）。你會發動車子，一邊開、一邊想著：**我根本不知道要去哪裡！**

但其實你當然知道。你一直都知道。你會開車經過她／他家，就為了**看一眼**。

而就在那裡，透過前窗，在那盞你曾隨意而熟稔地開關過的燈下，你會看見他／她的身影。那一瞥只有短短的一剎那，但那畫面將在你腦海中揮之不去。他／她笑著，顯然是在與某人聊天，那個人卻令人惱火的在你視線所及之外。你會想要停下來察看，看個清楚，但卻不能這麼做——如果他／她剛好向外望過來，看見了你，那怎麼辦？

於是你會開車回家，緊靠著電話，重新坐入黑暗裡。

你不會按下重新整理。你不會看著那個傷透了你的心的人，現在又和哪一個光聽名字就超級性感（莫妮卡／傑克）的人成為朋友。你不會瀏覽前任的照片，看著他醉醺醺地、令人惱怒地站在某個迷人的陌生男子／女子身邊；也不會去讀任何話中有話、很可能隱晦暗示了口交性行為的字句。沒有他／她宣告自己的生活裡，最近或即將享受什麼樣的樂趣；沒有對單身生活的焦慮哀嘆；也沒有名叫莫妮卡／傑克的人發給他或她的LOL或TMI或ROTFLMFAO[*6]或由句號和分號組成的拋著媚眼的表情符號。

什麼都沒有。有的只是你孤身一人坐在黑暗中，依偎著那支永遠不會響起的電話。還有，一件你朦朧間逐漸意識到的事情——該放手前行了。

要放下前任，你必須放手、向前走，親愛的不斷重新整理。至少暫時先刪除他好友、停止追蹤他的動態，能夠幫助你辦到這一點。我不是說不能與曾傷過你的人當朋友（這還是很棒的一件事），但幾乎在所有的情況下，先給自己一點時間恢復、喘口氣，會是個好主意。我強烈建議你克制衝動、抗拒誘惑，停止密切關注前任的一舉一動，寶貝。剛開始的幾天裡，斷絕那個餵食你的網路系統將像世界末日降臨一樣糟。但我很確定，不久後你就會意識到，當你不再置身於前任的世界中——一呼一吸之間全是他的味道、他的舉動、他的生活時，你將不再感到窒息，終於能自在呼吸。

Sugar

我們在心底全都是野蠻人

親愛的 Sugar：

我好嫉妒。我嫉妒我的工作領域中（文學小說作家）的成功人士。即使我愛他們、喜歡或尊敬他們，卻依然感到嫉妒萬分。每當我的作家朋友又傳出了好消息，我都會假裝為他們開心，但私下卻彷彿吞下了一整匙的電池酸液般，感到五內俱焚。在那之後許多天，我總會心神不定、悲傷難過，不斷想著：**為什麼不是我？**

為什麼呢，Sugar？我三十一歲了，寫了一本小說，正在修改同時尋找代理商（而這比我想像中困難太多了！）的階段。我受過一流教育，在一間頗負名望的大學拿到學士學位，並在另一間同樣有名的大學得到藝術碩士學位。在我所處的人際及文學圈子裡，有些人拿到了我夢想中的六位數出書合約。其中幾個根本就是討人厭的混蛋，所以我不因為自己怨恨他們的好運而感到內疚；但也有幾個是我喜歡且尊敬的好人。最糟的是，裡面有一個人，我一向將她視為最好的朋友。

我無法為他們感到高興，甚至對我最親密的朋友也是如此——這一點令我反胃、難堪，但事實就是事實。他們的成功只讓我想到我沒有得到的一切。我想要他們擁有的那些東西，我渴望更多；而他們擁有我想要的東西，這更令我痛苦難當。當其他作家朋友遭遇失敗挫折時（比如遭到代理商或出版社拒絕），我承認自己會感到一絲雀躍。那不完全是幸災樂禍，更像是一種鬆口氣的感覺——妳知道有句俗話說，「同病相憐」嗎？我並不是真的希望其他人過得不好。但我也不會衷心希望他們一切順遂。

我知道這樣的自己是個膚淺的爛人。我知道我應該對已擁有的心懷感激：我有不錯的工作，能讓我有時間寫作；我有一群好朋友；我有一對超棒的父母，無論在情感上抑或經濟上都給我很大的支持（他們支付了我進入上述兩所大學的學費，也在其他無數的地方給予我幫助）——整體而言，我有個美好的人生。但每當聽見某個朋友或認識的人或過去研究所同儕的書又達到X本的銷售量時，我都覺得很難專注在自己所擁有的一切上，不去嫉妒他們。

我該怎麼辦，Sugar？嫉妒單純只是成為作家的必經之路嗎？是否其實所有人都有和我一樣的感覺，只是他們假裝並非如此？在聽見其他人的好消息時，我能不能消弭那些負面情緒，感覺到其他正面的感受？請和我談談嫉妒，好嗎？我不想讓它掌控我人生。或者至少……如果它真的不可避免地會控制我的生活，我想要確認它也同樣（私下、偷偷地）控制著其他人的生活。

嫉妒的爛人

親愛的嫉妒的爛人：

我們在心底全都是野蠻人。我們都想要是被選中、被愛、受人敬重的那個人。所有正在閱讀這些文字的人裡，沒有一個不曾在某時某刻經歷過——當好事降臨在其他人身上時，一個「**為什麼不是我？**」的聲音在心底悄然響起。但這並不代表你就該讓它主導你的人生，這只代表著，你有些功課要做。

在我們進入正題前，我想先談一談我將和你談的究竟是什麼。我們不是在討論書本身——我們是在討論出書的合約。你知道這兩者之間的不同，對吧？一個是你絞盡腦汁費盡心血，花了許久時間寫作，所創造出來的藝術品；另一個是市場決定要如何對待你的創作的反應。作家拿到書約的前提是寫出了一本(a)編輯非常喜愛且(b)出版社認定讀者將買單的書。出版社預估的銷售量起伏極大，可能是一千萬，也可能是七百一十二本。基本上，這個數字與書籍本身的品質無關，而多半由文學風格、主題及體裁類型所決定。然而，這個數字與你將拿到的書約金額大小卻是息息相關，而書約金額又與將出版你作品的出版社規模與擁有的資源多寡緊密相連。大型出版社可以對他們認定將有良好銷售數字的作家作品簽下六位數的預付合約；小型出版社就辦不到這一點。同樣地，這與將被出版的書籍本身之好壞無關。

我感到自己必須在開頭就澄清這一點，是因為這封來信讓我有種預感，你似乎將書與書約混為一談了。但它們是截然不同的東西。你所能掌控的是書本身；書約，則受在你控制範圍之外的許多力量與因素影響。你可能寫出一本世上最美、無與倫比的詩集，卻沒有人願意給你二十萬美金的書約出版。你可能寫出一本世上最美、無與倫比的小說，或許能拿到這麼多。或許不。

我的重點是，首先，你得停止顧影自憐了，嫉妒的爛人。若你是一名作家，那麼寫作才是最重要的事。當你聽見別人寫的書得到了什麼回饋時，你胸腹間那種彷彿吞下了電池酸液的的感受，對此一點幫助都沒有。你的目標是寫出一本很棒的書，然後再寫出另一本很棒的書，一直一直寫下去，能寫多久、就寫多久。這是你唯一的目標與理想，而不是拿到一份六位數的合約。我在說的是藝術與金錢、創作與商業之間的差異。當然，能在創造藝術的同時拿到報酬，是一件美好且重要的事情。將我們的書送到讀者面前的出版商，也確實在我們的工作中扮演著很關鍵的角色。但是我們真正的工作——你和我都一樣——是寫書，而這或許會因為上述某些原因為我們賺到六位數的書約，也或許不能。

你知道當我感到嫉妒時，都是怎麼做的嗎？我會告訴自己不要再嫉妒了。我會關上那個「**為什麼不是我？**」的聲音，以說著「**別傻了！**」的另外一個聲音取代它。真的就是這麼簡單而已。停止讓自己成為一個嫉妒的爛人，真的能夠讓你不再是一個嫉妒的爛人。當你因為他人得到了你渴望的事物而難受時，試著強迫自己記得你已經擁有了多少東西。記得世界是這麼大，足夠讓所有人都一起追逐夢想。記得他人的成功與你的成功無關。記得——美好的事情確實降臨在你的文學圈子夥伴身上，而如果你繼續努力、又夠幸運的話，或許有朝一日美好的事情也會來到你的面前。

若你無法這麼想，那麼就讓自己停下來。真的停下來。不要去想這些。在你鬱鬱而憤懣的深淵裡，除了你自己那顆迫切渴求的心以外，別無他物。如果任憑事態發展，你的嫉妒心將吞噬你。這是一件已經開始發生的事；你的來信就是證據。它磨光了你的快樂，令你忽視了自己真正該做的事，並將你變成了一個很糟糕的朋友。

還記得你那個拿到了書約的朋友——你稱之為最好的朋友的那個人嗎？她知道你不是真心為她感到高興。即使她可能努力地說服自己、假裝一無所知；即使她試圖為你辯解，為了在你聽見她好消息並裝作為她開心時所散發出的詭異氣場找到理由——她心底依然知道真相。她知道，因為愛與寬容是裝不出來的。當一個你聲稱自己非常在乎的人，與你分享發生在她身上的美好的事時，你卻必須靠著裝模作樣才能展現出高興的樣子——這件事本身，比你至今仍未能拿到那份你認為自己絕對值得的五位數或是六位數合約，還要糟得多。如果你想要真實、深刻、真誠、滿足、正直、超級棒的人生，我建議你先釐清這個亂七八糟的狀況。

我知道當一名藝術家並不容易。我知道創作與商業之間的鴻溝多麼巨大，有時候，不感到挫敗幾乎是不可能的。這個社會與文化，給予藝術家們的支持少得可憐，許多人會因為持續創作的路實在太過艱難而放棄。然而，我相信世界上仍有許多不願放棄的人。他們自心底牢記，世界之大，足以令我們所有人都有一席之地，成功將以不同的形式展露在不同類型的藝術家身上。他們明白，堅守信念比兌現支票更重要。而若你能真心為了那些得到你想要的東西的人而高興，那麼這也會讓你變得更加快樂——真正的快樂。

大多數的人不會自然而然地領悟到這點。所以，嫉妒的爛人，你還有機會。你也可以成為不放棄的一員。在那些沒有放棄的人裡，大部分都意識到，若要朝目標勇往直前，他們得先擊垮腦中那個滿心嫉妒的醜惡之神，才能為更偉大、更重要的東西努力——那就是，你自己的志業。對其中某些人而言，他們只要簡單地關掉那個**「為什麼不是我？」**的聲音，然後繼續前進就可以了。然而對另外一些人來說，他們必須更深入地探討，究竟為什麼其他人的好消息，會為他們帶來更多的痛苦。

我很不願這麼說，但我猜測你屬於後者。你的嫉妒有很大一部分或許源於——你對自己應得的一切，懷抱著過度膨脹的自我意識。擁有特權這件事，對我們思想所造成的負面影響，與毫無特權的嚴重性相同。世上有許多人根本沒想過自己能夠成為作家，更別提在三十一歲的年紀就要拿到一份六位數的書約。你不是其中之一。而你之所以不是其中之一，很可能是因為你擁有了非常多的東西，不是靠自己賺來的、也不是你原本應有的，而單純只是你生在了一個這樣的家庭而得到的——你的家庭，有財力、有資金資助你的教育經費，讓你能夠到那兩所你似乎非用「名望」來形容不可的大學就讀。

有名望的大學是什麼意思？在這樣的學校就讀，讓你對自己有什麼信念和看法？對於那些你不會稱為「有名望」的學校，你有哪些假設？什麼樣的人會到有名望的大學就讀，什麼樣的人會到沒有名望的大學就讀？你認為自己有權利得到免費的「一流」教育嗎？你是如何看待那些接受了你眼中非「一流」教育的人？這些問題不是辯論題目。我是真的希望你能拿紙筆將它們寫下來，一一回答。我相信你的答案，將深刻地預示你目前所受的嫉妒之苦。問這些問題，我並非有意責備你或評判你。我也會對來自任何背景的任何人提出相似的問題，只因我相信我們的生命經歷與對自己在世間所處位置的信念，昭示了我們認為自己是誰、我們認為自己應得到什麼、以及那些東西會以什麼樣的形式來到我們身邊。

可以說，這是一種追本溯源、回歸根本的方式。而我想你也知道，我是根源論的忠實擁護者。比如，你也許會有興趣知道，「有名望的」（prestigious）一詞來自於拉丁文*praestigiae*，意思是魔術師的戲法。很有趣吧？如今我們用以形容榮耀的、敬重的詞彙，其根源卻是一個與幻覺、錯覺、欺騙、耍詐有關的字眼。這對你有什麼意義嗎，嫉妒的爛人？當我知道這件事時，彷彿心底每一根音叉都因那明晰的頻率而輕哼。每當有人得到了你想要的東西時，你都會覺得自己彷彿吞下了一整匙的電池酸液……這會不會是因為很久、很久以前——一路回溯到你最原始的根源之處——有人讓你錯誤地相信了金錢與成功、名聲與真實、正當合理與奉承吹捧之間的關係？

我認為這值得探究。我毫不懷疑，這麼做將能讓你變成一個更快樂的人，同時也成為一個更好的作家。

祝你好運，在未來順利賣出你的小說。我真心希望你能拿到六位數的合約。當你真的拿到的時候，記得寫信給我，跟我分享這個好消息。我保證真心為你感到欣喜若狂。

Sugar

性慾高張的女人

親愛的Sugar：

我是個精力充沛、健康活力的四十七歲歐巴桑*7。過去三年裡，我與另一名女性深深墜入愛河。我們相識的時機很糟：她的父親臨終垂危，她剛被裁員，並且我們兩人同樣都因上一段心碎的感情而正在療傷。但當她在做愛後引了約翰・多恩（John Donne）的詩句來形容我的私密部位時，那一刻，我就知道，我已萬劫不復。她一遍又一遍將我從身邊推開，隨後又更頻繁地帶引我進入她的心房。

此後，我們陷入痛苦的掙扎。她失去了性慾（我們什麼都試過了——醫生、心理治療師、閱讀……）。她無法全心許諾，被恐懼所籠罩、吞噬，是個典型的「愛的逃避者」。

和她在一起，我嘗盡了百般悲喜，時而如置身天堂，時而又彷彿墮入地獄。我們分分合合的次數多到我幾乎數不出來，而我們現在正處於彼此隔絕的三十天冷靜期——但我們從來就辦不到。我們以一種神聖的、心靈與精神上的方式相互**瞭解**，這是我過去從未體驗過的。是的，我們陷溺沉迷……又因此分開。

我相信她深愛著我。而且，當我開口要求真正徹底分手時，她所受的打擊似乎比我更大。

身為一個中西部的女同性戀，我認為我再也找不到與此相仿的愛了。因此我留了下來，忍受她定下條條款款的規則、她的焦慮恐慌、她的性冷感——儘管我是個性慾旺盛的女人。是的，我試過尋找其他的戀人，但並未奏效。我們極少做愛（一年大約只有五、六次），但那寥寥幾次的性愛卻是美好得不可思議，難以企及。

我是個古怪複雜、不尋常的女人，要找到與我契合的對象真的好難。該死的！妳覺得呢？

該走該留？

敬上

親愛的該走該留？：

該死的，確實。我覺得這一切聽起來實在很瘋狂。分分合合的次數多到妳幾乎數不出來？性冷感與「規則」？妳使用「陷溺沉迷」這個字眼？這全都令我感到不安。但妳知道最令我不安的是什麼嗎？妳說妳的戀人是唯一一個在「神聖的、心靈與精神上」瞭解妳的人，以及妳認為自己「再也找不到與此相仿的愛」，因此只能留下來這件事。

妳想找到什麼？和我說明一下好嗎？找一個性愛壓抑、情感自抑、害怕許諾與親密的戀人？如果我們兩人正坐在妳的廚房餐桌前，一起撰寫妳將刊登在「性慾旺盛的女人尋找愛.com」網站上的交友啟事，這就是妳想要的對象嗎？

絕對不是，對吧？我建議妳好好想一想，為什麼妳願意接受現在這一切？這段感情沒有滿足妳的需求，只是令妳感到惱火，像是在妳心底裝上一個按鈕，上面寫著「**我是個四十七歲的中西部女同性戀者，所以我最好知足一點**」，然後不斷地按著它，按到妳難以承受。妳信中提及戀人的恐懼，然而，是妳自己的恐懼令妳無法釐清一切。我知道孤單一個人很難受，親愛的。妳對於找不到別的伴侶這件事感到焦慮，是可以理解的，但這卻不該是妳留下來的理由。妳不能靠著絕望的迫切渴求來維持一段感情。或許它支撐著妳走到了現在，但妳的年紀已經太大、妳這個人太過美好，不應該再繼續假裝下去了。

這並不代表妳們已經完全沒希望了。契合的伴侶有時也可能從很糟糕的起點開始。或許妳們兩人可以撐過去，但如果這種情況繼續的話，很難會有好結果的。我知道妳覺得和她之間的連結是如此強大、罕有，如此具有火花。我知道這個女人感覺上就像妳親密關係中的救世主，專屬於妳，纏綿繾綣。但妳是錯的。真正的親密關係不是一場心理劇，不是「一時如在天堂，一時又彷彿墮入地獄」。不是約翰．多恩在妳雙腿之間低喃輕語後，緊接著是數月（不完全是你情我願的）猶如單身的生活。真正的親密關係包括了上述的一切，但僅是一小部分而已，其中還應有許多其他的——包括交融的、成熟的契合共處，包括友誼與相互尊重，包括不需要什麼「彼此隔絕的三十天冷靜期」這種東西。

妳現在所擁有的，那不是愛，性慾旺盛的女人。那是一張保護令。妳和那個女人之間並不存在親密關係。妳們只有壓力與匱乏、情感的混亂與焦慮，以及妳們兩人對彼此交往代表的意義所展露出的緊張不安。

我認為妳心底很清楚這一點。我可以將收到的大多數來信分成兩堆：那些對自己該怎麼做心裡有數，但卻害怕採取行動的人；和那些真正迷失、不知何往的人們。我會將妳的信分在第一類裡。我認為妳寫信給我，是因為妳意識到自己需要有所改變，但妳對這種改變帶來的意義感到恐懼。我理解。我們都不知道妳得花多久的時間才能夠再找到愛情。但我們能夠確定的是，只要妳繼續待在一段無法滿足妳的關係裡，妳就只能被困在這段無法滿足妳的關係裡。它令妳不快樂，同時也成為妳的絆腳石，阻止妳找到其他潛在的、更能使妳滿足的愛情。

我不是個信仰虔誠的人。我不會冥想、誦經或者禱告。但我鍾愛的詩句會流洩過腦海，某種程度而言，那也是一種神聖的感覺。二十年前，我第一次讀到艾德麗安．里奇（Adrienne Rich）的一首詩，叫做〈分裂〉（*Splitting*）。讀著妳的來信時，浮現我腦海的就是這首詩。最後的兩行是這樣的：「這一次，我終於選擇／以我所有的智慧去愛。」初讀時，對於二十二歲的我而言，這似乎是種翻天覆地的想法——愛，竟能由我們最深沉、最理性的意圖而生，而非神秘難測的疑慮與困惑。**我選擇以我所有的智慧去愛**——在過去的二十年來，這句話流淌我心的次數，亦是無可勝數。每一天，這段詩句都或有意識，或無意識地出現在我生活中。我可以說是一心一意地忠於它，即使在那些我曾失敗、未能活出其中期許的日子裡，依然如此。

我建議妳也信仰它。妳的問題不在於該走該留，而在於——如果這一次，妳終於選擇以妳所有的智慧去愛，妳的人生將會有什麼樣的變化？

我不是在對著妳的雙腿之間說話，姊妹。我正視著妳，直直望進妳的雙眼之中。

Sugar

你所做過的壞事

親愛的 Sugar：

多年來，以各種不同的程度，我偷竊成癖。在那些行竊的日子裡，我正接受多種精神藥物（憂鬱症、焦慮症、失眠症）的雞尾酒治療療程。現在回想起來，我認為那些藥物令我無力對抗偷竊的欲望。一股衝動會從我腦海升起——說著：拿走這個朋友的牛仔褲，拿走那個朋友的這本書，拿走一幢空屋門廊上沒人要的空花盆……。有一次，我甚至從未來另一半的母親[*8]皮夾裡偷錢。當偷竊的念頭浮現時，我都試著說服自己別這麼做——但我最終都會失敗。我完全無法阻止自己。

現在，這種情況已不會發生。我停藥六年了，也有能力控制這樣的衝動（事實上，偷竊的衝動已經很少出現了）。我知道不能把事情完全怪在藥物身上；偷竊的欲望早在我還沒有開始服藥前就已存在，並偶爾會勝過理智，我不得不下手行竊。是我自己的錯。我想，這是我複雜的心理狀態在作祟——受虐的童年（從很久、很久以前，我母親就會對我尖叫怒罵，說我是騙子、說我虛偽、說我是個小偷）——我不僅試圖使我母親的「預言」成真，更試著讓人們討厭我、排斥我，因為我不告而取，因為我真的是個騙子和小偷。我也會無法克制地說出一個又一個離譜的謊，編造極度誇張的故事，讓各種謊言脫口而出。

我痛恨自己的行為。我不知道該怎麼讓往事一筆勾銷。我很害怕那些我曾欺騙、曾偷竊的朋友們和所愛的人會發現我做過的事情（偷走實質的物品，或是編造不實的故事）。我變了，已經不是以前那個人很多年了。我最大的心願就是能夠原諒自己，不再為了過去那些背叛而自我憎厭。我想要原諒自己好久了，但我發現，這一切彷彿是徒勞無功。我閱讀許多關於這個主題的文章，在多年後重新開始接受心理治療，但我依然為了過去的一切而厭惡自己。

我非常清楚，我再也不會以任何形式偷竊任何人的東西了。這樣夠嗎？我是否得向那些過去的受害者們坦承一切？還是我可以不必告訴他們我做過的事，也能夠原諒自己呢？我知道一旦我承認了，他們將排斥我、拒我於千里之外；但我已經很久、很久沒有當過那個騙子和小偷了。我對自己做過的事情感到非常、非常抱歉。我願意付出任何代價，使時光倒流，讓自己當初不要做出那些事情。請幫幫我，Sugar。我好痛苦。

絕望且渴望

親愛的絕望且渴望：

十五年前，我舉辦了一場庭院跳蚤市集拍賣。那時我剛剛搬到現在所居住的這個城市，兩袖清風，窮到只剩下口袋裡的二十美分（我發誓，這是真的）。於是我將自己所擁有的東西，幾乎全擺到庭院草坪上——二手商店買來的洋裝、我的書、手鍊、雜貨和小飾品、碗盤和鞋子⋯⋯。

一整天，顧客來來去去，但主要陪伴我的，是一群還未步入青春期的小少年，穿梭在院中看著我的商品，詢問這個多少錢、那個多少錢，但其實他們既沒錢買，也沒有意願擁有我待售的那些一點都不適合男孩的無聊物品。午後近傍晚時，一名男孩告訴我，另一個人偷了我的東西，一個空的皮製復古相機包，過去曾被我拿來當作皮包使用。那是件微不足道的小東西，大概只能賣個五塊美金吧，但我依然去問當事人，他是不是拿走了它。

「我沒有！」他怒吼，怒氣沖沖地大步離開。

隔天，他回到我的院子裡，穿著一件過大的灰色帽T。他躡手躡腳靠近我那擺滿待售物品的桌子邊，然後，當他以為我沒有在注意時，從外套底下掏出了相機包，把它放回前一天所在的位置上。

「你的東西回來了啊。」過了一陣子，他若無其事、漠不關心地對我說，指著那個相機包，彷彿他和它的再次出現一點關係也沒有。

「很好。」我說，「你為什麼要偷它？」但他再一次否認了這件事。

那是個晴朗的秋日。幾名男孩和我一起坐在門廊階梯上，將他們生活的點滴都說給我聽。偷了相機包的男孩捲起袖子，用力繃緊手臂，給我看他的二頭肌。他以一種較其他人更好戰、挑釁的語氣，堅持指稱他脖子上戴的閃亮鍊條是真正的黃金。

「你為什麼要偷我的相機包？」一會兒以後，我再次問他，而他依然否認偷竊。但這一次，他改變了說法，聲稱自己只是因為身上沒帶錢，暫時拿走而已。他原本想回家拿錢，但最後決定不要它了。

我們聊了一些其他的事情。不久後，門廊前就剩下我跟他兩個人了。他告訴我關於他幾乎沒見過幾次面的母親，關於那些大他許多的兄姊，還有他一滿十六歲就要買的酷炫名車。

「你為什麼要偷我的相機包？」我又問了一遍。這一次，他沒有否認。

他只是低下頭望著地面，極小聲地、但又極清晰地說：「因為我好孤單。」

在我一生中，遇上像這個男孩在這一刻，赤裸裸的、毫無保留的、有意識地對我如此坦承心底話的時刻，簡直屈指可數。他說出口時，我詫異得幾乎摔下門廊。

十五年來，我曾無數次想起這個男孩。這或許是因為，當他將自己的事對我坦承相告時，同時竟也反映了一部分的我自己。我和你一樣都曾偷竊，絕望且渴望。我也曾有難以名狀的衝動，迫切想要拿走那些不屬於我的東西。我就是無法克制。我從住在費城的姨婆*9那裡拿走一塊藍色眼影，偷了同學一件漂亮的毛衣，從幾乎是陌生人的浴室裡偷走好幾條包裝精美的肥皂，也偷過一個頭歪向一邊的白色小狗擺飾，還有許多其他的東西。

當我在庭院拍賣遇見那個孤單男孩時，我已經多年不曾偷竊了。但與你相同，那些我曾偷走的東西陰魂不散，不斷糾纏著我。我無意傷害任何人，但心底卻有種可怕的感覺，知道我真的造成了傷害。更糟的是，那斷斷續續、時隱時現的偷竊衝動並未完全離我而去。儘管在十八歲以後，我就學會如何控制自己，不將那衝動付諸實行。我不知道自己為什麼要偷東西，至今我依然無法清楚解釋什麼。但「因為我好孤單」——這似乎是最接近真相的理由。

我認為你也很孤單，親愛的。而孤單不是一種罪。或許你行竊、欺騙的那些日子裡，真正發生的事情，是你心底有個空落落的深坑，大約一個母親的大小。你將一大堆不屬於你的東西塞進去，撒了一大堆並非真相的謊言，因為在某種潛意識的層面，你以為這麼做就能讓那個空洞消失。但它不能。你已經明白這一點了。你找到了療傷的方式。

你需要更好地治療那個傷口。原諒是下一步，而你已經敏銳地察覺到這點。破碎的你想脫胎換骨、成為完整的存在，就得往前看，那條道路不會是朝向過去的方向。曾被你偷竊過的那些人，他們不需要你的自白，他們需要的是你停止自我折磨，不要再為了那些被你拿走、但早已不再重要的東西陷入痛苦深淵。我不知道為什麼你至今依然無法辦到這一點，但我猜測，這和你說服自己相信的那些關於自己的一切有關。

我們為了合理化自己的行為與選擇，所創造出的故事，在許多層面上，往往會變成我們真實的樣貌。這是我們一遍遍對自己說的話，用以解釋自己複雜的生活。或許你始終無法原諒自己的原因，是你，是因為你仍舊對自己說著：我恨我自己。或許不原諒自己，是你那種「**偷走那件東西吧！**」循環的反面。如果你原諒自己做過的那些壞事，這會讓你成為一個更好的人，還是更糟糕的人？如果你用餘生不斷譴責自己是個騙子、是個小偷，這會讓你變好嗎？

我也不喜歡自己故事裡那個身為小偷的部分。我掙扎了很久，是否該在這裡說出這件事；這是我這輩子第一次，動筆寫下與此有關的事情。我寫過自己做過的其他「壞事」——淫亂的、隨便的性愛關係，毒品……。但這件事感覺更糟，因為與其他事情不同，告訴你我也曾偷竊就彷彿打碎了假象，破壞了我希望你眼中看見的我的模樣。

但這就是我。而我已經原諒了這樣的自己。

停止行竊多年後，我曾孤身一人坐在河岸邊。我坐在那裡，看著河水，然後突然想起了我偷過的那些不屬於我的東西。而在意識到自己在做什麼以前，我伸手拔起了一根根草，猶如一件件的物品，將它們一一拋向河中。**我被原諒了**。我想著，放手讓代表著那盒藍色眼影的草片落入水裡。**我被原諒了**。我想著那條花俏的肥皂。**我被原諒了**。小狗擺飾和漂亮的毛衣。就這麼繼續下去，直到所有我做過的壞事都漂在河面，載浮載沉，順流而去時，**我被原諒了**這句話也重複了無數遍，讓我覺得，我是真的被原諒了。

這並不代表我自此就再也沒有為此而痛苦掙扎過。原諒並不是酒吧裡坐在吧台前的帥氣男孩，它是個又老又胖的老頭，你得背著它爬上山丘。你得一遍、一遍、一遍地對自己說**我被原諒了**，直到這成為你深信不疑的、關於自己的故事。我們每一個人都有潛力辦到這點，包括你，絕望且渴望。我真心希望你能夠辦到。

我不知道我庭院拍賣上的那個孤單男孩後來怎麼樣了。我希望他心底無論藏著什麼錯誤的、悲傷的東西，他都已經戰勝它了。他偷走的那個相機包，在拍賣結束時依然靜靜擺在桌上，乏人問津。

「你要嗎？」我問，將它遞給他。

他接了過去，微微一笑。

彎曲

親愛的 Sugar：

我和同一個男人分分合合，在一起已二十一年，結婚也有十一年了。我將他視為我的靈魂伴侶，也是我此生的摯愛，對此我毫不懷疑。但約莫一年前，我認識了同社區的另一個男人。我們發展出在網路上相互調情的關係，逐漸失控。為什麼？原因很多：

1. 我正經歷輕微的中年危機（哈囉，四十歲！），而這個特定男性——他性感迷人、成功又聰慧——而他對我的興趣與關注，令我感到受寵若驚。
2. 我無意中發現，我的丈夫最近有了一段網路曖昧關係，令我很受傷。
3. 我是個家庭主婦／母親，生活千篇一律、乏味無聊。

我並不是（未來也不會）真的對這段網路曖昧認真了。那只是一種對自尊的撫慰和轉移注意力的途徑。我已經完全斬斷和那名男性之間的聯繫，並且真心無意與他再有任何交集。但最近，我接觸了一些心靈上的課題，有人建議我應對我丈夫坦承這件事，因為「**你所隱瞞的，將會掌控你的人生**」。

我想，如果我將這件事情告訴他，我們還是能渡過這場危機的。畢竟我與那個男人並沒有實質的外遇關係，我也沒有愛上他……等等。然而同時，我知道這會深深傷害他。既然我沒有企圖、也沒有意願離開他，我不認為告訴他這件事有什麼意義。

許多人說，「愛是個複雜的東西」。但我對我丈夫的愛很簡單。我愛他，想要永遠和他在一起。

請給我一點建議。

你能保守祕密，卻依然感覺自己的愛真實無欺嗎？

親愛的你能保守祕密，卻依然感覺自己的愛真實無欺嗎？：

我不認為妳應該告訴妳丈夫那段越軌的網路情緣。愛不是唯一一種有時複雜、有時簡單的東西。真相有時候也是這樣的。

在不食人間煙火的世外桃源，那個戀情初萌芽的地方，真相非常簡單。我們怎麼可能會跟對方說謊！最初，在那些輕鬆自在的日子裡，我們這樣自鳴得意地相信著。然而，在現實人生中，愛情往往會越來越複雜，不再是一個單純的非黑即白的「真相」可以概括。

我相信自己展現出來的態度很明確：我不贊同欺騙。任何一段健康、成功的關係，誠實都是其中的核心價值。對親密伴侶隱瞞自己生活中的某些細節，時常會引致混亂的局面。然而，在很罕見的情況下，真相帶來的災難會比坦白更加嚴重。

如果妳與那個人有了性關係；如果精神出軌在妳身上成為一種模式，或者妳不只一次發生這種事情；如果這段經歷令妳意識到自己不再愛妳的丈夫；如果妳仍然繼續這段包含了欺瞞與傷害的外遇關係；如果妳的直覺告訴妳，妳應說出這個祕密；如果妳認為保守祕密所造成的災難會比坦承相告更大——在任何上述的情況下，我都會建議妳將事情告訴妳丈夫。

然而就我看來，情況並非如此。有時候最重要的真相並不在於坦白承認，而在於妳從中所學到的教訓。在妳經歷了與那個男人的祕密感情以後，這途中妳所認識到的自己，所發現的一切，很可能將令妳的婚姻更加堅不可摧。

愛真是不可思議，對吧？它竟能隨著時間、隨著我們而彎曲、而變化、而改道。它非得這樣不可。否則它將支離破碎。

Sugar

那個斷垣殘壁的地方

親愛的Sugar：

1.我花了數週的時間來寫這封信，但即便如此，我還是辦不到……我列了一張表，取代信件，這是唯一能讓我把事情說出來的方式。這是個無比艱難的主題，而列表能夠幫助我控制自己。如果妳選擇發表它，妳可以任意將它改成信件的形式。

2.我其實沒有一個明確的問題要問。我只是個悲傷、憤怒的男人，正承受喪子之痛。我想要他回來。這是我唯一的心願，不是我想問的問題。

3.我還是從頭重新開始吧。我是一名五十八歲的男性。近四年前，一個酒駕的駕駛殺了我的兒子。他爛醉如泥，闖了紅燈，以高速直直撞上了我的兒子。急救人員甚至還來不及到達現場，那個我愛逾性命的最最親愛的男孩就斷了氣。他才二十二歲，他是我的獨生子。

4.失去了父親這個身分的我，始終是個父親。大多數的日子裡，我的悲傷濃烈到彷彿將奪走我的生命。或許，它已經殺死了我。我只是一具活著的屍體，如同行屍走肉的父親。

5.妳的專欄給予我莫大的幫助，讓我能夠繼續下去。我對我信仰的上帝抱持著信念，我每天都禱告。閱讀妳的文字帶給我的感覺，與我在最深刻地禱告時的感受一模一樣。

6.我定期去看心理醫師，且我並未被診斷為憂鬱症，也沒有服用治療藥物。

7. 我曾想過要自殺（這是最初令我下定決心去看心理醫師的主要原因）。在發生了這一切以後，結束自己的生命似乎是個很合理的念頭。但我不能這麼做，那樣等於是背叛了我本身的價值觀，以及我灌輸我兒子的價值觀。

8. 我有一群非常支持我的好朋友，我哥哥、嫂嫂[*10]和兩個姪兒是我體貼的家人，關心我、愛我。在兒子死後，我甚至和前妻重新成為親密的好友（我們在兒子十五歲時離婚後，一直「相敬如冰」）。

9. 此外，我還有一份令人滿意的工作、健康的身體、以及我深愛、敬重的女友。

10. 簡單來說，我繼續過著我的生活，看來彷彿正在適應沒有我兒子的人生。但實際上，我活在一個專屬於我的地獄裡。有時痛苦太過強烈，我只能躺在床上，放聲哭嚎。

11. 我無法不去想我的兒子。如果他還活著，現在會做些什麼；當他還小的時候，我們又曾發生過什麼。我與他之間的美好回憶。我渴望讓時光倒流，重新體驗那些快樂的時刻，改變那些不快樂的往事。

12. 我想改變的其中一件事，是在我兒子十七歲那年，他告訴我，他是同性戀。當時我不太相信，又或者是難以理解，所以我帶著負面的語氣問他：可是，你怎麼可能不喜歡女生？我沒有花太多時間，就接受了那個真正的他，但我很後悔自己在知道他性向時最初的反應是那個樣子的。我甚至從來沒有為此跟他道過歉。我相信他很清楚我愛他。我相信他知道，我只希望他幸福，無論能給他快樂的道路是哪一條都無所謂。但是，Sugar，為了這件事以及其他的事情，如今我依然受到折磨。

13. 我恨那個殺了我兒子的人。他的罪行讓他被判了十八個月監禁，然後獲釋。他寫了一封信來道歉，但我幾乎連看都沒看一眼，就將那封信撕得粉碎，扔進垃圾桶裡。

14. 我兒子先前的男友與我和前妻保持著聯繫；我們都喜歡他、很照顧他。最近，他邀請我們參加一場派對，告知在那裡我們可以和他的新任男友見面。這是在我兒子之後，他第一個認真交往的對象。我們兩人都說了謊，表示另外有事，無法參與。但真正的原因是我們承受不了和他新的伴侶會面的打擊。

15. 我害怕妳不會回覆我的信，因為妳從未失去過小孩。

16. 我害怕妳會回覆我的信，然後人們會對妳大肆批評，說妳從未失去過小孩，又有什麼資格對此指手畫腳大放厥詞。

17. 我祈禱妳永遠不會失去妳的孩子。

18. 如果妳選擇不回信，我可以理解。很多人都不知道該對我說些什麼，即使他們善良誠懇。所以，憑什麼妳會知道呢？在我兒子死前，我肯定不知道該對像現在的我這樣的人說些什麼才好。所以，有人面對我感到不自在，我不怪他們。

19. 我寫信給妳，是因為妳曾寫下妳因母親早逝而承受的悲傷。妳的那些文字對我意義重大。我敢說，如果這世上有任何人能夠朝我晦暗幽深的地獄照進一縷光，那個人就是妳。

20. 妳能對我說什麼呢？

21. 我該如何繼續生活？

22. 我該如何重新活得像個「人」？

親愛的行屍走肉的父親：

1. 我不知道你該怎麼在沒有你兒子的情況下繼續活下去。我只知道這就是你得做的事。你已經辦到了。你以後也辦得到的。
2. 你這封信中所閃現的令人心碎的悲慟微光，就是最好的證據。
3. 你不需要我告訴你該如何重新活得像個「人」。你就在那裡，無可質疑地存在著，你身上的人性光輝熠熠耀目，在所有正閱讀這些字句的人面前閃爍發光。
4. 我很遺憾，你失去了兒子。**我真的、真的很遺憾，你失去了兒子**。我真的真的很遺憾你失去了兒子。
5. 你可以用所有人們對你所說的話——過去曾說的、未來將說的——縫成一床被褥。你可以將所有那些安慰的話語，匯聚成一條長河。但這些都沒有辦法讓你的兒子起死回生，無法阻止那個男人跨入車內，並在你兒子穿越馬路的那一刻疾駛闖過紅燈。
6. 這是個你永遠無法實現的願望。
7. 我希望你牢記這一點。當你一層層剝開你的憤怒、你想自殺的短暫念頭、所有你想像中兒子可能成為卻永不可能成為的模樣；當你剝開那個不該坐進駕駛座發動引擎開車的男人、那個你兒子過去深愛的男人如今深愛的男人；當你剝開所有你們曾擁有的美好時光、你希望當初自己能夠做得更好的事情——將這一切全都剝開，一切的核心就只剩下你身為父親單純無瑕的愛，這比世間任何力量都更強大。

8. 沒有人可以碰觸那種愛，沒有人能夠改變它，或是從你身邊奪走它。你對你兒子的愛只屬於你自己。它將會恆久存在，直到你離開人世的那一天。

9. 拯救了我的，是類似這樣的小事：我有多愛我母親——即使這麼多年過去了，依然如此。她始終與我同在，那種力量是多麼強大。我的悲傷很深，但我的愛更深。你也是。你並不是因為你兒子的死亡是醜惡、不公不義的，所以才悲痛逾恆。你的悲傷來自於你對他深深的愛。在你的愛中的美麗，比他的死亡帶來的苦澀與怨懟重要得多。

10. 讓這樣的小事進入你的意識中，並不能令你就此擺脫痛苦，但這麼做可以幫助你熬過接下來的日子。

11. 我不斷想像你躺在床上、放聲哭嚎的模樣。我一直想著，儘管這很難，但是時候你該讓自己安靜下來，抬起頭，靜靜傾聽——傾聽在你悲泣之後，世界還有什麼樣的聲音。

12. 這是你的人生。過去的你已經被一筆抹去，彷彿已灰飛煙滅，但那塵埃卻又佈滿每一吋空氣之間。那個斷垣殘壁的地方，如今是你的世界，你得在那裡活下去。你永遠會是那個行屍走肉的父親。

13. 你的男孩已經死了，但他將繼續在你心底活著。你的愛與悲傷永無休止，但它們會有所變化。關於你兒子以及你自己的人生，還有許多事情你現在並不理解。有些你將在一年後明白，有些需要十年，有些需要二十年。

14. 「抹除」（obliterate）這個字源於拉丁文的*obliterare*。*Ob*的意思是「對抗」，*literare*的意思是「信件」或「劇本」。照字面上的意思翻譯，就是「與信件相悖」。你不可能寫出一封信給我，於是你列了一張表。你不可能以和過去相同的方式走下去，那麼你就必須以和過去不同的方式繼續生活。

15. 你得辦到這些——這是不應該發生在你身上的。你的兒子死了——這是不應該發生在你身上的。這永遠都是不應該的。

16. 那個斷垣殘壁的地方，存在同等的毀滅與創造的力量。那裡幽晦陰暗不見五指，那裡明亮光耀熠熠生輝。那裡有水，那裡有乾枯焦裂的大地。那裡有痛苦的泥沼，那裡有天賜的至寶。懷抱著深切的悲痛，你真正必須面對的課題，是學習如何將那裡當作你的家。

17. 你有能力承受這樣的悲傷。我們全都能，儘管我們總是宣稱自己辦不到。我們會說：「我撐不下去了」，卻不是說我們有多希望可以不用經歷這些。這也是你信中對我說的話，行屍走肉的父親。失去了你親愛的男孩，你也已經走了這麼遠，遠到你覺得自己再也無法承受。但你可以。你一定要。

18. 未來還有其他的東西等著你。你兒子能夠教你的事情，你還沒有學全。他已教會你如何以前所未有的方式去愛。他已教會你前所未有的痛苦是什麼滋味。或許他下一個將教你的會是「接受」。然後是「原諒」。

19. 原諒在輕舟之底咆哮著。那裡有懷疑、危險、莫測難解的悲劇。若你夠堅強，能夠行至彼端，許多故事就在那裡等著你發現。其中之一，或許能治癒你。

20. 我兒子六歲時，曾說：「我們都不知道自己的人生會有多長。人隨時會死。」他這麼說著，語氣中沒有痛苦，沒有悔恨，沒有恐懼，沒有欲望。在各種層面上，接受我母親的生命就是只有四十五年的時光，此外別無所有，正是我的療癒之路。再也沒有其他，只剩下我一廂情願的期望——八十九歲的母親，六十三歲的母親，四十六歲的母親——這些全都不存在，從來就不存在。

21. 想著：**我兒子的生命是二十二年**。深吸一口氣。

22. 想著：**我兒子的生命是二十二年**。深吐一口氣。

23. 不會有二十三了。

24. 你可以繼續撐下去，傾盡全力。你可以繼續向前邁進，寬容大度、真實誠懇，撫慰那些撐不下去的人。讓那些難以承受的日子靜靜流逝，容許其他的日子裡有一點歡笑與快樂。為你的愛與你的憤怒找到一條通道。

25. 對自己的孩子放棄期待，幾乎是不可能的任務。我們對子女的愛，所有的前提都構築在創造、孕育、教養一個將活得比我們更長的人身上。對我們而言，與其說他們現在是什麼樣的人，更重要的是他們未來將成為什麼樣的人。

26. 然而你的自我療癒的整體前提，卻在於你得放棄這種期待。你必須理解並接受，你兒子永遠只會是那個曾經的真正的他。他是那個二十二歲的男孩，生命在走到那個紅燈時嘎然而止。他是你深深愛著的人。他在很久以前就已經原諒了你問他「為什麼他不喜歡女生」。他會希望你接受他男友的新任男友進入你的生活。他會希望你能找到快樂與寧靜。他會希望你能成為那個他再也沒有機會成為的男人。

27. 不朝這個方向努力，將使他失望，令他蒙羞。

28. 他人曾對我說過最貼心、最有意義的話，是：「妳母親會為妳感到驕傲。」在我的悲傷汪洋之中找到一條路，蛻變成為我母親當初教養我成為的那種女人，是我追憶她、使她引以為榮的最重要的方式。也是療癒我的悲痛的良藥。最奇怪也最痛苦的真相是，很早就失去了母親，反而讓我成為了一個更好的人。你說，閱讀我的文字帶給你神聖的感覺，你觸及的其實是我心底的聖壇，我母親存在的位置。Sugar是我在屬於我的那個斷垣殘壁的地方所建築的一座神殿。我願意毫不猶豫將這些全都還回去，但事實上，我的悲悼讓我學到更多更多。唯有如此，我才能看見那些生命中獨一無二的陰影與色彩。它需要我去經歷痛苦折磨。它迫使我伸出手，向外碰觸這個世界。

29.
你的悲傷也會令你學到許多，行屍走肉的父親。你兒子的生命是你所擁有最寶貴的禮物；他的死亡也是。接受他送給你的禮物。讓你那已不在人世的男孩成為你人生中最深刻的啟迪。從他身上，創造些什麼東西出來。

30.
那一定會是最美的。

Sugar

注釋

注1：spent a year in Vietnam，指曾參與過越戰。

注2：相互依存（co-dependent），或譯關係成癮、拖累症、互賴症，在家庭中單向並具有破壞性的一種親密關係的模式。

注3：民事結合（civil union），法律保護下類同於婚姻的結合關係，多適用於同性伴侶身上。

注4：進食障礙（eating disorder），一種精神疾患，包括厭食症、暴食症、異食癖等皆屬此類。

注5：托馬斯・特朗斯特羅默（Tomas Tranströmer），瑞典詩人，諾貝爾文學獎得主。

注6：LOL或TMI或ROTFLMFAO，網路用語，分別代表大笑（laughing out loud）、訊息過多（too much information）、笑得屁滾尿流（rolling on the floor laughing my fucking ass off）

注7：broad是一種對女人稍帶貶抑的代稱，而句中同時使用spry及feisty，皆有老當益壯的含意在其中，所以選擇以「歐巴桑」來翻譯。

注8：文中無從判斷性別，無法以婆婆/岳母來譯，因此譯為「未來另一半的母親」。

注9：great aunt，同上，無從判別確實關係，此處譯為姨婆。

注10：哥哥、嫂嫂。同上，brother無從判別年長年幼，譯為兄長。sister in law因為緊跟在brother之後，因此判定為兄弟的妻子。

第五部

放進箱子裡，然後靜靜等待

針對「該做什麼」，妳給了許多的建議。那麼，關於「別做什麼」呢？妳有什麼建議嗎？

不做任何你直覺認為是錯的事。不要在你明知該離開時留下；也不要在你明知該留下時離開。不要在你明知該勇往直前、挺身而戰時文風不動；也不要在你明知該堅守原地時冒進抵抗。不要將眼光放在短暫的享樂，卻無視長期的後果。不要為了你過去對自己的那些早已不再真實的看法，放棄所有的快樂。不要為了尋求快樂而不計代價。我知道，當你的情感與欲望相互衝突時，想搞清楚究竟該怎麼做是很困難的，但那沒有我們自欺欺人那麼難。說「那太難了」終究只是一種藉口，用來合理化我們的選擇——踏上那條看起來最簡單輕鬆的路：決定外遇、留在那個爛透了的職位上、為了雞毛蒜皮的小事結束一段友誼、或是繼續愛著那個待你極糟的人。我成年以後所做的每一件蠢事中，沒有半件，是當下的我心底真正不知道那是件蠢事的。即使我試著說服自己、試著合理化那些行為（該死的，我每一次都這麼做），可是在內心深處最真實的地方，我其實很清楚，我的選擇是錯的。我一直都知道。隨著時間過去，我慢慢學著如何信任自己的本能，如何不要再重蹈覆轍。但有時，我依然會得到教訓，發現自己還有很大的進步空間。

妳認為自己在專欄給出的意見永遠都是正確的嗎？

我相信自己所給的意見。我不會收回我在這裡說的一切。但同時，我也不會宣稱我對任何人說的任何話是「正確」的。這是因為，我根本不認為我給的意見應被放在一種對－錯的尺度上去衡量。有時候，我會表達自己認為某人應該做某事的堅定立場，但更常發生的是，我是在嘗試幫助寫信給我的人們，看見事情的不同的面向——看見另外一條路。我的專欄，與其說是告訴讀者該怎麼做，它更像是提供另外一種思考與觀點，去指出來信者自己當局者迷，很難看見的方向；或者是更深入詳盡地討論來信者提出的各種選擇。我認為，就大部分的問題而言，解答並不是非黑即白的，它不是我們在憤怒、害怕或痛苦時緊抓不放的對錯二元論。人類是極其複雜的存在，我們的生命不是、也不必那麼絕對。我希望我的專欄能夠反映出這一點。當然，這始終只是我個人的看法。這世間還有許多其他的觀點。

甜蜜中的零星污點

親愛的Sugar：

我是一名二十九歲的女性，訂婚一陣子了。我和姊姊的關係非常親密，嚴格說起來，我們是同父異母的姊妹，我們的父親在很年輕時有過一段婚姻，在年邁時又步入另一段婚姻，因此她比我年長許多（五十三歲）。我們一直很要好，但因為年齡差距的緣故，對我而言，她更像我的姨字輩。在過去幾年中，我們之間的關係變得更對等、更像平輩了。最近，我們一起共度週末的小旅行，只有我們兩個人。在旅途中，我知道了一些關於她的人生的事情，讓我覺得……我甚至想不出合適的形容詞，Sugar。覺得……悲傷？不自在？生氣？失望？以上皆是。這就是我寫信給妳的原因。

姊姊結婚已經二十五年了。我很喜歡姊夫，我愛他的程度幾乎和愛我姊姊一樣多。我一直將他們視作「模範夫妻」，在這麼多年以後依舊彼此相愛，同時也是對方最好的朋友。所有認識他們的人（包括我在內）都認為他們是一對完美的伴侶。他們是世界上真的存在幸福婚姻的證據——或者至少，他們曾經是的。

事情是這樣的。旅途中我問姊姊：婚姻的秘訣究竟是什麼？而當我們討論這點的時候，她向我透露了一件令我詫異無比、心煩意亂的事。她說，這些年裡，儘管她和姊夫在一起很幸福，但依然有幾次，她以為他們就要撐不下去了。她說，他們兩個人都曾經背著對方偷吃過。幾年前，姊夫陷入一場認真的外遇之中，那段關係持續了好幾個月；而姊姊則在另一段時間有過短暫的、「嚴格說起來並沒有真的到那一步」的風流韻事，並選擇不將這件事告訴丈夫。（她認為自己已經「學到了教訓」，更不打算因此離婚。既然這樣，又何必說出來傷害他呢？）最終，他們一起修補了關係，但過程是很艱辛的。

我也知道他們真的很幸福。他們一起養育了兩個孩子、一起旅遊，有許多共同的興趣。我看見的這一切，並非全是虛假的表象。我懂。但我不得不承認，他們在我心目中的形象已經起了變化，這令我非常難受。畢竟，我一直期待讓他們在我的婚禮上牽著我走過紅毯。我知道這麼說聽起來很幼稚無知、自以為是，但我真的很震驚、失望又不安。我不確定自己該不該讓曾經外遇的人，在我的婚禮上扮演這麼重要的角色。

我明白，伴侶需要付出努力，經營兩人間的關係；然而對我來說，不忠的行為是承諾的殺手。我和未婚夫都有共識，如果有一天我們之中任何一個人背叛了對方，那麼就代表這段感情已經結束了，沒什麼好討論的。而當我把這點告訴姊姊時，她居然笑了出來，說我們「太黑白分明」。可是，Sugar，我不希望二十五年後，我也變成那個曾經數度懷疑自己和丈夫是否能撐過去的人。我想要健全的愛。

從妳的專欄裡，我知道妳已婚。就我看來，妳和Sugar先生似乎也是一對完美的夫妻，因此我很想知道妳的看法。幸福婚姻的秘訣到底是什麼？妳也經歷過懷疑這段感情是否能撐過去的時刻嗎？不忠的行為難道不是承諾的終結嗎？在知道姊姊和姊夫都曾在某個時間點違背了他們許下的誓言以後，我還能將他們視為榜樣嗎？我該讓他們牽著我走過紅毯嗎？為什麼我覺得這麼失望？我感到好沉重，害怕如果婚姻連在他們身上都沒辦法成功，那其他人是不是更不可能了？婚姻是否是個複雜得可怕的東西，而我準備得還不夠充分？為什麼兩個人不能單純地彼此相愛就好了呢？這問題是不是很蠢？

從此過著幸福快樂的日子

敬上

親愛的從此過著幸福快樂的日子：

在Sugar先生和我同居後一年左右，有一天，一個女人打電話到我們家來找他。他不在家，我和她說。需要留言嗎？她遲疑著，令我心跳加速，幾乎要從胸前跳出來。她終於報了姓名。儘管未曾謀面，但我知道她是誰。她住在很遠、很遠的城市，Sugar先生有時會去那裡出差。數週前，我在信箱裡找到一張她寄來的明信片。然而當我問起她的時候，他說他們不熟，連朋友都算不上，應該只能算是「點頭之交」。噢，好。我回答。

然而我握著話筒，心頭湧上一股難以言喻的不舒服。我暗暗斥責著自己——我完全沒有理由這麼感覺。無論是我還是所有認識我們的人，都看得很清楚：Sugar先生瘋狂地愛著我，而我也同樣瘋狂地愛他。我們是一對「完美伴侶」。那麼幸福，那麼天造地設、命中註定，那麼相愛。我們從同一個池子裡縱身躍出，奇蹟般地沿著兩條平行的溪流、朝著同一個方向游去。我是唯一一個他稱為「真命天女」的女人。她算什麼人？她只不過是個寄了明信片給他的女人罷了。

所以，那個下午，當我手裡握著話筒，以最溫和、最淡然的語調開口時，體內彷彿有某種鈴聲叮噹作響，連我自己都嚇了一跳——我問她，知不知道我是誰。

「我知道，」她回答，「妳是Sugar，Sugar先生的女朋友。」

「對。」我說，「嗯，這樣可能有點怪，但我想問妳一件事。妳是不是和Sugar先生上床了？」

「對。」她立刻回答。她說，上上個月，他在那個城市，到她的公寓裡，他們兩人之間產生了「激情的性吸引力」。我可以聽見她話音裡的呼吸聲，嗓音膨脹著得意與歡愉。如果這傷害了我，她很抱歉，她說。

「謝謝。」我回應。我真心地說。

掛上電話以後的情景，依舊深深嵌在我腦海中。我記得自己在屋內跌跌撞撞、步履蹣跚，彷彿有人對著我的心口射了一箭，而那支箭將永遠插在我胸前，難以磨滅。

當時，Sugar先生和我幾乎家徒四壁、一無所有。我們的客廳裡只有別人送的一對二手破舊沙發，各自靠著一面相對的牆擺放。我們將它們稱作「決鬥沙發」，因為它們永遠在空蕩蕩的房間裡面面相覷地對峙著。我們最愛做的事情之一就是窩進決鬥沙發裡——我一張、他一張——待上好幾個小時。有時我們會各自靜靜地捧書閱讀，但更常見的情況是，我們會為對方朗讀。從頭到尾讀完整本書。那些書的書名依舊能令我神魂顛倒，一字字提醒著我，在陷入愛河的最初，我們兩人間所有的溫柔與濃烈——《夏綠蒂的網》（*Charlotte's Web*）、《大教堂與其他短篇選》（*Cathedral and Other Stories*[*1]）、萊納·瑪利亞·里爾克詩選（*The Selected Poetry of Rainer Maria Rilke*[*2]）。

然而現在，這一切都是垃圾，都是胡扯——我頹然坐進一張決鬥沙發裡，意識到了這一點。Sugar先生把一切都毀了！他和那個寄給他明信片的女人做愛，然後還瞞著我，他毀了我的信任，毀了我們的清白與單純。毀了我曾那麼確信，自己是唯一一個讓他渴望的女人。毀了我們之間無可指謫、完美無瑕的伴侶關係。我深受打擊、火冒三丈，但更強烈的情緒其實是震驚——他怎麼能這樣？

一個小時後，他踏入家門，我告訴他我發現了這件事。他癱在另一張與我相對的決鬥沙發裡，面對著面，彷彿那是我們人生的一場決鬥。

我不認為我們能繼續下去。我很確定那麼做會有點噁心。我從來不是那種能夠逆來順受、忍耐男人亂來的女人，我也不打算變成那樣的人。我很愛Sugar先生，但去他的，叫他見鬼去吧！我對他一直很忠誠，真心相待，他卻這樣回報我，打破了我們的承諾與默契。我們的諾言不再，單單是和他共處一室，都令我感到羞辱萬分。

但我卻還是在那裡，哭泣、怒吼，而他落淚道歉。我說我們結束了；他懇求我留下來。我說他是個滿口謊言的自私的混蛋；他承認我說的一點都沒錯。我們不斷、不斷、不斷地說著。大約過了一個多小時，我的憤怒與悲傷稍稍平息，足以讓我漸漸安靜下來，聽他把一切都告訴我。他和那個寄來明信片的女人究竟是怎麼開始的；我對他的意義，和那個與他上床的女人對他的意義；他有多愛我、又是為什麼愛我；他一生中從未對任何一個女人忠誠過，但他很想對我忠誠，儘管他已經失敗了一次；他知道自己在性愛、欺騙、親密關係、信任方面的問題，不僅止於這次犯的錯、不僅止於單一事件，而更應追溯到他過去的經歷；他會盡他一切的力量將問題釐清，改變自己、成長，變成他理想中的那種伴侶。認識我，讓他相信自己真的有機會辦到這一點，真的能更好地愛我，如果我願意再給他一次機會的話。

我聽著他所說的，在兩種情緒間遊走──對他感到同情，同時卻又想一拳狠狠揍在他嘴上。他是個王八蛋，但我真的非常愛他。而且，事實是，我能感同身受。雖然很令人惱火，但我其實理解他的解釋。我也曾是個王八蛋，只不過我的失敗在這段感情中尚未現形罷了。他說，他和寄來明信片的女人上床，只是因為他有點醉了，想要做愛，而與我本身沒有任何關係──當然這完全與我有關，但我明白他的意思。我也曾有過那種性愛的經驗。當他直視著我的雙眼，告訴我他真的、真的、真的非常抱歉，而且他是那麼愛我，愛到他甚至不知道該怎麼說出口，我知道他說的是此生未有的實話，比他對任何人說過的任何話都更真實無欺。

親愛的從此過著幸福快樂的日子，我姑且猜測，這大概也是妳視作榜樣的那對模範夫妻，在他們二十餘年（並且持續邁進）的幸福婚姻途中，曾幾番遭遇的十字路口。此外，如果妳和妳親愛的能夠從此過著幸福快樂的日子，我猜總會有那麼一兩次，你們也會面臨相似的處境，無論那個難題或困境與不忠、外遇是否有絕對關係。

沒有完美無瑕的人生。前方的路還很長，可愛的小潔癖女孩。我除了直言以告之外別無他法：婚姻就是個複雜得可怕的東西，而妳準備得還不夠充分。在這件事情上，妳似乎真的非常天真。

沒關係。很多人都是這樣的。妳可以一邊前進，一邊學習。

首先，妳不妨從放下自己對「完美伴侶」的看法開始。妳很難從他人身上認識到「完美」背後的真相，而在自己身上，又幾乎不可能達到他人所認定的「完美」標準。這種觀念只會為自己設下各種束縛與疆界，並將其他人拒於千里之外，最終讓所有人都感到糟糕而不快。完美的伴侶完全是一件私事。只有身處於一段完美的感情關係裡的兩個人，才能確知這段關係是否能稱得上完美。而它唯一必備的特性是：兩個人，願意、樂意和對方共享人生，相信這是正確的路，即使在困境之中也是如此。

我認為，在妳問姊姊「婚姻的秘訣」，她卻選擇對妳透露那些婚姻中的挫折時，她真正想說的，也是這一點。她無意使妳感到難過，她是真的試著要將那個祕密告訴妳。她讓妳看見那段廣受追捧、實際上卻有瑕疵的婚姻中更私密的部分，是希望妳明白真正的完美伴侶是什麼模樣：他們幸福快樂，他們只是凡人，他們有時也會將事情搞砸，陷入一團混亂之中。

我想不到有誰比妳的姊姊、姊夫更適合在婚禮當天牽著妳走過紅毯。這可是一對在二十五年後依舊維繫著彼此間的愛與友誼的夫妻！妳在得知他們這些年並非一帆風順之後，開始質疑他們的愛與婚姻；而這點告訴我，還有更深層的原因在其中。這與他們的婚姻無關，是與妳自己的不安全感和恐懼息息相關。

妳似乎認定「不忠的行為」等同於「承諾的殺手」，相信這會迫使妳「自動」解除妳未來的婚姻，我能理解。那一股衝動，深埋在妳心底多愁善感的地方，我能體會。伴侶中的一個人，打破了彼此之間專一不貳的共識，幾乎可以說是世上最醜惡、最令人痛苦害怕的事情。以先發制人的姿態發出警告，能為妳帶來一種彷彿一切都在掌控之中的感覺。但那種感覺是虛假的。

這麼說或許會令妳感到痛苦，但在長期的感情關係中，不忠的行為往往是再常見不過的事情，以各種不同的形式出現（外遇；等於是外遇；有一點點的偷吃行為，但大概算不上外遇；好奇偷吃會是什麼感覺；在email上與人調情算是外遇嗎？等等等等）。我的收件夾裡的信件，許多朋友的親身經歷，以及我個人的過往……在在都證明了這一點。當然，我不是說每個人都一定會外遇。也有可能，妳和妳的先生永遠都不必面對這個問題。但如果妳真的希望從此過著幸福快樂的日子，如果妳真的想要知道維繫一段能歷時一輩子的「健全的愛」有什麼秘訣，那麼最好抱著開放的心態準備去面對、處理長期婚姻中常見的挑戰，而非假裝自己有能力將那些問題一筆抹除，彷彿只要事先聲明，威脅一旦有不忠的行為，妳就會轉身離去，「沒什麼好討論的」，這一切就不會發生了。

妳需要重新思考自己的黑暗面，以及妳未來的丈夫和其他妳崇拜敬慕的伴侶的黑暗面。大多數的人外遇，並不是因為他們是騙子，而是因為他們是凡人。有人受自己的飢渴所驅使，有人是為了再一次體驗被人渴望、需要的感受。有的外遇，是一段友情在不知不覺中起了變化；有的外遇，是因為他們慾火中燒、爛醉如泥，或是源自童年時被剝奪的一切所遺留下來的傷害。那其中有愛，有慾望，有機會，有酒精，有青春。那其中有孤單寂寞與百無聊賴，有悲傷、軟弱、自我毀滅、愚昧、傲慢、浪漫、自負、念舊、力量、需要。那其中有難以抗拒的誘惑，讓人鬼迷心竅，除了與自己最親密的人以外，也渴望與其他人發展出某種親密的關係。

簡而言之，人生真的該死的非常非常長，親愛的從此過著幸福快樂的日子。而所有人在途中，某些時刻，都難免會陷入混亂之中。即使是與我們結為連理的對象也一樣。即使是我們自己也一樣。妳只是還不知道自己會在哪一個部分搞砸。但是，如果妳是幸運的，如果妳和未婚夫真的是對的人，如果你們兩人真的建立起一輩子那麼長的婚姻——則在這段人生旅途上，總有那麼幾次，妳很可能會面臨混亂與困境。

這很嚇人，但妳會沒事的。有時候，妳在感情中最害怕的事情，反而會是帶領妳和伴侶開展更深刻的理解與親密的引路石。

這正是幾年前Sugar先生和我之間發生的情況，我發現了他的不忠，叫他遠遠滾開，然後又接受他回到身邊。選擇留下來，和他一起解決這次背叛所帶來的問題，是我這輩子做過最、最、最好的決定之一。我不僅對自己留下來的抉擇心懷感激；我甚至感謝生命裡發生了那件事。我花了許多年的時間才承認這一點，但這是真的——那一次，Sugar先生背著我偷吃，竟讓我們成為更好的一對伴侶。那件事開啟了我們之間關於性愛、慾望、承諾的對話橋樑，至今依舊如是。它也讓我們在之後面對其他困難時，有更好的準備。事實是，儘管相戀的初期，一切是那麼甜蜜美好、純淨無瑕，但在愛得最甜的時候，其實我們都還沒有準備好共度一生。那個寄來明信片的女人將我們推上了一條路，不是通往「完美的伴侶」的方向，而是朝著另一個目標前進，成為一對在必要時，知道如何面對面「決鬥」，將一切釐清的伴侶。

我希望妳也能得到這樣的感情，從此過著幸福快樂的日子。這與妳所想像的不同，亦非妳在夢中所能看見的樣貌。這是甜蜜中的零星污點，是不完美，但是真實的愛。

Sugar

我們是為了蓋一棟房子而奮鬥的

親愛的Sugar：

我是美國城市裡一名年輕女性，將在幾週後失業。（深呼吸，然後用力呼出一口氣——）。我正準備和一個男人達成某種協議：我們一週私下約會一次或兩次，然後他每個月支付我一千美金的「零用錢」。對這件事，我的心情很矛盾。這包括實際面的問題，比如……這麼做犯法嗎？這些錢是能報稅的收入嗎？如果是的話，我該如何申報？我拿到的是合理的價格嗎？

同時，我也在思考一些更重要的問題——這麼做是不道德的嗎？那個男人已婚，他說他很愛他的妻子，會照顧她一輩子；只不過，她不像以往那樣喜歡床上運動了。她不是那種好妒的類型，他不介意將這一切都告訴她，但他覺得沒什麼必要說出來，讓她沒面子。對我而言，這種話聽起來都是膽小懦弱的藉口。我是個相信非單一伴侶制（nonmonogamy）的人。我認為，人們會做出對自己最好的選擇。但同時，我也相信溝通、尊重、正直的價值。我是不是讓自己陷入某種很糟糕的事情裡了？

最後……Sugar，我想問的是，我可以做下去嗎？我應該繼續做下去嗎？理論上，我是個擁性主義者（pro-sex *3），但其實我從來沒有真正享受過性愛這件事。在這方面，有許多陰暗醜惡的問題困擾著我（我知道我們全都有），而我不確定這件事會讓它們惡化還是改善。我試著以一種更超然的角度來處理整個情況，像是把它當作一種探討自己女性主義意識形態的方式——可是，每一次想到他碰我，我就忍不住想哭。然而我真的很窮，而且馬上就要失業了。在考量這一切的時候，這樣的的急迫處境可以（或者應該）占據多大的部分？

我想，我會繼續下去。其實我也不太知道自己的問題究竟是什麼。我猜我只是想知道其他人是怎麼處理這些亂七八糟的情況，還有我要怎麼樣才能好起來。謝謝妳。

LTL

親愛的ＬＴＬ：

我毫不遲疑就點頭答應接下這份工作。而在那之後短短一小時內，我就發現自己犯了個天大的錯誤。我已經太太太忙了，根本不該接下Sugar這個身分。這是一份沒有薪水的工作。我靠著當一名作家餬口，Sugar先生同樣也仰賴藝術家的身分賺取收入。我們兩人都沒有一份穩定的工作；沒有信託基金；沒有儲蓄帳戶；沒有退休計畫；沒有願意幫助支付我們孩子學前開銷任何部分的父母；沒有免費的保母；沒有尚未刷爆的信用卡；沒有雇主負擔的健保；沒有有薪的病假；甚至沒有經歷過中產階級的童年。我們有的，只有兩個美麗的孩子，和堆積如山（起碼十座！）的債務與帳單。

我不能免費工作。**我不能免費工作**。我當然不能免費工作！

在我同意成為Sugar以後，這句話彷彿咒語般在我腦中尖叫著。所以，在答應這件差事一小時後，我寫了一封email，說我改變了主意。那封未寄出的email靜靜躺在電腦螢幕上，而我在客廳內來回踱步，思考著各種理由，在在證明我接下一份無給職的答客問專欄，是多麼不理智的事情。每一個理由末尾，都伴隨著一個大大的驚嘆號。我還有其他的寫作工作要做！賺得到錢的寫作工作！為了每週擠出一份專欄文章，不得不被我暫時擱置在旁的寫作工作！而且，話又說回來，專欄到底是什麼啊？我不寫專欄的！我根本一點都不知道要怎麼給人建議！還有，我的小孩！我已經精疲力竭，瀕臨忙碌崩潰的邊緣，生活中除了寫作外的每一刻都被他們占據！Sugar這個主意從一開始就很荒謬！

但我就是沒辦法讓自己寄出那封email。我想要當Sugar。我完全被吸引住了，興趣燃起彷彿星星火苗。我心底一股強烈的力量戰勝了腦中一個個的驚嘆號——那股力量是我的本能與直覺。我決定相信它，給Sugar一次機會。

讀著妳的信，我想起了這段往事，親愛的。妳讓我開始思考，在面臨抉擇是否接受一份工作時，其中的得失。思考工作究竟代表著什麼意義。思考金錢與理智與直覺間的微妙平衡；思考當我們認為可以對自己的身體以及生活的方式「超然」以對時，我們心底對自己究竟抱持著什麼樣的信念。思考究竟是什麼讓我們企圖說服自己去做那些不想做的事情，或者不去做那些想做的事情。思考我們認為報酬與收穫就等同於得到他人支付的薪資，而不收取費用去做某件事則是一種有價的剝奪。思考道德究竟是什麼東西，誰有資格來定義它，它與賺錢之間有什麼關係，與近在眉睫的困境又有什麼關係。

妳的來信令我感到不安。信中有一名丈夫，一點都不令人意外地將他欺騙妻子的決定粉飾為善意的謊言。信中有妳對於「賣淫」這件事的天真與無知——這就是提供性服務以換取金錢的行為的正確名詞，儘管妳選擇以「私下約會」來稱呼它。但更重要的是妳在信中所透露的，如同一隻複雜難解的鳥兒穿梭在字裡行間，低吟著真相，告訴我在妳內心深處非常清楚自己該做什麼。妳知道，但妳打算背道而馳。

妳不需要我告訴妳該不該接受那個邀約。妳只需要我讓妳看清楚自己想要什麼。「**理論上，我是個擁性主義者，但其實我從來沒有真正享受過性愛這件事**」，妳這麼寫道。「**每一次想到他碰我，我就忍不住想哭**」，妳說。妳聽見了嗎？那是妳的身體在對妳說話。聽它的，遵循它指示的方向。妳腦中在盤算的一切——每個月的一千塊錢、失業的不安與不確定感、超然的／女性主義的掙扎與激盪——那都不重要了。將信念置於這樣的方向，或許能付得起房租，但卻永遠無法讓妳建一棟屬於自己的房子。

然而我們是為了蓋一棟房子而奮鬥的。

這是我們的任務，我們的事業，最最重要的**工作**——構築一個真正屬於自己的地方，一磚一瓦，以我們本身的道德理念與準則蓋起那幢建築。拒絕那些單純只是反映普世社會價值觀的原則，擁抱那些我們內心深處真正相信、真正想要的東西。妳當然知道，每個選擇是對還是錯。這與金錢或女性主義或單一伴侶制無關，也與那個驚嘆號在妳腦中亮起時，妳試圖用以說服自己的任何其他理由全都無關。可以涉入一段欺騙與不忠的關係裡嗎？可以用性交換金錢嗎？這些都是值得探討的問題。它們確實很重要。然而這些問題的答案，並不能真正告訴我們，我們該怎麼過自己的人生。我們得問自己的身體。

這世上或許有女人能夠為了錢毫不介意地和男人做愛，但妳不是其中一個。這是妳自己告訴我的。妳就是不適合這種工作。在談及性愛時，妳說「有許多陰暗醜惡的問題」困擾著妳，而妳「知道我們全都有」。但妳錯了。我們沒有，妳有，我曾經有，並不是所有人都有的。妳將自己在性與愛慾方面的問題推為大眾普遍存在的狀況，只是在自我逃避而已。妳以一種典型的「我真是一團糟，但沒關係，因為其他人也都是一團糟」的不實謊言，來掩蓋自己的傷口。這樣的謊，妳拿來欺騙自己，藉以撫平創痛。

但痛不會因此消失。妳心底深處那與性愛和男人有關的創傷需要療癒；而在妳痊癒之前，妳得不斷地掀開它、包紮它、保護它、拒絕它……一遍又一遍。妳所面臨的這個「工作」邀約是一次很好的機會——但不是妳想的那種。這是一張邀請函，讓妳得以看見真正該前往的方向，那條路上妳一塊錢也賺不到，但在道路的盡頭，有一座堅定不移的避風港在等著妳。

去吧，別再想那個男人，別再想錢的事情。妳該私下約會的，是那個甜蜜美好的自己。

Sugar

空碗

親愛的 Sugar：

「我還不是最糟的。」

這是我的父親最常掛在口邊的「名言」之一。每當我們聽說哪個男人又毆打小孩、謀殺家人、或是將他們囚禁起來時，父親都會這麼說：我還不是最糟的。好像因為這世上存在其他的卑劣與惡行，就足以為他開脫他做過的那些錯事一樣。

他從來沒有打過我或我的母親，也沒有強暴我或者威脅我——當人們談到虐待兒童時，最先想到的那些事情。如果他敢動手打我的話，母親一定會離開他；但是她卻容許他動口不動手，以言語——可怕的、令人痛徹心扉的言語——虐待我。我身上沒有瘀血，沒有傷口，心底卻有深淺錯縱的傷痕，疼痛難忍。我的父親是個自戀狂，控制欲強、虛榮、反覆無常、卻深具魅力。如果我在他面前表現得不夠歡快，他會連看都不想看我一眼，把我鎖進房間裡，一關就是好幾天。如果我開了他的玩笑，他會對我大吼大叫，咒罵我，嫌我太過遲鈍。我的房間就是我的避難所，我的書是我最親密的朋友。對他而言，我永遠不夠完美，但我真的盡了全力想令他感到驕傲，想讓他在乎我。畢竟，再怎麼說，他都是我爸。

從來沒有人可以讓我傾訴。我無法全然相信我的朋友，而我的母親總是一心忙著安撫父親，無暇顧及我受到多大的傷害。我和母親是這世上唯二被允許看見他那一面的人。要他接受心理諮商是絕對不可能的，我們的家族親戚也很少來訪。

他曾為了一些芝麻綠豆的小事、微不足道的意見不合就大發雷霆，兩次與我斷絕親子關係。當他認定事情已經過去以後，我只能接受他改變心意——沒有一聲對不起（除非開口道歉的是我）、連提都不提先前發生的事——而我每次都被母親說服，再給他一次機會。

但三個月前，他做得太過份了。他背叛了我的母親。我試著支持她，卻遭到我父親狂怒惡毒的謾罵，說發現了他不忠行為的我，是個該死的婊子。我沒有權利刺探他的隱私。

這一次，斷絕親子關係的是我。我搬了出去（那是二十歲的事了，當時我正住在家裡過暑假）。我切斷了所有的聯繫。雖然和過去相比，母親稍微能理解我的立場，但她依舊試圖修補這段破碎的關係。我知道，我的人生裡即使沒有父親，也能過得很幸福；我也知道，在他離開我的生活以後，我比以往更加堅強——然而我似乎永遠沒辦法全然擺脫他。母親時時談起他，說他是如何如何變好了。我不知道該怎麼向她解釋，我已經不在乎了。

不論母親聲稱他做出了多大的改變，事實是，我的父親仍然企圖控制我。他仍然是個自我中心的自戀狂，只看得見自己，而忽視我的感受。他發現我的心理治療師（一位通情達理、善良寬容、富有同情心的心理諮商師）是和他一起工作的一名女性後，便堅決禁止我再與她會面。這只是他又一次將我孤立，隔絕於任何外援的行為。即便如此，母親還是不斷地給我壓力（即使，她有時也沒有意識到自己正在這麼做），希望我們的關係能夠好轉。但我已經失去了對他的信任，也不信任自己在面對他時的判斷能力。

我們永遠不會擁有良好健全的親子關係。但我這麼做、這樣與他完全斷絕關係，是對的嗎？許多人堅持認為，家人太重要了，因此我有責任要原諒賜與我生命、讓我來到世間的那個男人，因為他是我唯一的父親。可是，那真的值得嗎？值得讓我感到那麼痛苦、自我質疑且抑鬱寡歡？

不是最糟的

親愛的不是最糟的：

不值得。為了和那虐待妳的父親維繫親子關係，而讓自己經歷痛苦、自我質疑和抑鬱寡歡是不值得的。妳做得對，妳該切斷所有與他之間的聯繫。他確實是妳這輩子唯一的父親，但這並不代表他有權利虐待妳。在決定是否要與他保持親近的、活躍的關係時，應納入考量的標準，與妳決定是否維持人生中任何其他關係的標準是一致的：在其中，妳不應被虐待，不應忍受輕蔑或不尊重，不應被操控。

妳的父親目前並未達到這個標準。

我很遺憾妳有一個虐待狂兼自戀狂的父親；同時，我也為妳母親企圖粉飾太平，選擇犧牲妳的權益來安撫他的瘋狂而感到難過。這是兩件很難熬的事情；然而如果妳任由自己被虐待，妳的人生只會更難熬。我知道逃離妳父親那個暴君的掌控並不容易，也很複雜；但這是對的，這也是唯一一條路，能夠讓妳有朝一日，或許（**只是或許！**）得以和他真正建立起一段健全的親子關係。堅持要求妳的父親以尊重的態度對待妳，實際上是在克盡妳人生中最重要的職責之一——不僅是作為一個女兒，更是身而為人應有的權利。妳挺身拒絕再與妳父親那樣暴虐的施虐者有所往來，是妳勇氣與力量的明證。我非常敬佩妳這一點。

我成年後的人生中，從未有過父母的存在。我失去他們已經很久、很久了。但同時，我過的每一天裡，他們如影隨形，始終不曾離去。他們像是兩個空蕩蕩的碗，我必須一遍又一遍地獨力將它們填滿。

我猜，妳的父親對妳也將有類似的影響。在某些層面上，妳說的沒錯：妳永遠沒辦法「全然擺脫」妳爸。他是那個妳得不斷填滿的空碗。而妳會放什麼東西進去呢？父母是我們最原始、最根本的源頭——我們活出自己的人生，但一切的根源卻是始自於他們。沿著時間的長河，追溯到最初始的所在，沒有任何方法可以繞過他們。與父親斬斷所有聯繫，是妳在自己人生中發起的一場革命。接下來呢？妳打算怎麼過妳的生活？

妳拒絕再和父親交流是很堅強、很勇敢的決定。我這麼說，是因為妳辦到了很多人做不到的事情。妳劃下了界線。妳決定不讓人再虐待妳，並依這個決定做出了相應的行為。這個抉擇萌芽自憤怒與傷痛，但在它之上的沃土，將有療癒、轉變與平和的花朵盛放，如果妳想要美好得不可思議的人生的話。

我想說的是，妳離開了妳的父親，但妳與他之間的關係並未結束。妳得花上許多年的時間，才能真正去面對、處理生命中與他有關的部分（順帶一提，妳與母親的關係其實也是如此）。妳需要非常努力地向前走，那條路上有原諒和憤怒，有接受與放手，有悲傷，甚至有複雜得難以名狀的喜悅。而這一切，並不會循著直線的軌道向妳奔來。它們將錯綜交織，糾結交纏，然後忽地回頭朝妳撞來，直直擊在妳臉上，讓妳又哭又笑。妳說妳和爸爸永遠不會擁有良好健全的親子關係，但妳並不能確定這一點。妳會變。或許他也會變。妳童年所經歷過的事情中，有些事永遠不會改變，但也有些並非如此。妳可能始終無法理解妳父親的殘酷行徑，然而妳的努力與體貼、妳的諒解與寬容，或將令妳終於得以理解他這個人本身。

我希望妳有勇氣這麼做。

我的母親在我二十二歲那年過世。她死後，我寫了一封信給我爸。當時我非常恨他。我對他的恨意鋪天蓋地，但母親卻以她的愛在那其中留下了一道縫隙——只要我的父親願意改變，他就能夠通過那條裂縫回到我的身邊。在信中，我告訴了他母親猝逝的消息，同時也讓他知道，這些日子以來，我一直希望有朝一日我們之間能夠建立起親子關係。我說，如果他要我這麼做，他得先向我解釋，當初我們還在一起生活的時候，他做出那些事情的理由是什麼。

有時候，我會想像我父親拆開那封信的模樣。那已經是二十年前的事情了。經過了這麼多年，我生命中幾乎所有的事情都早已改變，但我對父親收到母親逝世消息的那封信的想像，卻始終固執地一如既往。在我的想像裡，接到母親死訊的他，輕聲地哭泣。他意識到自己的三個小孩如今已成了孤兒，而這是他改過自新的機會。這是他成為我們的爸爸的機會。現在，還不算太晚；現在，我們真的需要他。

但他沒有意識到這點。相反的，他喝得爛醉如泥後打給我，說我是個滿口謊言的婊子，我們被母親洗腦了，全都和他作對。我掛上了電話，沒有說再見。

十七年過去了。

有一天，鈴聲忽然響起，小小的電話螢幕上閃爍著的，是我父親的名字。他死了——這是第一個浮現我腦海的念頭。我以為來電的是他的第三任妻子，打來告訴我他的死訊。我沒有接起來，只是靜靜地看著它，任鈴聲響徹。幾分鐘以後，我聽了留言。

打電話來的人不是我父親的第三任妻子。是我父親。「我是你父親，」他說，接著報上了他的姓名，以免我不知道「我父親」是誰。他告訴我他的電話號碼，要我打給他。

我隔了一週才打那通電話——我和他已經一點關係也沒有了——我曾光著腳穿過荊棘與亂石，沿路以雙手捧著那個碗，不讓任何一點一滴潑濺出來。我一個人將屬於他的那個空碗填滿了無數遍。我不再愛他了。我只記得我曾經愛過他。很久、很久、很久以前。

我撥通那個號碼。「喂，」他說。經過了這麼久，他的聲音聽來竟如此熟悉。

「我是你女兒，」我說，接著報上了我的姓名，以免他不知道「他女兒」是誰。

「妳看瑞秋．雷（Rachael Ray*4）嗎？」他問。

「瑞秋．雷？」我悄聲回答，幾乎發不出聲音，心跳如雷。

「瑞秋．雷。妳知道，那個美食食譜作家？她有個談話節目。」

「噢。有啊。」我說。

話題繼續下去，那是我這輩子最難以置信的一場對話。我的父親與我在電話兩端交談著，他的態度，好像我們過去每週都會聊天一樣，彷彿過去發生過的從未發生，彷彿我整個童年的經歷都不曾存在過。我們聊了低脂食譜和貴賓狗，聊了白內障和防曬油的重要性。十五分鐘後我掛上電話，感到極端茫然與迷惘。他沒有妄想症，沒有生病，沒有因年事漸高而導致的癡呆症狀。他是我的父親，和過去那個人一模一樣。然而他卻這樣和我聊起天來，彷彿我真的是他女兒。彷彿他有資格這麼做。

但他沒有資格。不久後，他寄來一封輕鬆閒聊的email。在回覆時，我將當年自己在信中所說過的話又重複了一遍：只有在他和我開誠布公，好好地談論我們過往的一切以後，我才會考慮重新與他建立起親子關係。他回了信，問我究竟「想知道些什麼」。

那時我已走了那麼遠，有那麼多的進展了。我已接受了生命中的那些事實。我很幸福。我有兩個孩子，還有一個深愛的伴侶，我不再對父親感到憤恨了。我並沒有意願傷害他。但如果他拒絕承認我們曾經歷過的那段人生，我也無法假裝和他重新建立起親密的關係。我想要瞭解他的內心世界，想要明白他在想些什麼，想要知道如果人生的旅途在某處奇妙地轉了個意外的彎，他是否會成為一個截然不同的人，是否能終於、終於成為我的爸爸。

我寫了一封力所能及之內最寬容、關愛、真摯、無畏、痛楚、成熟、諒解的信。我複製了那封信的內容，貼上一封email，然後按下寄出。

我父親的回覆來得迅雷不及掩耳，快到我覺得他根本沒有讀完整封信。在那怒火沖天的字句之間，他要我再也不准與他聯絡，他很慶幸終於可以擺脫我了。

我沒哭。我繫緊跑鞋的鞋帶，從前門走出了屋外，穿過我住的社區來到公園，又踏上小丘；我不停地不停地走，一直走到了坡頂。我在長凳上坐下，俯瞰著市景。那是我三十九歲生日前一週。我總是在生日時想起父母——妳也會嗎？——我又想像了那個場景，正如當年我想像父親拆開寫著母親死訊的信的模樣，而儘管之後發生了許多許多事情，在我想像中，那場景竟一點也沒有變。像是變魔術一樣，我能清楚地看見我的父母在我出生那天的樣子，他們當初肯定是真的那麼愛我，把我抱在懷裡，將我視作一個奇蹟。他們當初肯定相信自己會成為比以往更好的人。他們知道自己一定會的、一定得這樣。因為現在他們有我了。

所以，當我坐在那張長凳上，試圖讓自己吸收剛才發生了什麼的時候，才會有那麼尖銳而猛烈的感受，和妳如出一轍——沒有任何文字能夠形容那種感受。快樂、悲傷、憤怒、感恩、接納、厭惡、以及其他這世上存在的所有感覺與情緒，同時排山倒海襲來，以放大無數倍的強度堆疊砸落。

為什麼沒有一個詞彙能夠形容它？

或許是因為那個詞是「療癒」，而我們不願意相信這點。我們想要相信療傷這件事是更純潔而完美的，如同新生兒在來到世間的那一天，彷彿能將它擁在懷中，彷彿我們將成為比過去更好的人。彷彿我們一定會這樣、一定得這樣。

我就是倚賴著這種感覺撐過來的。而這也會是拯救妳的憑藉，我的親愛的。當妳終於抵達那個地方，妳將意識到：妳不僅僅是在那些悲傷與失去中茁壯、成長，而更是**因為**那些悲傷與失去，才能如今日般綻開盛放。如果能夠選擇，沒有人會願意經歷妳人生過去曾經歷的一切；但妳已經走到這裡，因那些過往而感到感恩。妳手中永遠會有兩個空蕩蕩的碗，然而妳也已經有能力將它們填滿。

這正是我在滿三十九歲前一週所做的事。最後一次，我將屬於父親的那個空碗填滿了。我在那張長凳上坐了許久，望著天空、大地、樹木、房屋、街道，想著：我的父親（**我的父親！**）他終於、終於、終於擺脫我了。

超脫

親愛的Sugar：

我就要被撕裂了。我覺得自己被迫在兩方摯愛之間做出選擇：我的妻子，與一個十八個月大的女兒。多年來，我們的婚姻始終跌跌撞撞、搖搖欲墜。我的妻子是個海洛因毒癮者，在戒毒七年後復吸（這是生了寶寶以後的事情）。她曾一邊抱著寶寶親餵、一邊吸食毒品，直到有一天夜裡被我撞見為止。

我來自一個三代都吸毒（包括父母雙方家人）的家庭。青少年時期，我住進中途之家，在那裡戒除了毒癮，改變了自己的人生。我將它視作我的第二個家；現在，我就在這個地方，擔任毒品輔導諮商師的工作。我成為在我職責範圍之內那些洛杉磯街頭少年們的活範本；他們都和過去的我非常相似。這份工作是我的天職，我的使命。它甚至啟發我寫了一本小說。這本小說現在是我任職的那個中途之家裡，最常被偷走的一本書。

我心靈上的痛苦拉扯，是這樣開始的：我的妻子出身於南方一個小城市。我和她是在那裡相識的。當我住在那裡時，我的母親過世了，而那段期間，她一直在我身邊支持著我，她和那座城市療癒了我。最近，我妻子得到了一份能回到家鄉的工作機會。她的家人和所有可以給予她支持的人都在那裡。她剛結束第二輪的面試，拿到這個超棒工作的機會很大。

我很茫然，不知道該怎麼做才好。在專業領域上，我有很棒的進展。我正在為社工碩士學位努力，同時感到生活中的衝勁與動力日漸增長。在我妻子得到這份工作機會之前，她才剛向我承認，在過去三個月中，為了戒除重度海洛因毒癮，她一直在使用美沙酮（methadone[*5]）（她的醫師開給她的處方），因而對這項藥品產生依賴。儘管我一直都陪在她身邊、支持她，在她復吸後也不斷要求她與我溝通，她卻依然選擇將這件事情瞞著我。這麼說或許很沒道理，但這件事帶給我的背叛感比她的毒癮復發更加深刻。我只是想要和她好好交流而已。

如果她得到這份工作，我不知道自己是否能承諾和她一同前往。因為我已失去對她的信任，也因為我在洛杉磯的生活正朝著正面、陽光的方向前進。我希望我的妻子能夠幸福、快樂，能夠距離她的家人近一些（我沒有家人，無法在這方面給予她支持），但想到要離開我的女兒——單單是浮現這個念頭，就令我難以承受。我不想要成為我父親那樣的人。

我憂思如焚，心煩意亂，難以抉擇。我該和妻女一起離開，還是留在洛杉磯的中途之家，為那些我愛的街頭孩子們，繼續完成我的使命？

請幫幫我考慮下一步，Sugar。

心煩意亂

親愛的心煩意亂：

我有時會教授自傳寫作的課程。在課程中，我總會針對學生們的自傳提出二個問題：**在這個故事裡，發生了什麼？這是個關於什麼的故事？**藉由這兩個問題，能夠讓人看清一份自傳中蘊含的意義。常見的狀況是，真正有意義的部分並不多——這個故事往往是一大團的情節堆疊，最終與任何意義都沒有關聯。活在一段人生中，是得不到任何分數的；我告訴學生們，只擁有一段有趣的、搞笑的或者悲劇的人生是不夠的。藝術並不是軼事趣聞，而是我們形塑人生的意識與思想。一個故事要超脫個人層面的疆界，需要被更深層的意義帶來的動力所驅使。

我們的真實人生也是如此。或者，至少當我們希望擁有正向、不斷進步的人生時是這樣的，親愛的，凡人皆如是。我們必須不被生活中的混亂糾纏，即使有時候生活就是一片愁雲慘霧，而我們自己深陷亂局與泥沼之中。我們不僅要專注於自己的故事中「發生了什麼」，亦得重視它「代表著什麼」。

你的來信中有一句話，比其他的字句都重要：**我不想要成為我父親那樣的人**。在這裡談論它的重要性，其實頗為弔詭；因為我其實並不確切地知道你所指的意思——信中並未提及你的父親究竟是什麼樣子的人。然而同時，我卻明白——我當然明白，「**我不想要成為我父親那樣的人**」是個我知道的故事。那故事的背後站著一個失敗的父親。那是你的故事所蘊含的意義。

如果你不想要成為你父親那樣的人，那就不要讓自己變成那個樣子。這是屬於你的意義，親愛的男人，那是你在世上的目標。你的女兒是你生命中最重要的人，而你是她生命中兩個最重要的人其中之一。這不僅是事實，更是真相。而就如同所有的真相一般，它堅定而美麗，閃耀著清晰明瞭、堅定不搖的光芒。若你想要達成生命中的目標與意義，所有在你生活裡所發生的事，都應源自這個真相。

那麼，讓我們來談談你生活裡發生的事吧！

身為父母，你的首要職責就是保護你的孩子。當你的妻子是個毒癮患者，正掙扎在戒癮的道路上時，讓你的女兒在沒有你陪伴的情況下隨她搬到遠方，是個糟透了的主意，無論在那裡有多少個祖母、舅舅或是表親住在附近都一樣。在你妻子完全地、堅決地戒除了毒癮以前，她都不應擔負你孩子的主要照護者的職責。我並不是質疑你妻子對你女兒深刻的愛，但我瞭解毒癮者，你也瞭解毒癮者。我們兩人都知道，無論你妻子有多麼善良美好、多麼滿懷愛意，當毒癮發作時，她根本就不是她自己。因此，你的女兒將會受苦——而她已經受過許多磨難了。請盡你能力所及的一切去保護她，這是你的責任。

你妻子正經歷的痛苦掙扎是非常非常關鍵的，影響深遠、意義重大，這是她的危急存亡之秋。她正站在人生的懸崖盡頭，是否能戒除毒癮（並保持這個狀態）與她是否能成為合格的母親、繼續當你的伴侶，有著直接的關係。她無法靠得到一份工作或是搬到一個新的城鎮來戒除毒癮，儘管這些或許最終可以在她戒毒的道路上帶來助益。要真正戒毒，她只能倚賴自己想要遠離毒品的渴望，以及去探索當初之所以會染上毒癮，自己心底更深層的原因。

那個遙遠的可愛城市出現了一個潛在的工作機會，帶給你們兩人不知所措的興奮與疲憊。但我強烈建議你們，先從這種感受中抽離出來，專注於面對盤據在你家客廳裡的那頭怪獸，處理更實際、更貼近你生活的問題：你的妻子需要什麼樣的支持和資源？你能夠（願意）在她戒毒的旅途上扮演什麼樣的角色？你們的婚姻還有挽回的餘地嗎？如果有，你們作為一對伴侶，該如何重新建立起互信與交流？你們想要在哪一座城市裡共築人生，而這個抉擇對你們各自來說又有什麼意義（專業領域上以及私人領域上）？如果你們的婚姻已無可挽回，你該如何以愛與包容的心踏上離婚這條路？你們要如何協商女兒的監護權？

這些是你現在必須回答的問題，而非你的妻女是否該在這個已經亂成一團的時間點、在沒有你陪同的情況下，搬到大老遠的地方去。你的妻子可以找其他的工作，你也可以找其他的工作（誠然，你很愛你的工作，但國內有許許多多其他的男孩也可能因你的領導與智慧而受益）。在人生的其他時刻，你們兩人或其中一人都有可能決定要搬回她的家鄉居住，或決定要留在洛杉磯。

選擇暫時不考慮這些問題，並不代表你往後都不能夠再針對它們做選擇。這麼做只是在你的故事裡按下暫停鍵，讓你得以釐清自己的故事究竟蘊含著什麼意義。這是你選擇超脫的機會，選擇昇華，選擇挺身而起、突破自我極限——而非縮在一成不變的老套情節之中。

我知道你很清楚「超脫」是什麼意思。當你由一個支離破碎的男孩成長為一個完整的成熟男人時，你早已超脫了自己的人生。但所謂挺身而起，意思是我們必須持續向上挺進才行；所謂昇華，所謂突破，意思是我們得不斷向前邁進。

你才剛開始真正理解「不像你的父親」的意義為何。你應繼續去理解，不要在這一點上讓你自己失望。無論你的婚姻、你的事業、你的居住地將有什麼樣的變化或結局，你與女兒之間是沒有「撕裂」可言的，除非你自己選擇要扯破那塊美麗的布——而你應了然，不管與什麼相提並論，她永遠都會勝出。

不可思議命運中的閃耀片段

親愛的 Sugar：

幾個月以後，我就要結婚了。為什麼我覺得自己像刺蝟一樣易怒，總是生氣發怒？我該怎麼熬過這場活動？

易怒的刺蝟

親愛的易怒的刺蝟：

我猜妳是新娘。而妳感到自己像刺蝟一樣易怒，是因為妳正處於婚禮準備地獄裡，又被各界灼灼的期待目光、過時的童話故事、索價過高的眾多商品壓得喘不過氣。再加上妳腦子裡那不理性的念頭，以為自己能夠完美無瑕地安排、掌控好所有人（由姻親、遠親、朋友、陌生人、同事等等組成的一大群人）的行為、對話、飲酒習慣、服裝，同時又可以與妳愛的人在這群觀眾面前親密地、別具意義地交換戒指。這是不可能的。

或者至少，這一切不可能與妳想像中完全一樣。我很確定，妳這些日子以來煩心處理的那些東西——餐巾的顏色、該或不該把喜帖寄給妳母親的表哥雷恩——追根究底，其實並不重要，而在那個七月的大日子裡，真正將發生的事情，將令妳永生難忘。

妳會有一場棒透了的婚禮，寶貝。但妳得先接受這一點：妳的婚禮，並不是一件妳不得不「熬過」的事情。或許這麼做會有幫助：不要再將它想成一場完美的「活動」，而是妳生命中一個慌亂的、美麗的、不可思議的難以預測的日子。

我自己的婚禮就很棒。但我也曾經歷一段看起來彷彿處處是災難的時間。當一百多位賓客陸續抵達時，天空下著暴雨，而這場戶外婚禮完全沒有雨備方案。Sugar先生發現他把褲子忘在我們住的城市裡（在六十英里外！），而我忘了帶結婚證書。我的婆婆來到婚禮現場，打扮得就像聖經裡的牧羊人（如果聖經裡的牧羊人會穿亮綠色的話）。我的一名老朋友把我拉到一旁，怒氣沖沖質問我為什麼沒有選她當伴娘。我找不到事先買好，用以固定頭紗的髮夾；而當新的一盒髮夾被買來代替之後（以一種瘋狂衝刺、彷彿接力賽跑的方式，跑遍當地兩間藥妝店的成果），我和大約七個女性友人仍然沒辦法將那該死的頭紗固定在我頭上。

這些事情，在當下感覺彷彿都悲慘至極，但如今它們是我那一天最珍貴的回憶之一。如果這些都不曾發生，我永遠不會像那日一樣，拉著Sugar先生的手，頂著傾盆大雨跑過街道，又哭又笑，因為我即將要在昏暗的圖書館地下室嫁給他，而不是在那個美麗河岸上。我永遠不會體驗到那種感受，當身邊所有的人都自願以超過速限的速度開車急馳在路上，就為了幫妳去拿一條褲子、一張紙。我永遠不會知道聖經裡的牧羊人穿鳧綠色是什麼樣子，也不會聽聞我那位老朋友的重要訊息。此外，我更不會因為全心全意都專注於試圖將那些該死的髮夾夾在我頭上，沒有發現雨已經停了，而Sugar先生悄悄地「派遣」賓客們走了四分之一英里遠，將一百張白色的木頭椅子從陰鬱的圖書館地下室搬到芳草滿地的河岸邊，最終我嫁給了他，在那個我滿心企盼能站在上面嫁給他的地方。

我們全都會迷失在枝微末節裡，但不要讓自己失去那一天。列一張表，寫下所有從現在到七月之前，需要處理、決定、留意的事項，圈出對妳而言最重要的項目，將它們處理好。將其他的部分或轉移給其他人處理、或者做出決定，然後不再為它們煩惱。

讓妳的婚禮成為一場美麗的奇蹟，讓它是一段無與倫比的美好時光。讓它是妳目前無法想像，並且即使妳有能力辦到也不會試圖去操控、安排一切的經歷。不要忘記，最初究竟是什麼讓妳願意費神費力，處理這些令妳感到易怒暴躁的瑣事，甚至令妳來徵詢一名答客問專欄作家的意見。妳要結婚了！在七月，將有一個日子，是妳不可思議命運中的閃耀片段。妳只要出席就可以了。

Sugar

平凡的奇蹟

親愛的Sugar：

一種奇妙難解的「恰好」，似乎是妳專欄許多篇文章中的關鍵詞。那些在親身經歷之前，從來沒想過的轉折與變化、始料未及的結局。Sugar，妳能不能為我們舉個實例，在妳過去的人生中曾發生過什麼類似的事情？

謝謝。

超級粉絲

親愛的超級粉絲：

十八歲的那年夏天，我和母親駕車開過鄉村小路。那是在我長大的鄉下小郡，所有的道路都在鄉間，房屋遙遙相隔甚遠，幾乎全都在彼此視線所及之外。在那裡開車，意謂著行經道看不見盡頭的樹木與田園與野花。而那一個下午，母親和我無意間經過了一幢大宅，正在舉行庭院拍賣。屋裡住著的是一名年紀很大的獨居老婦人，丈夫已然逝世，子女都成年離家了。

「我們去看看她有什麼東西好了，」經過她的屋子時，我母親說。於是我調轉車頭，開進了老婦人家的車道。我們兩人下了車。

那裡除了我們以外，別無他人。就連拍賣的主人（那名老婦人），也沒有從屋內出來，她只是透過窗戶朝我們揮了揮手。那時正值八月，是我最後與母親同住的一段日子；我剛完成第一年的大學學業，因為在鄰近的鎮上找到了一份打工而回到家過暑假。再過幾週，我將離家回到學校，自此再也沒有回到那個我曾稱為「家」的地方住過……當然，當時的我還不知道這些。

我四下逛著，在一堆堆垃圾中穿梭；那場庭院拍賣並沒有什麼值得一提的東西，舊鍋子、舊桌遊、不成套的碗盤，缺乏時尚感、醜得嚇人的長褲——我轉身，正準備提議離去時，有件東西吸引了我的目光。

那是一件紅色天鵝絨洋裝，有著白色蕾絲鑲邊，大小正適合給學步幼兒穿著。

「妳看！」我說，將它舉到母親面前；她回答，噢，這真是太可愛了。我出聲同意，將洋裝放了回去。

再過一個月，我就十九歲了。一年後，我將步入婚姻。三年後，我會站在距離這名老婦人庭院拍賣不遠的一片草地上，掌心捧著我母親的骨灰。在那一刻，我非常肯定自己永遠不會成為一個母親。小朋友很可愛，但終究很煩人；當時我這麼想。我想要更豐富的人生。

可是，就在我十九歲前一個月的那一天，當我和母親一起窺視著那些屬於別人的人生片段時，我極其荒謬又無法解釋地，不斷回到那件學步幼兒穿的紅天鵝絨洋裝前。我自己也不知道為什麼。直到今天我依舊茫然不解，只能說，它身上有點什麼東西，強烈地召喚著我。我想要那件洋裝。我輕輕撫過洋裝上的天鵝絨布料，試圖說服自己放棄這個念頭。它的領子上貼著一段紙膠帶，上面寫著「一美金」。

「妳想要那件洋裝嗎？」母親問我，不經意地從她自己正瀏覽著的東西之間抬起頭。

「我為什麼會想要？」我怒道。與其說是生她的氣，更像是對自己感到惱怒。

「為了未來的某一天。」母親說。

「可是我根本不打算生小孩！」我爭辯道。

「那妳可以把它收進箱子裡。」她回答，「這樣妳就能擁有它，不管妳打算怎麼做。」

「我沒有一塊錢。」我說，彷彿希望一槌定音，結束這個話題。

「我有。」母親說，伸出手去拿那件洋裝。

我真的把它收進了箱子裡，一個雪松木製的箱子。我母親的箱子。我拖著它跌跌撞撞，艱難地走過了二十餘歲的時光，走進我的三十歲世界。我有了一個兒子，隨後是一個女兒。那件紅色洋裝是專屬於我的祕密，深深埋藏在我母親留下最美好的東西之中。當我終於將它翻找出來，再一次把它捧在手裡，感覺猶如被狠狠搧了一巴掌，卻又被親吻著；像是喇叭的音量高得震耳欲聾，卻又低迴無聲。關於它，同時存在著兩種真相，帶來的感受迥異，卻意謂著同一件事實：

我的母親買了一件洋裝給她永遠沒有機會認識的外孫女。

我的母親買了一件洋裝給她永遠沒有機會認識的外孫女。

多麼美好，多麼醜陋。

多麼輕如鴻毛，多麼重如泰山。

多麼痛苦，多麼甜蜜。

總是要到事後，我們才能夠將一件件事情連起來。當初，我之所以想要那件洋裝，全然是因為自己內心的渴望。而它之所以具有意義，是我母親的過世與我女兒的出生所帶來的。在那之後，它對我意義深遠。那件紅色的洋裝是一項證據，提醒著我失去了什麼，卻也昭示了我母親的愛，以及她的愛如何引領我、陪伴我向前邁進，她的生命如何以我過去完全無法想像的方式，延伸、拓展至我的人生之中。那是當我第一次將目光落在那件紅色洋裝上時，作夢也沒有想過的「恰好」，只屬於我的「恰好」。

我女兒並沒有特別比我兒子更令我感受到母親的存在。我的母親從未離去，她活在我的子女的生命裡，令一個男孩和一個女孩閃閃發光。可是，在我女兒兩歲的那個聖誕節，看見她穿著那件紅色洋裝帶給我難以名狀的感受，沒有文字可以形容。那感受有些像當初我將洋裝從母親留下的遺物之中挖掘出來時，經歷的複雜情感的打擊，只不過這一次，那件事實是：

我女兒穿著她外婆在庭院拍賣上買給她的洋裝。

我女兒穿著她外婆在庭院拍賣上買給她的洋裝。

如此簡單，單純得令我心碎。對許多人來說，這實在太尋常了：一個孩子穿著外婆買給她的衣服，多麼平凡無奇的一件事。可對我而言，卻是那麼、那麼特別。

當我說，我們不可能知道未來的生命將擁有怎樣的面貌時，我想，我真正想要表達的，就是這一點。我們活著，體驗各種經歷，離開我們愛的人，也被所愛的人遺棄。我們以為會一輩子守在一起的人，最終並沒有陪在身邊；反而是其他的、過去根本不認識的人，來到生命裡，與我們走到最後。我們需要做的，是堅守信念，將它放進箱子裡，靜靜等待，相信有朝一日我們終將明白這其中所蘊含的意義。這麼一來，當最平凡的奇蹟出現時，我們將不會失之交臂。

我們可以站在那個穿著漂亮洋裝的小女孩面前，為了最渺小、最微不足道的事情滿懷感激。

Sugar

這就叫做災難一場

注：以下兩封信，分別來自信中所述事件裡的兩名女性。

親愛的Sugar：

我最近和一個與我朋友有一段複雜過往的男人上床了。我知道和他上床會傷害我朋友，所以我跟她說我不會這麼做。她並沒有直接要求我不能和他發生關係，但她不斷暗示我，動不動就提起「他對我的迷戀」，甚至有一次問他，我們跟另外一個女生有沒有3P過……。長話短說，我打破了自己的承諾。當初這麼承諾的時候，我是真心的，Sugar。但我沒有辦到。

這個男人是個好人。我很喜歡和他相處，而且……這麼說吧，近來，我的雙人床半邊都是空蕩蕩的。我明知這個行為會傷害她，但慾望還是占了上風。在我們上床以後，那個男人和我的朋友有過幾次長談，看來似乎已經言歸於好，但我和她的友誼依然搖搖欲墜。我雖然相信，最終一切都會恢復正常，但這件事讓我覺得，我們的友誼對她而言好像並不是那麼重要。我甚至不知道它對我而言到底重不重要了。

不久前，我的繼父剛經歷了一場心臟病發作。那是他第二次發病了。這令我開始思考什麼是真正重要的，什麼是後果，什麼又是微不足道的枝微末節。如果這一個晚上的問題性愛，將永遠地改變或否定我在其他方面是個好朋友的事實，那就這樣吧。如果真的是這樣，那我們的友誼本來就不會長久的，我還有更重要的事情得煩惱。可是，我卻無法控制地覺得自己是不是有點太沒人性了？因為今天，我的前任（現在是朋友）告訴我，她至今依然沒有原諒我六年前傷害了她的事。當時我二十二歲，年輕愚蠢，做了對不起她的事情。在那之後，我陸續向她道歉了大概一千次吧。我們的友誼斷了一陣子，但最終又重新成為好友。一直到今天，我還以為我們之間已經沒事了。聽到她說，在她心中我們的關係已覆水難收，她仍因為我多年前的行為而對我有所保留，令我難過又生氣。對我而言，原諒並不是件需要一點一滴循序漸進的事；但很明顯地，我似乎總是以一種影響深遠而持久的方式惹惱別人。如果有人原諒了你，但永遠不會遺忘那件事，這代表什麼意思？

我感到難過，但同時仍然冥頑不靈。我不知道，我的憤怒有多少是來自於發現了關於自己的醜惡真相——我視慾望的價值高於友誼，我似乎永遠無法從過往的經歷學到教訓，我被視作不值得信賴的人。最後那一件刺傷我最深——在與那個男人約會後，我向他透露了心底的疑慮。「她從來沒信任過妳。」他回答，證實了我的恐懼，如同一個自我應驗了的預言。

如果時光倒流，我或許還是會做出一樣的選擇。而我不知道我是否該為此感到擔憂。這代表我是某種歡愉成癮者嗎？或僅僅代表是個很爛的朋友？關於最近的行為，我並不後悔——但我該覺得後悔嗎？我是不是為了愚蠢的性愛滿足，親手毀掉了一段堅實的友情？單是寫信給妳，有一部分的我就覺得自己好自私，因為我知道妳會喊我「親愛的」，讓我感到好過一些。但我根本不配。

是敵是友

親愛的 Sugar：

我有兩個我深愛著的朋友。其中一個是我從青少年時期就認識了的男生。幾年前，我們有過一段短暫的、開放式的關係。之後，他愛上了別人，很正確地在我和她之間做出了選擇。儘管我知道我們註定只是朋友，並不適合當情人，但我對他依然有很深的感情。我心碎了。最終痛楚逐漸淡去，我們成為比以往更加親密的好友。

另一個朋友，是個我非常崇拜的女生，無論是身為一名作家或是個人皆然。她聰慧、性感、優秀無比。一路走來，我們始終陪在對方身邊、互相支持著，走過愛情的傷痛。每當我們在一起，笑聲永遠不斷。當我的男性朋友告訴我，他遇到了另一個人時，是她安慰我。當我在舊金山市中心不顧形象嚎啕大哭的時候，也是她坐在我身旁，陪著我。

最近，這兩個朋友認識了對方，乾柴烈火一拍即合。他開始開玩笑要和她上床（他現在單身）。我告訴那名男性友人，這個想法讓我很不舒服，但他只是輕描淡寫地笑著帶過。我沒有緊追不放，因為我的女性朋友發誓她絕對不會和他上床。她一遍遍地向我保證，帶著同情與理解，儘管我從來沒有開口要求她那麼做。雖然我已經走出來了，不再受到他的吸引，但那段往事仍歷歷在目，我也還在修補破碎的心。她全看在眼裡，她心知肚明那件事對我的影響。我信任她。

但……事情還是發生了。他們做了。當我的男性友人把這件事告訴我時，我真的好生氣。我對他大吼，罵他當初不該那樣忽視我的感受。我們在電話裡長談了好幾次。談話結束後，我覺得他傾聽了我的心聲，重視我，尊重我。他同時也迫使我面對自己的嫉妒心，以及意識到我沒有權利干涉他人的行為。從那以後，我開始真正地、認真地去探索、瞭解自己的不安全感和控制欲。

兩週後，我的女性友人向我道歉，為了她沒能信守承諾。而我告訴她，儘管她的失信令我受傷又憤怒，但我也明白了自己並沒有接受這個承諾的資格。她做了她認為正確的選擇，而現在，我得弄清楚，對我而言，什麼是正確的決定。我需要時間和空間好好想想。一部分的我對這個結論鬆了口氣，但同時我也因這整件事情而心力交瘁。我好累，對自己感到厭惡，我甚至不確定自己是否有資格接受任何人的道歉。

Sugar，我好矛盾。我知道他們做的事情，在道德層面來說並沒有錯。我也曾對朋友的前任、或是前任的朋友有過慾望。這兩人之間發展出的關係，與我無關。可是我卻覺得好受傷。最糟的是，我為自己這種受傷的感覺感到羞愧，我甚至不知道自己還有這樣的嫉妒心，畢竟我們的感情已經結束一年半了。我想要優雅地祝福他們，當這兩個我愛的人，能夠一起享受一些性愛的歡愉，我想要衷心為他們高興。我想要相信，這種受傷與痛苦全都是因為我那充滿占有欲和競爭意識的心引起的。這樣一來，我就可以改變自己，然後把一切都拋在腦後。現在的我，不斷地自我責怪，為做出的決定而痛罵自己。經過這件事，我心裡的羅盤已經失去了方向，破碎成灰。我真的需要妳睿智的、撫慰人心的話語。

親愛的女人們：

幾年前，為了一個身首異處的塑膠黑髮公主的頭，Sugar寶寶們大吵了一架。我兒子氣得差點口吐白沫，我的女兒尖叫著，震耳欲聾綿綿不絕，我幾乎以為鄰居會打電話報警。事件裡的娃娃頭大概只有口香糖的大小：它沒有一段完整的脖子，那個部位比較像一個開口，將頭與原本應該在那裡的可替換的小小軀幹連接起來。那個軀幹或許是我女兒手裡抓著的古埃及女人像，也可能是我兒子掌心那個穿著性感裙裝的女海盜。這場鬧劇就由此而起。

無論我多麼溫柔地、嚴厲地或是歇斯底里地解釋，他們可以輪流玩，各自把頭接到「他們的身體」上一段時間，但兩人依然都拒絕放棄對那個塑膠黑髮公主的頭的所有權。同樣的，他們也拒絕接受那間共用房間裡堆著的任何其他物品作為替代。不，不要那盒瑪瑙小石子，也不要木頭匕首；不要貓咪絨毛娃娃，也不要認字閃卡；不要泡綿寶劍，不要壞了一大半的麥克筆；不要芭蕾舞者或羅馬戰士或猴子或精靈小雕像，不要假金幣不要動作電影明星公仔不要獨角獸也不要這世界上任何其他該死的東西——就只要那個身首異處的塑膠黑髮公主的頭。

那是我的，我女兒尖叫。

我先跟她玩的，我兒子反擊。

那對我來說很重要！我女兒哭嚎。

她每次都是跟我的特別玩具一起玩的！我兒子怒吼。

我費盡口舌，試圖和他們講道理，建議迅速轉變為命令——但真的，最終我完全無能為力。只有一顆頭，卻有兩個身體。這個不容置疑的事實就像一場我們非得渡過不可的暴風雨，直到所有的樹林都被夷為平地。

以這段寓言式的Sugar家庭小故事作為開頭，並不意味著我認為妳們對於彼此的友誼各自及共同的掙扎，就像爭奪一件玩具一樣幼稚。我想說的是，我們的欲望，不僅是想要本來就屬於自己的東西，同時也想要屬於我們所愛的人的東西；不僅是因為想要擁有，更是因為我們想要讓別人無法擁有這些東西。而我覺得最基礎而簡單的表達方式，最能夠說明這一點。這種激烈的情感淵遠流長，無休無止，在我們試圖解決的問題核心裡，其實不過就只如口香糖那麼小。妳們願意好好想一想嗎？

對於那個身首異處的塑膠黑髮公主的頭，我們全都有合情理的、符合公平正義的所有權。我們相信她是屬於我們的（只屬於我們的）。我們拒絕放手。

在我們認真開始釐清妳們所處的境地之前，我想先直言一點：我很確定，如果妳們兩個繼續這樣對自己喃喃低語，繼續往自己腦海裡塞進和那個男人（我決定了，就叫他狐狸精先生）之間所發生尷尬的、詭異的一切，妳們會後悔的。除此之外，妳們還將孕育出許多越來越扭曲的思想和印象，關於究竟發生了什麼，那代表了什麼，誰做了什麼又說了什麼——這不僅會令妳們感到抑鬱、痛苦、怨憤，更將從妳們身邊奪走一個好朋友。而她，是那個原應在十年後和妳並肩坐在門廊，取笑著當初的妳們竟然那麼天真那麼傻的人。

妳們兩個人都心知肚明自己做了不太好的事情。妳們的慾望、恐懼、失敗、不合理的期待以及其他自己都不願意承認的情緒彼此交織，恰好卡在一起，嚴絲合縫，就像那個塑膠頭接上了塑膠軀幹一樣；而它們交錯接合時，妳們兩人都被夾傷了。從另一個角度來看，同樣的事情也發生在妳們身上。

該同情的是誰？該負責任的又是誰？這個故事裡的走向，是朝哪個方向而去？妳們該如何找出最好的解決方式，才能掙脫這個困境？

這些，是我想著妳們的來信時，問我自己的問題。每一次我試著在腦中理清、梳順整個事件，它們就亂成一團，糾結纏雜。我畫了圖表、列了表格，條列重點；我拿了一張紙，畫出一張地圖。我將妳們的這場狐狸精先生糾葛轉化為一對數學方程式（我在學校時從來沒學好這東西。所以，我可以很隨性不羈地，為了另類的文學目的將它們派上用場）。它們長這樣子：

是敵是友：

“我在此鄭重發誓，我絕對不會和狐狸精先生上床，因為我的朋友對他仍然有溫柔的、帶占有欲的感覺，而我不想傷害她”＋［我是個很貼心的人，和狐狸精先生上床這件事，會迫使我懷疑自己是否真的是自己想像中的那種人］＋還是和狐狸精先生上床了＝噁心／醜陋[2]［但是仔細想想，或許我跟那個女人的友誼「並不是那麼重要」］÷可是，我們仍保有那一段她在舊金山市中心不顧形象嚎啕大哭，而我陪在她身邊的時光＞去她的！＋她怎麼敢生我的氣！＋我對她一直是那麼好的朋友！＋狐狸精先生根本就不是她男友——從來就不是耶！＋我被他吸引了！＋我還未滿三十，陰道就快要長滿蜘蛛網了！＋話說回來，她算哪根蔥啊？憑什麼管我或狐狸精先生要跟誰上床？＜我是個爛人，也是個滿腦子只有性的自私朋友［現在，可以請該死的前女友到庭上陳述證詞了嗎？］÷偷吃過嗎，是的＋欺騙過嗎，是的＋能夠再被信任或是被原諒嗎，不，永遠不能，無論是任何女人在任何時刻為了任何事情都不能＝你知道嗎，管那些婊子去死！＋就算再給我一次機會，我也還是會跟狐狸精先生做愛！≠除非。好吧。［去他的。］

三角習題：

“狐狸精先生是個很棒的人”＋［我們「分手了」，雖然其實我們也不算真的有交往過，從來沒有一段專一的關係。儘管他以一種難以名狀的方式令我心碎，但我不怪他，因為我也沒有期待什麼；我幹嘛要有什麼期待啊？等等］÷我看得出來，他想要和我那個超讚的女性友人上床；她曾看過我為了他，在舊金山市中心嚎啕大哭。這讓我反胃作嘔[2]＋［專一的單一伴侶到底有什麼意義？什麼是愛情？在性愛面前，我們有虧欠任何人任何東西嗎？如果狐狸精先生「只是朋友」，那為什麼我會有這種想吐的反胃感覺？］＝接受妳那超讚的女性友人堅定又慨然的承諾，保證她絕對不會和狐狸精先生上床×［姊妹情！］－任由狐狸精先生忽視我，在我表達不希望他和我那個超讚的女性友人上床時＝當他們還是上床了時的哭泣／憤怒＋［他們怎麼可以這樣？她答應過的！我以為她是我的朋友！他根本沒聽我在說什麼！］＜與狐狸精先生漫長的、艱難的、最終令人滿意的長談，很奇妙的，讓我覺得自己與他更親近了［同時卻也對那個心胸狹窄、充滿不安全感、控制狂、嫉妒、不灑脫、愚蠢、好強、飢渴的自我感到更加厭惡2］×我那個超讚的女性友人之間短暫的、效益不彰的、假裝一切無所謂的對話［她是不是該表現得更難過、更懊悔一點？／但我又有什麼權利接受這樣的道歉？我有什麼資格去管誰和誰上床？／可是她答應過的！］÷幻想我那個超讚的女性友人會接受一份遠在韓國的長期工作＋不斷循環播放我的年代的麗莎．潔曼諾（Lisa Germano）〈癌的萬物論〉（Cancer of Everything[*6]），同時蜷成一團，縮進自己可悲的小世界裡＋［讓下述情況輪流出現：想辦法愉快地寫出這個句子「一起享受一些性愛的歡愉」……那兩個自私的王八蛋！］≠除非。算了。［去他的。］

在數學白痴的Sugar王國裡，這就叫做災難一場。

妳們兩人都錯了。妳們兩人都是對的。妳們兩人都知道自己本應可以做得更好，但妳們都沒有辦到。除非妳們從中學到了一點東西，否則這一切就毫無意義。所以，記住這個教訓，親愛的。

三角習題，如果狐狸精先生和妳的朋友上床這件事，真的令妳感到如此受傷、生氣，那麼這代表他對妳而言根本不是朋友，而妳應該停止再表現得好像你們只是朋友一樣。他是妳前男友，是妳至今尚未放下的愛；妳或許無法解釋，就連對自己也無法合理化這種情感。對於任何在妳熟識圈子裡的人（即使僅僅是勉強算與圈內有關的人）來說，這個男人都是不可涉足的禁區。不要再說什麼「但我們現在只是朋友／自由的愛」這種毫無意義的話了。坦然面對妳真正的感受：不管狐狸精先生今天和誰上床，妳都不想與她相處。暫時不想。現在不想。可能永遠不想。至少，先修補好妳破碎的心，再將狐狸精先生介紹給妳的朋友，尤其是那種妳描述為「聰慧、性感、優秀無比」的朋友。然後做好心理準備。

儘管是敵是友和狐狸精先生上床的決定，看似打破了她對妳的承諾，造成了這一切的痛苦，但追根究底，她的行為並不是妳悲傷的根本原因。妳的悲傷的源頭，紮根於妳未能意識到、並且尊重自己的界線所在。妳試圖要魚與熊掌兩樣兼得。妳想當一個可以與她尚未放下的男人成為好友的女人——但妳不是這個女人。我瞭解為什麼妳想要成為她，寶貝。她超酷。她是閃亮的星，聚光燈的焦點。她不會將任何事情視作具有針對性的。然而，妳真的不是她。這沒關係的。妳就是妳，那個脆弱、堅強、甜蜜、尋尋覓覓著的自己。當那個令妳墜入愛河的男人沒有與妳一同陷進去，妳可以因此而感到傷心。妳不需要當一個有風度的輸家。妳不必假裝自己不介意和狐狸精先生分享妳迷人美麗的朋友，就算這一點令妳覺得自己是個心胸狹窄的混蛋也沒關係。妳可以說不。

但是，妳得說出來。妳得挺身而起，將話大聲說出口。說出來，不僅是對那個未能信守承諾，為了追尋肯定與高潮，在妳優柔寡斷的痛楚長河中悠游的女性友人，更是對那個男人。是的，狐狸精先生。那個身為妳的朋友，其實卻不是妳的朋友的男人。妳需要接受現實，即使那令妳難堪——妳真正需要時間與空間來處理一切的對象，是他。無論如何妳都得這麼做，就算很難、很難。

是敵是友，妳明知會傷害一個信任妳的人，還是做出了那個選擇——注意到了嗎，那是一個妳曾明確地保證不會做的選擇——而在之後，妳舉了一些理由來合理化自己的決定。然而，其實那些理由，都是妳能夠在事前就更深思熟慮地提出來與她討論的。這並不代表妳是個「歡愉成癮者」或「很爛的朋友」。這只代表妳做了大部分的人在人生的這個時刻、這個境況中都會做的事：妳選擇了妳想要的，而非妳需要的。

在這個事件裡，妳一方面無可指謫，另一方面又應該負起全部的責任。妳有點像是被她設計許下了承諾，但又同時像個混蛋一樣對待她。在仔細思索關於狐狸精先生事件後，那些有的沒的念頭（妳的前任、妳因曾經犯下的錯誤受到永恆的懲罰，這帶給妳的感受、妳認為妳的朋友從來不信任妳……等等）之所以浮現妳腦海，是因為——雖然妳聲稱不後悔自己的行為，但其實妳內心知道，妳原本可以把這件事做得不一樣、做得更好、或是根本不去做。如今瀕臨險境的不只妳和三角習題之間的友誼，也包括妳自己正直誠實的人格。妳答應不去傷害一個妳在乎的人。但妳還是傷害了她。妳如何理解這一點？妳想要如何處理這個問題，親愛的？妳想要舉起雙手投降，說聲「好吧，隨便」。還是妳敢讓這個經驗改變妳的價值觀？

我們全都想要相信，自己的自我認知是正確的。然而我們對自己的看法，往往只限於最好、最符合道德觀的部分，比如——「我當然永遠都不會和狐狸精先生上床，因為這會傷害我的朋友！」我們想要假裝自己那些寬容大度的衝動是自然生成的。但事實是，我們常常需要先體會到當個自私自利的王八蛋是什麼滋味，才能夠成為那個最善良寬厚、最合乎道德的自己。這是我們為什麼必須先為了那個身首異處的塑膠黑髮公主的頭爭得面紅耳赤，然後才能學會如何當個隨和好人的原因；這是為什麼我們必須先被燙傷，才知道火的威力；也是為什麼我們所擁有最深刻、最有意義的關係，往往是在幾乎劃下句點的懸崖邊緣存活下來後，繼續向前走的那些。

我希望妳們能這麼做，親愛的女人們。儘管需要一點時間，妳們才得以蹣跚前行。我不知道妳們的友誼是否生來註定要持續一輩子，但我知道這值得一試。我可以看見十年後的妳們，並肩坐在門廊前的畫面。

Sugar

你是我的母親嗎？

親愛的Sugar：

一年前，我搬到了新的城市。過去的幾個月裡，在渡過幾次寂寞的爆發後，我感到輕鬆自在，彷彿回到了家。在這裡我遇到了一些很棒的女性，我可以想像自己和她們交往的畫面，或者至少可以保持一陣子的性關係。這有什麼問題？嗯，是這樣的：我發現女人對我的吸引力，似乎更像一種癖好，而不是出於必要的需求。我會追求那些可以立即得手的女性，然後迅速地失去興趣——有時甚至在一切真正開始前，我就已經興味索然——但因為我是個敏感的、喜歡感官享受與性慾的人，我常常無法拒絕走向下一步。

我猜我真正想問的是……這種情況是生理上的還是心理上的原因？我是個二十餘歲的男性，事業剛剛起步，做著我熱愛的工作，前景看好。我的人生充滿著愛與感恩——單單只是寫下這個句子，就已經讓我覺得好過了一點。我真的、真的很喜歡女人；我不知道自己有沒有可能停止這種過火的興趣。但我也不想要變成世上又一個漠不關心、難以相處、不願溝通、無法確定自己的感受與心意的男性。

我想，有一部分的問題在於，我覺得我需要實質的、身體上的「愛」，才能夠感到幸福；少了這種愛，我就會變成一個不夠好的人。我需要的是自我肯定嗎？我是不是得讓自己相信，有朝一日，我會找到一個我真正能好好去愛的人，並說服自己不要只因為遇到的人有意願、有空暇，就展開追求行動？這與我的母親有關聯嗎？

匿名

親愛的匿名：

你曾讀過P．D．伊士曼（P. D. Eastman）的一本書，叫做《你是我的母親嗎？》（*Are You My Mother?*）？書中，就在鳥媽媽離巢的時候，一隻鳥寶寶從蛋中孵化而生。他決定出發去找她。他還不會飛，於是他步行。他舉起小小的屬於鳥寶寶的雙腳，不斷走啊走啊走，問著同樣的問題：**你是我的母親嗎？**每一次他將問題問出口，都深信答案將是肯定的。但他錯了。那些沒有一個是他的母親。那隻小貓不是他的母親。那隻母雞不是他的母親。那隻狗不是他的母親。那頭牛不是他的母親。那艘船不是他的母親。那架飛機不是他的母親。那台被他稱為「哼哼」的蒸汽挖土機不是他的母親。最終，當所有希望都破滅了，鳥寶寶回到巢裡時——他的母親出現了。

這是一本童書，卻與兒童沒有太大的關係。它是關於你，關於我，關於其他所有經歷過二十餘歲歲月的人，曾尋尋覓覓，試圖在自己心底找到某樣東西，讓我們在這個世界上，有回到家的自在與安心。這個故事說的是，要真正認識自己，我們屬於哪些人，哪些人又屬於我們，可能是多麼困難的事情。它是個童話故事，寫的恰好是你正踏上的人生旅途，匿名。在途中，我鼓勵你帶著你的愛，同時也要處處留心。

你當然會和一些你並不是真的很有興趣的女人上過床，親愛的。**你當然會！**當你二十幾歲、單身時，與隨便遇到的什麼人上床，幾乎可以說是你應該做的**工作**。這與生理有關；這與情感有關；這與心理有關；這與自戀有關。而且，沒錯，那些衝動有部分確實可能和你的母親有關（與你的父親也是）。

現在困擾著你的，關於性和愛的衝突感受與想法，以及你與別的女性那些偶爾的矛盾行為，其實都是很正常的人格發展的一環。它們將讓你學會一些你需要學會的東西。所以，不要太過苛責自己，只要注意別深陷其中、太過耽溺就好。不要耽溺是關鍵所在，不要讓自己變成「世上又一個漠不關心、難以相處、不願溝通、無法確定自己的感受與心意的」、與所有只不過引起他一丁點興趣、有一點吸引力的女人上床的男人。我們從經驗中學習，但不需要一遍又一遍地從相同的經驗中學習相同的事情，對不對？

對那些你其實並不是那麼喜歡的女人說「好」，這種感覺你已經很清楚了。那麼接下來，讓自己嘗試一下對她們說「不」的感覺，怎麼樣？與那些沒那麼喜歡的女人做愛，這種經歷所填滿的是哪個部分的你？而如果你不再以這種方式將它填滿，取而代之的又會是什麼？如果你想要成為一個情感成熟的男人（就我看來，很明顯的，你早已站在邊界，與成為那樣的人僅僅一步之遙），你需要做的，是停止詢問遇到的每一隻小貓咪，她是不是你的母親。

她不是。你才是。一旦你明白了這一點，你就到家了。

Sugar

十個憤怒男孩

親愛的Sugar：

我是兩個美麗的小女孩的母親。她們分別是四歲和兩歲，我愛她們之深，沒有文字或言語能夠形容，她們是我存在的理由。過去我從來不認為自己想要成為一個母親，甚至常常說我一點都不喜歡小孩。可是，噢天哪，當我第一個孩子出生時，一切彷彿三百六十度轉了彎。我不知道自己是怎麼了。我像是墜入愛河，立刻被她的魔法所控制。我迅速地和兩個女孩建立起緊密的連結，成為一個充滿愛的母親，而我們三人非常親密，母女情深。

我意識到尊重女兒的感受的重要性，並教導她們如何表達情緒、感覺，而非壓抑。但近來，我的脾氣開始失控。每當我感到壓力過大的時候，我體內潛伏著的那個惡魔般的怪物就會跳出來。別誤會我的意思；我不是說自己會為了很小的事情突然暴跳如雷，比如她們不把晚餐吃完，或是在超市裡吵鬧搗蛋。我的狀況，比較像是長久累積的一次次忍耐突然爆發。

我應該說明一下，我先生是個很棒的父親與丈夫，但他的工作時間時數長又不固定。這令他很難過，因為他很想念與我們共處的時光，但事情就是這樣。他擁有一顆我會以「純淨」稱之的心；在我們認識前，我是個強迫性的負面思考者，而他拯救了我。一個如今已經世間罕有的單純的好人。他是那麼溫柔、風趣，那麼愛我們的女兒，我心懷感激；但他工作的時間太長了，所以我常常得扮演單親母親的角色，而這令我心力交瘁。大多數的日子都是快樂的，但當我失控時，情況就火爆得一發不可收拾。

我最害怕的，Sugar，是我來自一個非常不穩定的家庭。雖然我的父母並不是暴怒的酒鬼或變態的虐待狂，但他們會莫名其妙大吼大叫，威脅我們，並且常常打我們。我們不被允許自己做決定，總是感到無力無助。尤其我的母親，她總是把一切發洩在我和兄弟姊妹們身上。那種恐懼就像是踮著腳走過埋著地雷的土地，你永遠不知道她什麼時候會爆炸。她會大喊自己要離家出走，而在那些夜裡，我都會一直等到她上床就寢，才願意去睡覺，因為我真的相信她在收拾行李準備離去。她身上那些嚴重的問題，我一直到近期才瞭解。她來自不正常的缺陷家庭，也遭遇過其他的不幸，在這裡我不贅述，免得篇幅太長。我認為這使她不斷地自言自語、咒罵著她的人生如何一無是處，她的孩子又是如何也一無是處。

嗯，這就是長話短說版本的，我的成長故事。我是個自尊心極低的女人，咬緊牙關讀完了大學，得到了很好的工作，嫁給了一個非常棒的男人，建立了一個美好的家庭——但現在，我的脾氣，卻把自己給嚇壞了。我做出了一些連自己都不可接受的事。今天晚上，我把大女兒從車子裡拖出來，扔在前院草坪上。她躺在地上，因為驚嚇而痛哭了起來。這個畫面之前不久的場景，是一個尖叫著怒火沖天的成年人，一邊開車回家，一邊大發雷霆。有如野獸，非得狠狠發洩過後，才能平息我的怒火。

我覺得自己爛透了，不配當她們的母親，因為我明知這樣是錯的，卻無法克制自己。今天我諮詢了心理醫師想開始處理深層的心理問題。我深深恐懼自己永遠無法改變，我怕這種火爆脾氣以及發洩的需求與生俱來就流在我的血管裡，深入骨髓。

無助的母親

親愛的無助的母親：

我不認為妳無助。我認為妳是個好媽媽，只是偶爾被推到耐心與忍受與寬容的極限之外，需要學習如何處理自己的憤怒及壓力。妳完全辦得到的。在妳的來信中，妳說妳「深深恐懼自己永遠沒辦法改變」，這一點，比妳在暴怒中將孩子扔到草坪上，還要更令我擔憂。在妳的情況下，身為兩個年幼孩子的主要照顧者，缺少伴侶的實質幫助與支持，我不意外妳有時會對摯愛的寶貝發飆。我曾經短暫地獨自照顧過我的兩個孩子；當時的情況與妳描述的很類似，那毫無疑問是我人生中最瘋狂、最令人筋疲力竭的一段時期。

我也曾用讓自己事後懊悔不已的方式對待過我的孩子。妳找找看，世界上哪個母親沒有這種經歷？

我說這些，不是要對妳做的事情放妳一馬。反而（雖然聽起來有些矛盾）是將改變的責任完全壓上妳的肩頭。當父母是一件嚴肅的事情，會將我們最好的以及最糟的一面展露出來。這件事需要我們勇敢面對自己最光明以及最黑暗的一面。妳親愛的女兒給了妳這個機會，讓妳得以完整地看見自己：一個有能力去愛，並且愛得比自己所能想像的更深的女人。同時也是一個偶爾對著兩名不到五歲的幼兒「尖叫著怒火沖天的成年人」。

妳能為女兒做的最好的事，就是原諒過去的自己。接受妳的憤怒會幫助妳意識到一件事：為了當一個妳的孩子值得擁有的更好的母親，妳還有課題需要面對，然後用盡妳所有的資源（內在的、外在的）去成為那樣的人。

妳先生的工作費神費力，但他總有在家的時間，足夠讓妳可以喘口氣、從家庭的緊張關係裡脫身放鬆一下吧？他有嗎？妳有把握機會嗎？我知道要抽身而出很難，尤其是在妳渴望的難得一見的那種「**我們終於全家團聚了！**」的家庭時光裡。但我鼓勵妳為自己找到一點空間，即使妳得努力想方設法才能勉強擠出來。妳很難想像，一個小時的獨處時光能帶來多大的療癒效果；去散個步，能平息多激烈的怒火。同時，也有其他的管道能給妳帶來幫助。與其他家長來一場能順便照看孩子的「玩約」（play date[*7]）；每週固定幾個早晨或下午將孩子送到托兒所，就算不是因為一份「工作」迫使妳得這麼做也沒關係；加入提供幼兒照看的健身房，讓妳能夠有機會運動、或是坐在桑拿蒸氣浴裡悠閒翻閱雜誌——當我孤身一人陷在照顧幼兒的茫茫大海裡，沒有其他的成年人在身邊分擔時，這些都是幫助我渡過那段艱辛時光的方式。

當然，還有更艱難的部分需要妳去面對——去理解自己內心深處，與妳的童年有關的問題。我很高興妳已經開始尋求心理諮商的幫助。我希望妳這麼做時，感受到的是堅強與力量，而非絕望痛苦。因為妳的來信中，字裡行間閃耀的，正是妳的堅強和愛。妳已經走了這麼遠了，進步了這麼多。妳選擇以不同於自己父母當初對待妳的方式去教養妳的女兒，這或許將是妳一生中最有意義的成就。但妳能辦到的不僅只是**比他們做得更好**而已。我滿懷信心，相信妳一定能找到那條路，學會讓妳的怒火止於怒火本身，而不向外延燒。像一場無害的風暴來襲，又漸漸化做潤物細雨，最終雨過天晴。

我曾深深愛上了十個憤怒的男孩。儘管他們看似與妳、與我、或者與任何我們認識的所謂的好媽媽們都無關，但與他們相處的經歷卻帶給我人生無盡的啟發，尤其令我意識到身為父母所承擔的責任有多美。遇見他們的時候，我正在中學任職，負責帶領那群少女。我正式的工作內容並不包括這些男孩們（我是為了那些女孩而受雇的）；但是，因為我的工作是在一所中學裡，因為我的職稱是**青少年倡權顧問**，更因為任何以貧窮弱勢孩童為對象的計畫，都毫無例外的必須四下搜刮任何免費的資源，所以我被徵召參與了一項實驗性的活動。

那個實驗是這樣的：說服這些男孩（他們都做了某些很糟糕的行為，因此被挪出正常的班級，分到憤怒情緒管理特殊班裡去）的家長，每週二晚上到學校，與他們的孩子一起吃晚餐，持續十週的時間。這個計畫將提供免費食物，讓這些男孩為家人送餐。每個家庭都有屬於自己的桌子，彼此相隔開，以激勵家庭內的團結感。晚餐後，每個憤怒男孩都將從碗裡抽取一張卡片，大聲對家人唸出上面寫的文字——可能是**我最快樂的回憶**，或者**我未來的夢想**——然後每個家庭各自要針對那個議題討論十五分鐘。話題結束後，家庭成員會被分開來，憤怒男孩的家長們與一群社工會集合在一間房間裡，以一種群體心理治療的方式討論身為父母的艱辛與快樂。憤怒男孩的年幼弟妹會在另一間房間裡集合，由幾個實習生充當保母照顧。而憤怒男孩與他們的年長兄姊則會來到我的那間房間裡。我，青少年倡權顧問。

哈。

我的任務是帶著那群孩子玩遊戲，在遊戲中幫助他們學會如何彼此合作，並且在合作的過程中不要試圖把別人給掐死。第一週是一場徹頭徹尾的災難。其中一個憤怒男孩舉起椅子威嚇別人的哥哥；另一名則是在我們玩「鴨、鴨、灰鴨」（duck, duck, gray duck[*8]）的時候，狠狠一拳揍上別人的腦袋。賓果遊戲變成一場混戰。那個小時漫長得好像四個小時一樣。

當我們重新回到學校食堂，加入其他家長與年幼弟妹的行列時，我是真的整個人都在顫抖。整間學校只有這個地方亮著光，其餘的建築物都籠罩在詭密的夜幕之下，晦暗幽靜，寂然無聲。所有人集合以後，（十個憤怒男孩，他們的家人，四個社工，兩名實習生，還有我）圍成一個很大的圓圈站著。「到了我們結束的儀式了，」其中一名社工用歡快的語氣解釋著，「接下來九週也都會這麼做。」她說。首先，我們要合唱一首歌。然後，我們要進行「雨」的環節。

我根本不知道「雨」是什麼，但也來不及問。我只能順從地配合大家，唱著那首大概是社工特別為了這個計畫編出來的歌曲，目光掃過那些家長一雙雙透著勉強與不情願的眼神，任由那些空洞的歡快歌詞，結結巴巴地從口中蹦出來。現場有幾名男性，包括一個真正的父親，以及幾個男朋友；但大多數出席的家長都是女性，與我年齡相仿（二十五至三十歲左右），然而她們與我長得不像，穿著不像——幾乎沒有相似的地方。她們看起來，就是憤怒男孩的母親應有的模樣，像是過著極度兩極化的生活，不是憔悴枯槁，就是花枝招展；不是非常胖就是非常瘦；不是才剛因吸毒而嗨過，就是無神困倦，彷彿馬上就會睡著。

站在她們之間，我覺得自己像個騙子。我該如何說服她們的兒子，不要舉起椅子威嚇別人的哥哥？

終於到了「雨」的環節。社工一步步帶領我們，而我同樣順從地配合，跟著大家一起用身體重現暴風雨的概念。從靜靜地站著不動開始，雙臂在頭頂圈成一個圓，代表著太陽。接著摩擦雙手製造出輕微的嘶聲，彈響手指模擬雨點啪嗒落下的聲音。然後拍手，先是雙手對拍，然後拍擊大腿，像是傾盆大雨嘩嘩砸落。在風暴的最高潮，我們要重踏地板，弄出打雷般的巨響，然後慢慢地以反向的順序重新做一遍——重砸、拍響、極輕地摩擦——直到我們再一次站定，圈出一個個太陽。

「剛那個還滿酷的。」在一片安靜中，一個憤怒男孩開口了，「我們可以再來一遍嗎？」他問，我們大家都笑了。

他就是那個在玩「鴨、鴨、灰鴨」的時候，太用力打了別人的頭的男孩。第一天晚上，我其實有點怕他，而這不只是因為以一個八年級男孩來說，他的殘暴與粗野令人感到畏懼的緣故。我特別注意他，是因為我知道他的故事。社工將男孩們的背景都簡單告訴了我，而他的故事，是讓我覺得最悲傷的一個。

兩年前的一個下午，他六年級，從學校放學回家，卻被關在屋外。在拼命敲門卻得不到回音以後，他透過窗戶往屋內窺視，看見了他的父親死在客廳的地板上——因吸食過量海洛因而亡。他深信自己不能打電話報警——警察不是他的朋友——所以，他待在門廊上等母親回家，但是她沒有出現。她也有毒癮，並且是個妓女，男孩是她的獨生子。整夜，他睡在門廊上，蜷縮進自己的外套裡。天亮後，他走回學校，告訴一名教師，他父親死了。

從那以後，男孩成為了憤怒男孩。

在此我將稱他為布蘭登（Brandon）。在第一次「雨」結束後，我就不再害怕他了。在其他大部分的孩子都在教室裡上課的安靜時段裡，他開始時不時出現在我的辦公室。他與憤怒管理班老師有個協議；當他感覺自己怒火騰騰，即將爆發時，他可以離開現場，在學校的走廊裡深呼吸來回走動。這是他在學校學到的練習方法，在他身上很有效。他來來回回走著，經過我辦公室敞開的門，經過我辦公室敞開的門，經過我辦公室……終於，他回到門前，問：「你在幹嘛？」語氣中帶著一種漠然的偽裝。他那努力想裝出毫不在意的模樣，令我心碎。

「沒什麼特別的」我說，「進來啊。」他踏進來，坐在我辦公桌前的恐怖故事椅上——就是在那張椅子上，女孩們來來去去，敘述著她們身上發生的駭人聽聞的故事——坐在同樣的位置，他也將自己的故事告訴了我，但並不全部都是恐怖醜陋的。他的人生逐漸好轉了，他說。他超開心他母親同意參加這個週二晚間活動。她也正在好轉當中，他告訴我。她在戒毒，她的男友也是。等到暑假，他們就要一起養一隻狗。

時間就這樣流逝，一個個週二晚上過去了，有幾個家庭中途退出，也有一些新成員加入（男孩們懷孕了的姊姊、母親的新男友和繼子等等）。每一週的活動都是一樣的：晚餐、討論、分組、唱歌、「雨」。**孩子們需要系統化的結構**——這句話我聽了許多遍。**孩子們想要能夠預期接下來會發生什麼**。「雨」是他們最喜歡的部分。那樣的儀式讓他們很快樂。他們拼命痛毆自己的大腿，製造風暴的效果，而每週，每當來到最後一切歸於寂靜的時刻，都像是一帖療癒的良方。

我從來不相信這些男孩是真的憤怒。我認為他們受傷太深了，而憤怒，是他們表露悲痛的一種最安全的方式。那是一條通道，屬於他們的男性長河，當河水暴虐地迸發直衝而入時，他們的憤怒其實只是無助且蒼白的應對。

布蘭登是他們之中最憤怒的，但同時也是最貼心的一個。他驕傲地將自己視為我的助理。每到週二，他不會先放學回家，再和家人一起回到學校參與活動；他會來我的辦公室和我聊天，然後等時間差不多了，又幫著我準備食堂裡的食物。他會先為他自己和母親、母親的男友占據位置最好的一張桌子，擺好餐具，等著他們到來。在活動的最後一個週二晚上，布蘭登和我將長條的紙彩帶貼在桌子邊緣，布置一點慶祝的氛圍。我們會發放「結業證書」，並捐贈給每個家庭一個福袋，裡面裝著各式物品，諸如牙刷、桌上遊戲、玻璃器皿等等。我們還準備了一個超大的淺盤蛋糕，上面寫著：「**祝福所有的家庭！在一起讓我們更堅強！**」

一直到食堂裡擠滿了人，我才發現布蘭登的母親和她男友並沒有出席。桌上只有他一個人。夜幕漸漸籠罩，當其他的憤怒男孩從碗裡抽出卡片時，他起身走到學校大門前，靜靜站著。我們開始分組，但布蘭登的母親依舊沒有出現。半小時後，教室的門被敲響了，一名社工將我和布蘭登喚到大廳裡。他的母親在市區被逮捕了；她沒說是因為賣淫還是吸毒還是以上兩者皆是。她最早也要到明天才能被釋放，那名社工以平穩的語調告知我們。她的男友會盡快趕到，與布蘭登待在一起，直到她回來為止。

布蘭登聽著，只點了點頭作為回應。但當我伸手碰觸他的手臂時，他猛然甩開，動作劇烈到我以為他可能會出拳打我。「布蘭登，」他怒氣沖沖衝出大廳，我開口喊他。「拜託，回來好嗎？」我試著讓自己的語氣嚴厲堅定，但聲音卻微微顫抖。

「你不能離開。」社工補充，「我們需要為你負責的。」

他繼續向前走，好像沒聽見我們說的話。有九名憤怒男孩與他們的兄弟姊妹在教室裡等我；我已經可以感受到在那扇門後方的氣氛混亂嘈雜，一觸即發，隨時都可能變成一場災難。「布蘭登！」我更尖銳地喊，害怕他會從學校跑走。

「我沒有要做什麼不對的事！」他從長廊的另一端怒吼，轉身往回朝我走來。我這時候才意識到他是對的。他沒有要去哪裡，他根本沒有過這樣的意圖。他只是在做他學到該做的事，奮力對抗著他心底最深刻、最直覺、最合情合理的衝動。他一邊深呼吸，一邊走啊走。他是個憤怒的男孩，正控制著自己的怒火。

那個大步沿著長廊走動的男孩教了我需要知道的一切，無助的母親。那就是我們沒有資格覺得無助，我們得自己幫助自己。對每個人，命運自有安排，但身在其中，我們仍需對自己的人生負責。我們可以選擇把自己的孩子扔到草坪上，也可以選擇深呼吸，在長長的走廊上來回走著。而布蘭登的母親也令我領悟到了另一件事。我們和她很不一樣，對嗎？在許多許多層面上，妳和我，和其他任何我們認識的所謂的好母親們，跟那個女人，幾乎可以說是生活在不同的星球上。她一再地失敗、失敗、又失敗。

但我也是啊。妳也是啊。

是什麼原因，讓她在那個晚上沒有出現？當她原應和可愛的兒子坐在學校食堂裡，吃著千層麵和蛋糕時，又是什麼力量，讓她選擇去做那件導致她被逮捕的事？是什麼讓她不能夠原諒自己？她究竟是對什麼感到無助？

這些我都不知道。但我知道一件事——當事情與我們的孩子有關時，我們不該有絕望無助這種奢侈的感受。無論過去我們曾失敗了多少次，每當我們挺身奮鬥，他們也會毫無例外地和我們一起努力。我希望下一次妳失敗時，能記得這一點。我希望自己也是。記得這一點，是我們身為父母，力所能及之內最重要的課題。

最後一次的週二晚間計畫，在分組活動結束以後，布蘭登終於停下了腳步。他一個人代表全家，接受了結業證書和福袋。他吃了一塊蛋糕。他和我們一起圍成了一個圈，唱著社工編的歌。歌聲尚未停止時，他母親的男友趕到了。

那個晚上，當來到「雨」的時刻，那段「儀式」感覺起來比以往更重要、更強烈。我們雙臂圈出的太陽比以往更圓；我們的手掌相互摩擦的更熱情、更生氣勃勃。我們彈指，我們拍手，我們蹬地如雷，彷彿天空的雲朵正將胸口的心一顆顆挖出來，拋落地面。從風暴的高潮我們往回倒轉；但這一次，沒有漸漸歸於寧靜。沒有人想停下來，實在太好玩了，於是風暴再度來襲，我們從彈指到拍手到蹬地，來來回回，一次次的爆發與巨響，直到最終我們別無他法，只能舉起雙手投降，承認這場雨是真的已經過去了。

Sugar

最美麗的小事

親愛的Sugar：

我以一種虔誠的熱情在閱讀妳的專欄。我二十二歲。從妳的文章看來，妳大概四十出頭吧？我想問妳一個簡短的、輕鬆愉快的問題：如果有機會的話，妳想對二十歲的自己說些什麼？

智慧探索號

親愛的智慧探索號：

不要再煩惱妳是不是很胖了。妳不胖。或者應該說，妳有時是胖了點，但誰在乎這個啊？這世上沒有什麼比一個女人拼命抱怨、苛責自己有小腹這種事情更沒意義、更無聊了！把自己餵飽——我是說真的餵飽。真正值得妳去愛的人，會因此而愛妳更多，寶貝。

二十五歲的那個深夜裡，當妳最要好的女性朋友在妳的床上，全身赤裸著靠近、跨坐在妳身上，說**妳該在我把妳吃掉之前趕快逃跑**——妳得相信她說的是真的。

想和妳愛的人分手，並不意謂著妳是個爛人。妳不需要離開的理由。僅僅是「想要離開」，就已經足夠了。離開不代表妳無法真正地去愛，或者再也無法愛上另一個人。這麼做也不會讓妳成為一個道德破產的壞人、一個心理有病的變態，或是女色情狂。這只代表妳想要改變某一段感情關係的現狀罷了，就只是這樣而已。妳該做的就是，鼓起勇氣，勇敢地讓自己心碎。

當那一對真的很可愛，但也真的過著亂七八糟的生活的同性情侶邀請妳去他們家家，參與他們的搖頭丸派對時，記得說不。

有很多事情，妳現在還不明白。妳的人生是一卷精彩的長軸，將不斷地在妳面前徐徐展開。妳二十歲時，是那麼努力去解決童年遺留下來的問題，這真的很棒。但也要記得，這並非一蹴可幾的。妳現在處理過的問題，未來將還需要繼續面對、一再地面對。妳將慢慢理解一些只有經歷歲月的智慧與涵養能夠帶給妳的見識。而這些事情，大多與原諒有關。

有一天晚上，妳在自己的公寓裡，和一個男人在木地板上翻滾著。他會告訴妳他沒帶保險套。而妳刻意以一種自以為很性感的方式燦爛地笑著，叫他別管那麼多，和妳做愛就對了——這是個錯誤，而後果妳得獨自承擔。

不要老是自怨自艾，哀嘆自己的事業將有或沒有什麼成果。妳沒有事業，妳只有人生。好好過它，保持信念，堅定不移。妳之所以是個作家，是因為妳寫作，繼續寫，不要再抱怨了。妳的書有誕生的那一天，只是現在的妳還不知道那是何年何月。

妳無法說服他人愛妳。這是永恆不變的準則。永遠沒有人會因為妳想要，就將他或她的愛交給妳。真愛應是雙向的，不要浪費時間在任何其他的東西上。

大多數的事情，最終都會好起來的；但不是所有事情皆如此。有時候，妳會挺身奮鬥，最後卻輸掉那場仗。有時候，妳會用盡全力，對某樣東西緊抓不放，但最終卻意識到，除了放手以外，沒有第二條路可以走。結局就是如此——接受，是一間狹小、安靜的房間。

在那段染上海洛因毒癮的荒唐時期中，一個炎熱的下午，妳會坐在巴士上，想著自己是個毫無價值的廢物。就在那個時候，一個小女孩會抓著兩顆晶瑩的紫色氣球踏上車。她會將其中一個遞給妳，但妳不願意接過，因為妳認為自己再也沒有資格、再也沒有權利擁有這樣美麗的小事。妳錯了。妳值得。

妳對於其他人的人生的假設，來自妳心中天真無知的傲慢與自負。許多妳眼中富裕的人，其實並不富有。許多妳眼中的天之驕子、幸運兒，其實經過拼命奮鬥、披荊斬棘才有今日的成就。妳眼中一帆風順的人，也遭遇過各種痛苦掙扎，甚至正經歷悲傷折磨。妳眼中又老、又笨、又被小孩車子房子等等俗事困住的俗人，他們也曾與妳一樣時髦頹廢，一樣自命不凡。

妳會在一間墨西哥餐廳門口遇見一個男人，他不久後將一邊吻妳，一邊解釋這個吻「不代表什麼」，因為雖然他很喜歡妳，但他現在並不打算與妳或與任何人經營感情。妳只需要笑著回吻他就可以了。妳的女兒將遺傳他的幽默感，妳的兒子擁有他的眼睛。

過去那些看似毫無意義的小事，終將結出果實。爛透了的服務生工作。琢磨日誌的漫長日夜。迂迴曲折的人生旅途。所有那些閱讀的時光，翻過詩選、短篇集、小說、死人的日記，思緒萬千，漫無邊際，思索著關於性和上帝和究竟該不該除腋毛的事。這些生命中零零散散的碎片，最終都將豁然開朗、各歸各位，似偶然又似注定，恰好地拼成完整的妳。

妳剛滿二十歲的那個聖誕節，妳的母親會送給妳一件暖大衣，她為了這件大衣存了很久的錢。當她說，她認為那件大衣很襯妳的時候，不要那樣滿面挑戰和質疑地望著她。不要把它舉起來，說這太長了吧！這根本不是妳想要的外套長度，而且太臃腫，搞不好穿起來根本就太熱了。妳的母親會在那個春天死去，那件大衣是她最後送給妳的禮物。妳將為了這件小事，為了一句沒能說出口的話，終生懊悔。

記得，說：「謝謝。」

Sugar

注釋

注1：《大教堂與其他短篇選》（*Cathedral and Other Stories*）。

注2：萊納・瑪利亞・里爾克詩選（*The Selected Poetry of Rainer Maria Rilke*）。

注3：擁性主義者（pro-sex），支持享受性愛，與性積極（sex-positive）相關，此處選擇「擁性」是較貼近原文的譯法。

注4：瑞秋・雷（Rachael Ray），美國的美食烹飪節目名廚。

注5：美沙酮（methadone），一種替代海洛因的藥品，用以治療毒癮者。

注6：〈癌的萬物論〉（*Cancer of Everything*），收錄於Lisa Germano於一九九四年發行的音樂專輯*Geek the Girl*中。

注7：「玩約」（play date），西方國家（尤其美國）行之有年的習慣，家長間相約，讓彼此的小孩在一起玩，有同伴也有機會學習社交與人相處，父母們則可以交際、或抽空去辦事等等。

注8：「鴨、鴨、灰鴨」（duck, duck, gray duc），一種遊戲，較常見的說法是"duck, duck, goose"，參與者圍成一圈面朝裡坐著，當鬼的人在外繞著圈，用手點每一個人的頭，數著鴨、鴨、鴨、鴨……直到他突然說「鵝！」（灰鴨！）被點到的人就要起來和鬼互相追逐，搶輸位置的人當鬼。

第六部

我們才是那個堅實的東西

你不在The Rumpus上繼續撰寫《親愛的Sugar》專欄之後，發生了什麼事？

我繼續當Sugar，為文學雜誌和選集撰寫個別的專欄，並和史蒂夫·阿蒙德一起主持一個提供人們建議的podcast，就叫作《親愛的Sugar》（*Dear Sugars*），還有單獨主持另一個節目《Sugar來電》（*Sugar Calling*）。最後我也回頭繼續定期撰寫專欄，只是這次換成每個月在Substack[*1]上出刊的電子報，本章的來信便是從電子報裡面挑選的。

思索別人的痛苦、問題、困境這麼多年，你有覺得負擔很重過嗎？

多年前，我曾去考取緊急救護人員證照，在受訓過程中，我和我的同學有時會需要模擬多人受傷的場景。每個人都要扮演指定的角色，有時是傷者，有時是協助傷者的緊急救護人員，有時則是基本上什麼事都沒做的路人。我很快就發現最爛的角色是扮演路人，扮演這個角色時，幾乎一定都會驚慌失措，我那時便學到了我在一生中透過其他許多方式也體會到了的事：當我們面對他人的痛苦時，比起做點什麼，袖手旁觀的負擔要重上許多。做點什麼可以減輕負擔，就算只是件小事——比如寫封信。

晚禱

親愛的 Sugar：

我擔任護理師的十七年間，在工作上遭遇的挑戰所在多有，但過去這幾年的挑戰是完全不一樣的等級，我從來沒有壓力這麼大、精疲力竭過，不管是生理、心理、情緒、精神上都是。同理心對我來說很自然，但我最近發現自己被打敗了。老實說，我的壓力並不完全來自工作。我四十八歲、更年期快到了、父母身體出狀況、兒子的中學因為疫情已經遠距上課超過一年，所以不少方面都需要依賴我。我已經被榨乾、燃燒殆盡了，我覺得我已經沒有東西可以給予別人，但我還是必須不斷付出，我常常都在想：「我不知道該怎麼繼續下去了。」

我知道有些方法可以改善我的心態，我也試著去做。我偶爾會去諮商，幾個月前也去渡了亟需的假，我的運動、飲食、睡眠狀態也都還可以。我有個諮商師、超棒的老公、一群好朋友，全都為我帶來支持和愛。我寫信給妳不是為了尋求更棒的自我照顧小撇步或是建議我換個工作；我寫信給妳，是因為想得到一些在我覺得「我不知道該怎麼繼續下去了」的日子中，可以幫助我的文字。

妳在疫情期間過得如何呢，Sugar？妳發現自己疲憊不堪又厭世的時候，會做些什麼事？我們該怎麼渡過這段艱難的時光？

疲憊的人

親愛的疲憊的人：

去年春天，我發現我突然間掉了三分之一左右的頭髮，幾周前我終於去看醫生時，她說我完完全全符合更年期女性的特徵。她說這幾個月以來，她的診所出現大量擁有全職工作、小孩遠距上課的更年期婦女，症狀都一模一樣，而她從來沒有在短期內見過這麼多。我們現在已經自成一格了——掉髮的更年期中年媽媽，我們的共通點就是我們都精疲力盡、壓力山大、覺得人生他媽的沒救了。

疲憊的人，我很確定我會掉頭髮是因為我也渡過了糟糕的一年半。我人生中唯一一段跟這一樣痛苦的時間，是三十年前我媽過世的時候，當時我二十二歲。五十二歲的我沒有去計算，但我確定我哭泣（有時候還大爆哭）的日子，肯定超過我沒哭（或大爆哭）的日子，我心想「我不知道該怎麼繼續下去了」的日子，基本上就是每一天。在我的經驗中，這不是來自我的工作壓力，而是因為我深愛的人非常痛苦，而我做的所有事卻都幫不上忙，而且我真的做了很多。我嘗試嘗試再嘗試，事情卻變得越來越糟越來越糟越來越糟，我覺得就像住在地獄一樣。

去年的某個深夜，在那段可怕時光的深處，我電郵信箱裡某封郵件主旨吸引了我的目光：「每周晚禱」（Weekly Prayer Vespers）。電郵是來自我所屬的一位普救會（Unitarian）[*2]教會，雖然我已經好幾年沒去做禮拜了，因為我太忙、被生活疲勞轟炸、又很不會在禮拜天早上把自己弄出家門。我覺得我會讀那封電郵，純粹是因為我喜歡「vespers」這個字——我不知道這是什麼意思，老實說，我到現在才剛去查定義而已。但我喜歡這個字的聲音，因為感覺意思可能有點接近「呢喃」（whisper），而我過去這麼多個月最想要的事情，就是有個人可以定期在我耳邊輕聲呢喃，告訴我即便現在事情再怎麼糟，之後都會沒事的。

此外，我並不相信上帝，所以禱告對我來說有點小複雜。每當我試著禱告，我都會把多數時間花在思索「我禱告和我在腦中自言自語的差別在哪？」上，這是個超級深奧又令人分心的問題，總是屢試不爽地使我以不信神的荒誕掐死了我所謂的禱告，並決定放棄。

總之，我還是讀了那封我不怎麼去的教會寄來的電郵，上面說每周五晚上在Zoom上都會有個會眾可以參加的視訊晚禱，想要代禱的人可以寄請求過去，會在禱告期間朗讀出來。我心想：「試試這個如何？」我已經竭盡所能試過所有我想得到能渡過難關的方法，結果沒有半個有用。搞不好這會有用，我於是點進連結登入。

那個周五剛好是冬至前幾天的待降節（Advent）[*3]期間，還真的是一整年天色最暗的一個禮拜，而我就在那尋找光明，我心想（還是算禱告？）：「幫幫我吧」，邊登上通往我閣樓辦公室的狹窄階梯；我心想：「幫幫我吧」，並在太陽下山時登入網站；「幫幫我吧」，我在內心深處懇求，邊看著陌生人出現在電腦螢幕上的小框框中，幾乎全數都是灰髮稀疏的女性，比我年長十歲二十歲三十歲四十歲。

有個人歡迎我們，有個人唱了首歌，有個人點起蠟燭，聊起那個月的禮拜主題，正好是神蹟。我按照指示把麥克風關成靜音，並在耳機上聽她說那些我早就知道，但必須再聽一次的事，有關我們如何在黑暗中等待，有關在這困難的時刻，我們必須如何努力追尋將為我們帶來蛻變的光明。我邊聽她說，邊在跑步機上慢慢走著。筆電放在我身前的書桌上，我的臉孔隨著我不斷重覆開關鏡頭端看自己有多自在，而在螢幕上出現又消失，宛如燈塔的光芒。

聊神蹟的女子說完之後，歡迎我們的女子開始朗讀一長串的代禱事項，一個接一個，我也在心裡幫他們祈禱，彷彿有人花錢叫我這麼做。替開始化療和藥物治療的男子禱告、替懷孕和動膝蓋手術的女子禱告、替失去工作和摯愛的人們禱告。每個代禱都是簡短又直接的請求，一或兩行的「拜託」，感覺就像「vespers」。不管那到底是什麼，在每一下心跳間，我都以沒有出聲的呢喃細語，為這些陌生人禱告。

一段時間後，我鼓起勇氣送出我自己的代禱請求，上面說我可以打在聊天視窗裡，只有主持儀式的女子會看見。我把跑步機調慢，然後打上：「請幫掙扎中的某某禱告。」

這是個簡單的句子，但我有這麼多的人生蘊含在其中，使得那名女子在幾分鐘後唸出來時，我哭得非常慘，慘到我必須把跑步機的速度調到幾乎靜止，並抓住書桌的桌角以免跌倒。

我下個禮拜又回去參加，下下禮拜也是，一次又一次。每個禮拜我都在聊天視窗中打上相同的句子：「請幫掙扎中的某某禱告」、「請幫掙扎中的某某禱告」、「請幫掙扎中的某某禱告」，而女子每個禮拜唸出來時我都會爆哭，每個禮拜我幾乎都要摔倒。每個禮拜我都會蹣跚前行、抓著桌角，在跑步機上不知道要走向何方，然後被在Zoom上的年長女子穩住身體。她們聽見我的句子、我的禱告，並允許其進入她們的內心；她們從遙遠的房間，無聲地向我低語。

我的朋友——作家兼教師珍．帕斯提洛夫（Jen Pastiloff）常常說：「有我在。」（I got you）甚至還把這句話刺在手臂上。我覺得這個晚禱對我來說就是這樣，疲憊的人。就像有人在照看著我，好像在那麼微小的一剎那間，有一股比我自己所能積聚起來的還更強大的力量在抓著我。

疲憊的人，妳問我們該怎麼渡過這段艱難的時光？除了告訴妳，對妳、我以及所有覺得無法再繼續下去的人來說，這種受到支持的感覺每天都以某種形式存在之外，我無法給妳更好的答案了。而在妳覺得無法繼續下去的日子中繼續下去的方法，便是在妳所能想到的所有地方，盡可能去尋找這種感覺；這就是我現在試著透過文字、透過這封信為妳做的事，也是妳寫信給我時想得到的東西——不是要尋求建議，而是以我唯一有力量做到的方式幫助妳。

我很抱歉，過去的一年半對妳和所有在疫情第一線工作的人來說尤其艱難。在這麼可怕又充滿壓力的時光中，你們必須如此堅強、勇敢、自我犧牲，實在很不公平。我希望我可以向妳保證，下一個一年半會更好過——但我沒辦法；不過我想，知道妳不會獨自承受這一切，應該能帶來一些慰藉，疲憊的人。我的電郵信箱塞滿許多和妳一樣的信，來自其他健康照護人員、教師、孩子性命危在旦夕的父母，來自因這場疫情所造成、破壞、顯露的所有東西而感到疏離、孤單、憤怒、無法承受、心力交瘁的人們。

許多年前，我在讀研究所時，幾個詩人朋友跟我分享他們的一項作業——重覆聆聽一首以他們不懂的語言寫成的詩作，接著將其譯為英語。他們的任務不是了解字詞的意思，而是去傾聽、去感受、去想像，並從自身召喚出某種東西，把這些字詞中不可能理解的奧妙，翻譯成一首用自己了解的語言創造出來的詩作。我沒有修那堂課，也從未親自試過這個練習，但這些年間總是不斷想起，很可能是因為，即便乍看之下頗為大膽和荒唐，但這個任務其實是詩和人生最終要求我們去做的事：試著從無法理解的事物中，理出頭緒和意義。

我最近時常想起這個多年前的工作坊作業，而在讀妳的信時，疲憊的人，這再度出現在我腦海中。或許是因為從某種層面上來說，我們所有人現在必須做的事，便是從自己被迫去理解的未知語言中，創造出美妙的事物。我們必須把「我不知道該怎麼繼續下去了」這句話，翻譯成完全相反的意思——「我知道該怎麼繼續下去」，並且不厭其煩一遍又一遍一直一直一**直繼續下去**，如同妳所做的，疲憊的人。

結果我對「vesper」這個字的直覺完全錯了，意思並不是「呢喃」，而是「晚禱」——來自古法文「vespre」；雖然我比較喜歡原本的意思意為金星。親愛的姊妹、疲憊的人，當妳走向這顆光芒鋒利的星辰時，我會從我遙遠的房間向妳呢喃，我會在不知道通往何方的跑步機上和妳一起跌跌撞撞，我會抓著妳，和妳一起找路、走過這黑暗又難以理解的一切，儘管髮絲像暴雨一樣從我們疲憊的頭上落下。我會相信那件我們早就知道、但必須再聽一次的事：早晨來臨時，我們便將蛻變。

Sugar

瘋狂相信自己

親愛的Sugar：

我們全都聽過中年危機，但如果有個東西叫青年危機，那麼我就正身處其中。再過幾個月我就要二十六歲了，我覺得既年輕又蒼老——我肯定是個成人，但我還有好多好多事情要學習要成長。最近，我都在問自己這輩子做了什麼，坦白說，還真的沒什麼。

潮水般的後悔讓我招架不住，我竟然把二十幾歲至今的大好時光，浪費在看影集、和朋友鬼混、滑社群媒體上。這些活動本身確實都沒有不好，但如果你成天只做這些事，那可就不行了。我的全職工作是在一間貝果店上班，但這份工作對我來說沒什麼意義，就跟另外兩個我大學畢業後做過的工作一樣——可以過生活，就這樣而已。我一想到所有我現在應該完成的事，我就好難受，Sugar！我應該要學個幾種語言、去某個超讚的非營利組織當志工，讓世界變成一個更好的地方；我應該博覽群書、念研究所，主修一個我有熱情的科目、發展某項能夠創造出價值的技能或技藝——但是我卻什麼都沒有達成，除非妳會把《六人行》（*friends*）每一集都二刷視為一種成就。

也不是說我就是個徹頭徹尾的廢柴，我有很棒的家庭和朋友圈，而且我最近開始和一個我很喜歡的男生約會。表面上看來，我似乎還算快樂，但心裡卻覺得茫然及迷失。隨著羞恥和焦慮感越來越深，我發現我的人生就是條死路，而原因正出在我身上。我只是一天流過一天、一集漂過一集、一攤混過一攤。

我想停止隨波逐流。我強烈渴望改變，成為我知道深藏在我心中的那個女生。我覺得自己最近覺醒了，迫切地需要做點什麼，以幫助我釐清人生究竟會通往何方，一個有意義的方向。但我該怎麼做呢，Sugar？我該從哪裡開始？我又該拿我虛擲二十幾歲前五年的深沉懊悔怎麼辦？我需要一張待辦事項清單！請告訴我在我這個既年輕又蒼老的年紀，應該要怎麼做，才能創造一個更有意義的人生。

二十五

親愛的二十五：

我二十五歲時的某個炎熱下午，在南達科他州貝爾福徹（Belle Fourche）的廉價旅館從夢中驚醒。我的朋友艾咪在我旁邊的床上午睡，而我坐起來時的動作如此急迫，使她也馬上睜開眼睛，坐起身來。

「我夢到我把頭髮剪掉了。」我告訴她，然後我們兩個放盡氣力地看著彼此。我們前一晚整夜都沒睡，從奧勒岡州波特蘭一路開車過來，準備回到我們住的明尼亞波利斯。

「我置物箱裡有把剪刀。」艾咪回答。

幾分鐘後，我便站在旅館浴室斑駁的鏡子前大力把頭髮剪掉。我一手抓著長長的金色辮子，另一手直接從頭皮處把辮子剪斷；比起剪頭髮，還比較像是在殺人，或是重生，也可能兩者皆是。我使命感堅決的程度和沒來由的程度不相上下，我完全不知道我為什麼要做我正在做的事，但我知道這嚇到我了，而且我必須這麼做，我**瘋狂相信著自己**。剪掉陪伴我渡過二十幾歲前五年的頭髮，因為我本能上覺得這是解放自己的唯一方法。而究竟是從什麼東西解放出來呢？我那時才正要開始釐清。

二十五歲就是這樣。妳從夢中醒來，妳受到召喚，去做某件即將改變人生的事，即便妳還不清楚那是什麼也沒關係，妳不需要知道。待辦事項清單上的第一件事不是要知道，而是「瘋狂相信自己」。不要背棄那股促使妳寫信給我的感受，就算這讓妳害怕、讓妳困惑也無所謂。**真的**有種東西叫作青年危機，而妳正身處其中，這是個天大的好消息，代表妳已經在做妳拜託我教妳做的事了。追隨自己的直覺，勇往直前吧。

妳說妳已經受夠隨波逐流了，但我鼓勵妳從另一個角度思考，並相信自己，繼續隨波逐流——不過是以截然不同的方式。比起讓日子把妳拖下讓妳感到茫然又滿心懊悔的往昔流水——沒有意義的工作、滑不完的社群媒體、花太多時間跟朋友鬼混和看《六人行》，妳應該讓自己漂下更有可能帶妳到達理想目的地的水道，漂下妳的好奇、妳的創意、妳的恐懼、妳的野心、妳的力量、妳的慾望、妳的夢想的水道吧。

拿本筆記本，找到空白頁，在最上方寫下「好奇」這個字，下一頁寫上「創意」，再下一頁寫「恐懼」；以此類推，一頁頁寫上「野心」、「力量」、「慾望」、「夢想」，以及其他妳想加上的字，接著回到起點，在每一頁填上妳自己專屬的清單。寫下所有妳好奇的事、所有妳想創造的事、妳害怕的事、妳覺得是妳力量來源的事——卯起來寫爆！直到妳用心中所有東西填滿所有空白頁面。

這才是「做點什麼」的起點，而不是在那怨嘆什麼都沒做；這也是妳開始想像的地方，想像妳要怎麼學習妳想說的語言、讀妳想讀的書、當志工改變世界、追尋妳的熱情。在心中描述後悔完全就只是懶惰，講的都是妳沒完成的事，而不是妳已經完成的事。糾結於懊悔只會讓妳裹足不前，最終溺斃於那條廢事水道。

跳脫困境的方法便是「原諒自己」，這也是妳待辦事項清單上的第二件事，親愛的。妳必須原諒自己，即便談到妳是怎麼浪擲二十幾歲至今的青春時，根本沒有什麼屁事需要原諒；妳必須原諒自己，就算妳還沒辦法一路抵達對自己（以為）的失敗和錯誤雲淡風輕之處。有時候，原諒一開始只不過就是把羞恥暫時丟到一旁而已，是下定決心不再讓它繼續阻擋在現在的妳和妳想成為的那個女孩之間。原諒是去理解妳稱為後悔的事物，其實可能是別的東西——恐懼、悲傷、扭曲——的慰藉，招架不住的後悔讓妳有藉口什麼都不做。原諒也是在我說「妳沒有浪費任何一天」時，瘋狂相信我。

妳對沒意義的工作、在社群媒體上浪費的時間、花太多時間和朋友鬼混、二刷《六人行》所感到的後悔，是帶妳來到此時此地的事物，是妳正從中醒來的夢。這些東西教妳的是漂過去，繼續往前，來到深水區，妳就會有機會「測試自己」——這是妳待辦事項清單上的第三件事。測試自己，代表拋下那些到目前為止讓妳感到安全或舒適的東西，至少拋下一陣子；我不知道為什麼我們不再以儀式性的方式測試自己——人們扔下了世界各地文化長久以來用來象徵轉大人的成年禮儀式，所以我們現在必須自己發明。

困難、單獨、風險，是所有成年禮儀式共通的三大要素；這是因為獨自、不受他人干擾地進行令我們害怕的困難挑戰，可以促使我們突破原先以為的能力極限，並拓展我們對自身勇氣、力量、耐受力的認知。這將鍛鍊我們，使我們脫胎換骨，成為未來的自己。

我是在太平洋屋脊步道（Pacific Crest Trail）的長途健行中測試自己的，啟程時距離在貝爾福徹剪掉髮辮大概過了九個月。我必須去做某件困難的事，這樣我才能了解我的力量；我必須去做某件可怕的事，這樣我才能找到我的勇氣；我必須孤身上路，這樣我才能發現真正的自我。我並不知道在二十六歲時做那些事會讓我的人生徹頭徹尾地改變，但我確實完成了那些我放在妳待辦事項清單中的事，二十五。我相信自己、原諒自己、決定測試自己，而這些事情引領我走上一趟改頭換面的旅程。

那麼，妳要怎麼創造自己的成年禮儀式呢？妳的旅程不需要和我或其他人的一樣，甚至不需要是一趟實際的旅程（不過實際的旅程蠻棒的就是了），妳測試自己的方式，可以是一連串妳在此時此刻做出的決定，從筆記本最上方寫著「恐懼」的那頁開始，會是個不錯的起點。如果把這一頁當成旅程的地圖會怎麼樣呢？如果漂下每一條令妳膽顫心驚的水道，如同在進行成年禮呢？

正是恐懼迫使我在二十五歲時剪掉頭髮，當時的我相信長髮是我的力量來源，也是其他人愛我、欣賞我的原因。而即便我害怕不再有人愛我或欣賞我，我仍意識到，承擔這個風險將會讓我學到我必須學到的事。後來，我和艾咪返回明尼亞波利斯的剩下路途都由我開車，抵達以後，我把像狗啃過的全新鮑伯頭染成深棕色，並等著看接下來會發生什麼事。我滿二十六歲，覺得既年輕又蒼老，並且再虛擲了一下我的人生。

但是我終於慢慢開始改變航道，二十五。我驚覺，如果一切都是真的，就像妳言簡意賅地所描述的——如果我的人生就是條死路，而原因正出在我身上——那麼我也會是唯一有能力改變這一切的人。沒有人可以代替我做，我必須自己來，轟轟烈烈大幹一場。而妳也一樣。

Sugar

我們才是那個堅實的東西

親愛的Sugar：

我應該寄生日卡給我媽嗎？我猜很多人會覺得這是哪門子問題，因為他們認為所有人都應該寄生日卡給自己的媽媽——可是我媽不一樣，她是個自戀狂，操控和虐待了我一輩子。五年前，我決定我的人生不再需要她了，雖然「需要」不算是一個正確的形容詞，我最深切的渴望是和我媽擁有美好的關係。但在無數次心理諮商、各種思索、多年的試圖改善之後，我的結論是，我如果要逃離她帶來的殘酷及混亂，唯一的方法就是切斷所有的聯繫，而我也照做了。

在解釋這個決定背後的理由時，我媽惡毒地朝我尖叫，並用各種骯髒不堪的詛咒威脅我。我不意外，因為她就是這樣。我哭了出來，但保持冷靜，祝她一切都好，然後說再見。從那之後我們就再也沒有聯絡了，而即便過程頗為痛苦，我也從不後悔我的選擇，然而，我依然必須持續去消化創傷和悲傷，因為她一輩子都這麼對待我。我不會詳述她做過、說過、沒有做過、沒有說過的所有事，但是在我告訴妳我和我媽斷絕關係，完全是因為正當理由時，麻煩妳相信我。

此外，我這麼做也不是為了懲罰她，雖然我確定她是這麼解讀的。我是要遠離她帶到我人生中的鬧劇、羞愧、困惑、哀傷，不用再面臨這一團亂實在是令人相當舒坦！我很感謝自己關上了我們之間的那扇門。

不過，我還是在這裡翻來覆去，思考這個愚蠢的問題。我想寄給她生日卡這個主意，很可能是因為我們今年的生日都別具意義才出現的。她就要過七十大壽，而一個月後，我也要滿四十歲了。幾年前，在我們少數共度的美好時光中，我們聊到要去夏威夷渡假，一起慶祝這次別具意義的生日，所以或許這就是我有這個想法的原因吧，但又不只如此。和上一次見到我媽時相比，我現在已經堅強非常多了，我心裡更自在、更開心、更舒適，一部分的我想要給她寫張生日卡，告訴她我過得很好，希望她也一樣，我是真心的；另一部分的我則害怕她會將這個舉動解讀成重回我人生的邀請，但並不是這樣的。

妳覺得怎麼樣呢，Sugar？妳覺得如果我暫時把我們之間緊閉的那扇門打開一條小縫，會前功盡棄嗎？成年子女和關係疏遠的父母間的說明書到哪去了呢？地圖又在哪呢？我兩樣都需要，Sugar，但如果妳手邊一樣都沒有，那請告訴我一個故事，能夠協助我弄懂在這個懸而未決的狀態下該如何自處。我媽雖然還活著，對我來說卻跟死了沒兩樣，謝謝。

疏遠的女兒

親愛的疏遠的女兒：

我爸上個月過世了，就在父親節兩天後。他獨居，起床時覺得胸悶，打了一一九，接著在護理人員抵達前便死於心臟病發。我的姐姐凱倫幾個小時後打來告訴我這個消息，我們沒有哭。我們說「哇」、我們說「嗯」、我們說「我不知道我該作何感想，因為我沒有任何感覺」，我們就這麼沉默著對坐了一段時間，讓這個令人無所適從的消息滲進我們的骨子裡。

我爸和兩名女子生下了五名子女，而我們因為他對我們及我們的母親造成的傷害，每個人都和他頗為疏遠。自從我六歲時父母分離以來，我和他的來往大概就僅限於一年會寄來幾封的信件，他在信裡寫說我媽是個婊子；我成年之後，他也會到我的臉書頁面留下相同的回覆。我一而再、再而三封鎖他，但就像斬草不除根、春風吹又生一樣，他總是會重新出現。最後一次見到他是我十五歲的時候，自那之後我只有和他通過兩次電話。他的死是個新聞，但感覺不像是什麼失去——我數十年前就已經為他哀悼過了。

我不能和我姐講太久電話，因為那天早上我預定要進行一場線上演講。我沖了澡、整理了頭髮，同時在浴室的鏡中看著自己，感覺靈魂出竅，彷彿某個人在台上演戲一樣。「我爸死了」，我扣襯衫時心想；「我爸死了」，我戴耳環時心想；「我爸死了」，我用廁所衛生紙抹抹口紅時心想——我媽以前在罕見的場合要塗口紅前也會先這麼做。

我爸死了，但我卻完全不難過——我難過的是我不難過。

我開始演講。我坐在書桌前，愉快地盯著電腦螢幕頂端的綠點，對身在舊金山、奧克蘭、東京，我永遠不會看見他們臉孔的聽眾說話，一邊有說有笑，彷彿什麼事也沒發生。有什麼事改變了嗎？我不確定，但在最初那幾個小時，我覺得沒有。是啊，我爸是死了，但是就像妳媽一樣，疏遠的女兒，他對我來說已經死掉好多年了，我已經把我能夠處理，和他有關的事都處理好了。我沒事，我**很好**，跟妳一樣；我心裡覺得自在、開心、舒適，因為我也和妳一樣狠下心來。我讓自己遠離某個會傷害我，而且也一直在傷害我的人；我的人生變得更好，而且和妳一樣，我並不後悔，一絲一毫都沒有。我的人生沒有我爸會更棒，因為我爸就是個毒瘤。

只不過，當我演講完，關上電腦，走過房間，來到鏡子前面，看看我是不是還像個在台上演戲的女演員時，我發覺我在發抖。顫抖來自身體深處，就像有顆微型炸彈在我最深處爆開。這是一陣幾乎無法察覺的爆炸，宣告我爸對我來說死了，和我爸死了，是兩件不一樣的事，以及因為不難過而難過，其實是超他媽的難過的事。

疏遠的女兒，這種悲傷是沒有說明書的，也沒有地圖，只有妳活過的故事、妳倖存的故事、妳為自己撰寫，也會持續寫下去的故事；是妳將近四十年來，用優雅、心碎、勇敢的方式面對這懸而未決的狀態的故事，以及即便很痛苦，妳也仍會繼續這麼下去的故事。妳並沒有得到多數人擁有，以及我們所有人理應擁有的東西——一名將妳視為她無價之寶的母親，但妳仍然活到四十歲了，而且內心還自在、開心、又舒適。不管妳有沒有寄生日卡給妳媽，都無法否定這點，親愛的女兒。

所以，相信妳的直覺吧！不要去想妳媽會有什麼反應，只是想想妳想做什麼。妳可以寫卡片給她，說完妳想說的話，但不拆開她回信的信封；妳也可以寫好卡片，但不要寄出；或是在腦中默默祝她生日快樂，然後將這些祝福呼到空氣中。妳也可以選擇根本不要想到她。

不管妳決定怎麼做，都要記住，在為關上妳們之間的那扇門所付出的巨大努力中，妳從中學到最重要的事情，便是門根本不存在。門只是個比喻，這樣我們才能假裝有什麼堅實的東西可以讓我們躲在後面，但實際上沒有，我們才是那個堅實的東西。親愛的女兒，門其實是妳、我、以及所有讀到這些文字會產生共鳴的人；那扇門是由我們的力量、我們的勇氣、我們的智慧、我們的堅決、我們的苦難、我們的凱旋砌成的。那些傷害我們的人，只有在我們允許時，才能踏進門內。讓這點成為指引妳的真相吧，讓這點成為妳的說明書吧，把這點當成會引領妳走向無價之寶的地圖。

二十幾歲時，我曾對自己許下承諾：我爸死時，一定要去參加他的葬禮。不是出於怨懟，而是要紀念我曾對他擁有的愛，那是我的嬰兒和童年時代，對他情不自禁、油然而生的愛。我想參加也是因為身為他的女兒，我失去了那麼多權利，而單是知道有一天我可以在他生命中奪回一席之地，就為我帶來慰藉；我會是死者家屬的一員，就算只是儀式性的也好。結果，我爸並沒有舉辦葬禮，他人生的尾聲並沒有什麼親近的人，所以沒必要辦，最後是我外甥接管了我爸的臉書帳號，並在上面貼了他簡短的死訊。

我姐跟我說我應該去看一下，她說有些來自遠房親戚的回覆，還有和我爸在那個我跟他出生的賓州小鎮一起上學的同學。於是我在臉書搜尋欄位輸入他的名字，但不管我怎麼拼都找不到他，到底是羅朗、朗、還是朗尼？接著我想起這是因為我封鎖他了，我解除封鎖，向他發送好友邀請，幾分鐘後他就接受了，雖然他已經死了。

我們最後終於聯繫上了，我爸和我，我們是**好友**。

心碎地獄

親愛的Sugar：

我女友離開我了，讓我的心都碎了，而妳的專欄要負很大的責任。她在讀完妳那篇〈住在其中的真相〉（見第三部）後，結束了我們的關係，並搬出我們的公寓；離開之前，還對我引用了妳的話。現在我是個心碎的男人，而且我覺得我女友結束我們的關係是鑄下大錯。

我們已經在一起將近五年，並規劃再一兩年就要結婚，我們也聊過之後會不會想要小孩。接著，幾個月前，她最好的朋友給了她妳的《我們害怕的，始終只有自己》當成三十歲生日禮物。之後的幾個禮拜，我注意到她越發疏遠，並對我們是不是「天生一對」或「靈魂伴侶」表達出疑慮，還問我會不會覺得我們「還太年輕，不應該這麼認真」。我已經三十一歲了。

我被這些對話搞得很心煩，但她又說她深愛我，她從來沒有這麼愛過一個人，所以我覺得頗為安心。我以為她這番靈魂探索是和她剛滿三十有關，結果她接著表示，她不確定我們結婚好不好。我跟她說這不急，但這是我第一次真切發覺她的抽離，我很害怕，擔心她想結束我們的關係。幾個禮拜後我的恐懼實現，她離開了。

她跟我分手沒有什麼特定的理由，她只說她覺得她是在做「對的事」，我逼她說更多時，她便引用了妳的話，表示：「想要離開這個理由就已經夠了。」她說她愛我，但她有疑慮已經超過一年了

（我相當驚訝），而就算很難，她現在已準備好回應自己的感受。她也告訴我，她相信世界上有更適合我們倆的人，我們繼續在一起，只是阻礙我們彼此找到那個人而已。

聽到這席話令人痛心疾首，因為我完全無法苟同；我相信我們是天生一對，我承認這聽起來很傲慢——畢竟她都說不是了，但在我們共度了這麼多年快樂時光後，我實在很難相信這件事是真的。一想到她跟別的男人在一起，就令我痛苦萬分，難以承受，我真的很擔心她做了錯誤的決定。

妳怎麼看，Sugar？萬一妳的專欄過度影響了她，並阻礙我們一同解決我們的問題呢？要是「想要離開這個理由就已經夠了」，讓她對連她自己都承認我們擁有過的美好事物視而不見呢？我不知道我要怎麼走過這段路，因為我根本不想要走過；我感到強烈的悲傷，當然，也很害怕。我害怕她會就這麼一走了之，不再回頭，我害怕沒有她我活不下去。我擔心這會是我擁有過最棒的愛，而這愛現在已經逝去，我也一樣。請幫幫我。

害怕的人

親愛的害怕的人：

我二十五歲時，曾和我的毒蟲男友一起短暫住在一個由四間集體公寓組成的龐克搖滾仙境，當時我也沉溺在毒癮樂園中。那四間公寓位在某間長期廢棄的藥房二樓，外面是條短短的L型走廊，奈德和艾莉絲住在一號公寓，克里斯和蜜雪兒住在二號，陶德和史蒂夫住在三號，喬和我則住在走廊末端的四號。我們所有人幾乎從來都不會關上各自公寓的大門，所以有種住在一間亂糟糟大房子裡的感覺。我們八個人都自由自在地從一個地方晃到另一個地方，聽音樂、吃通心麵、起司、蘋果、施打海洛因、爆吐、痛飲廉價的爛酒、玩拼字遊戲、瞎聊托拜亞斯・伍爾夫（Tobias Wolff）[*4]、貝爾・胡克斯（bell hooks）[*5]、跟我們去現場聽過的屌團。

這個龐克搖滾仙境中唯一的寵物是一隻狼蛛，牠的名字我已經想不太起來了，只記得是個會加深我對牠的警覺程度的糟糕名字，好像是叫毒液、惡魔、惡毒之類的吧。牠超大、毛超多、又自信滿滿，我都不敢接近牠的養殖箱半公分，更不要說碰箱子的玻璃了。只要我一到克里斯和蜜雪兒的公寓裡，目光就會死死盯著牠，謹慎觀察牠的一舉一動，只為確定牠離我遠遠的，乖乖待在牠的箱子裡。

結果有天牠不見了，某個人沒有好好關上養殖箱的上蓋，讓牠逃了出來；蜜雪兒用比實際發生的情況還更平淡的語氣告訴我這件事。毒液、惡魔、還是惡毒現在大概就跟我們任何人一樣，隨牠高興從一間公寓徘徊到另一間公寓，只不過牠不是漫無目的、嗑藥嗑到茫的X世代[*6]毒蟲，而是隻超巨又毛茸茸的蜘蛛，擁有他媽的天知道能做什麼的能力。

我不覺得我這輩子有這麼害怕過，我睡覺時會夢到牠，醒著的時候四處提防牠，擔心在每個轉角、我打開的抽屜、我盲目摸索的架子上，或是在漆黑的夜晚赤腳走路時會踩到牠。我躡手躡腳、地毯式搜索、四處檢查、步履蹣跚、猶豫不決、提心吊膽——問題不在於那隻狼蛛會在**哪裡**找到我，而是**什麼時候**。

害怕的人，很遺憾你心碎了，很遺憾你因為前女友決定結束你們的關係，而感到悲傷、迷惘、害怕。讀你的信時我也感到心痛，就像我收到過的許多封信一樣，來自那些深愛的人離開他們的人。你此時一定椎心刺骨，我要在此向你致上巨浪般的陌生愛意，即便我知道，巨浪般的陌生愛意也無法以任何方式抹除你的悲傷。如果我擁有超能力，而且可以自己選擇要哪種的話，那我會選擇可以透過文字抹去他人痛苦、恐懼、迷惘的能力——可惜我沒辦法。

只有你可以將自己破碎的心重新拼上，只有你可以找到沒有前女友還能往前看的方法，也只有你，可以打開你的心房再次去愛人，即便這讓你擔心受怕。

我能夠做的（也是我在每篇專欄文章中試圖做的），便是寫下這些文字，透過點亮我們心中最黑暗，我們深知最可怕的事物藏匿的角落，來讓每一個讀到的人，都能更清楚審視自己的處境。

害怕的人，這就是你前女友讀到我那篇專欄文章時發生的事。在那個我決定離開深愛男人的故事中，她看見了自己；她和你分手時，並不是遵照我的指示，而是在對你承認她早已知道的事。而她引用我的話，表示她因為想要離開而離開，也並非是在鸚鵡學舌，而是在告訴你真相。

你對你自己的感受、靈魂、內心所能做的最療癒的事，就是相信她；而且不只是要相信她，還要接受這個事實，並將其視為禮物，不是為了她，而是為了你自己。

害怕的人，此刻比你身處的「沒有她我活不下去」心碎地獄更糟糕的事，是和一個內心深處並不想和你在一起的伴侶共度餘生；是因為擔心這就是你所能得到或你應該得到的，而接受不情不願、打過折的愛；是永遠懸在疑慮之中，無法放心；是相信謊言能讓你安全，但其實危險就藏在真相中。

我擔心那隻狼蛛最終會找到我，真是大錯特錯。我再也沒有看過毒液、惡魔、或惡毒，雖然我常常想到牠，或者更精確來說，我想到的是當時的自己。那名年輕女子用各種方式讓自己置於如此高的風險之中，而那些風險和一隻又大、毛又多、跑掉的狼蛛一點關係也沒有。

而她得花多久時間才會看清，那一整段時間，她害怕的都是不對的事啊。

Sugar

真正的故事永遠都是最寬廣的

親愛的Sugar：

我因為我們國家選擇的醜陋發展而滿心絕望。我想成為為世界上帶來「改變」的人，卻懷疑自己是否有這麼做的潛力。我是個二十九歲的有色人種女性，而我這輩子第一次，不知道要怎麼對我們國家的未來抱持樂觀，我感覺到的只有憤怒、悲傷、恐懼，以及最重要的——絕望。

我想要為創造一個更好的世界貢獻一己之力，但有鑑於我們的國家變得如此對立，我不知道這究竟還有沒有可能。有可能嗎？我這麼努力為我認同的政治家競選，他們致力打造一個更平等、更正義的國家。以前我認為在政治領域工作是我的天職，因為我極度渴望幫助他人，並以正面的方式影響我的社群，但我或許錯了。你怎麼看，Sugar？我的絕望是不是代表我應該轉換跑道，找別的工作？如果最終無論如何都會是徒勞無功，那麼我們推動改變的努力，又有什麼意義呢？

絕望的人

親愛的絕望的人：

我能得到第一份真正的工作都要感謝雷根總統，或者更精確來說，要感謝的是他在一九八二年十月簽署立案的《就業培訓夥伴法》（Job Training Partnership Act），法案的目標之一便是透過提供全職暑期工作，協助經濟弱勢的青年。隔年六月，十四歲的我就受聘成為我就讀的公立學校的工友助理，學校位在明尼蘇達州北邊的小鎮麥奎格（McGregor）。

上班時間是週一到週五早上七點到下午三點半，工作內容則是在暑假期間「讓校園再度美麗」，或是盡量美麗啦，以便學生和教職員在即將到來的九月回來時，校園將會是最乾淨最棒的版本。整座校園包辦幼稚園到國中，裡面所有的地板、牆面、門、架子、檯子、書桌、椅子、桌子、廁所、櫃子都要擦洗、打磨、拋光，某些情況下還要彩繪及修理。

我們的團隊總共只有五個人：我、其他兩個經濟弱勢的青年珍妮佛和蘇珊、我們的老闆，灰髮斑斑的老菸槍迪克和賴瑞；他們離退休年齡不遠，是真正的正職全年工友。每天早上七點整，珍妮佛、蘇珊、和我都會在通常禁止進入的教師休息室裡磨損的沙發邊集合，等待迪克和賴瑞在他們鍋爐室的小窩喝完咖啡，來告訴我們今天要做什麼。

到了七點十五分，我們便會啟程，他們會派珍妮佛、蘇珊、和我來到巨大空蕩建築中的某個房間，並帶著我們為了完成任務配發的小型手動裝備：刮刀、油漆刷、一大疊砂紙、水桶、抹布，還裝有有毒物質，可以去掉馬克筆墨水的噴霧罐。一開始，像我們那樣一間一間處理很令人氣餒，似乎無法想像我們有辦法在夏天結束時讓校園恢復整潔，因為我們的工作中有很大一部分都相當瑣碎，成果也很短暫。包括把明年夏天又會黏上口香糖的椅子底下的口香糖刮起來，用砂紙把老舊木課桌上的「幹」磨掉——位置恰好就在之前的「幹」被磨掉的地方，而以後的「幹」也會有人來磨掉。我們完全無法逃避事實，不管我們把校園清得多乾淨多漂亮，也只是替所有人準備好，等他們回來再次弄亂而已。

絕望的人，我思索妳在絕望面前該如何自處的問題時，便想到那年夏天的勞動。我從那份工作中學會一個重要的事實，或許對妳有用：那就是妳每天的工作是有意義的，就算這個工作看似無用，就算這個工作沒有達成妳期待的成果，就算其他人試圖破壞妳的成果，也不會改變這點。

我對我們國家的狀態也頗為絕望，對集體的殘酷和漠視同樣作嘔及憤怒。我覺得妳信中的字字句句都說到我心坎裡了，但我同時也知道，妳現在感覺如此深切的絕望，並非妳應該放棄妳天職的跡象，而是告訴妳必須繼續堅持下去。在我看來，妳深刻的挫敗感，便是妳仍在奮鬥的證明。

幾個月前，我和某個朋友聊到，我對我寫的東西總是覺得非常痛苦，不只是那天寫的，也不只是那個禮拜寫的，而是幾乎每一天。我告訴她我每次寫作，都會覺得自己是個騙子，不管我從前想辦法完成過多少次，我都深深懷疑我能夠再次做到；或是即便我確實不知道以什麼方式做到了，成品還是會爛到炸，所有投注的時間都是虛擲，所有努力也都是個屁。她要我放心，告訴我我是錯的，還說她但願我沒有這麼覺得。聊完後，我出門散步，並更深入地思考了一下，我在想：「我是有什麼毛病，竟然對某件我顯然得到不少成就的事，擁有這麼沉重的挫敗感啊？」這似乎是我軟弱的跡象，也似乎是件我需要擺脫的事，否則我就永遠無法變成我想成為的那種作家。

但接著我出現另一個更真實的想法：假如我對我的寫作擁有這種感覺，和我的寫作能力其實並不衝突呢？如果這所有苦不堪言的感受，其實是我之所以能夠寫作的部分原因呢？搞不好這其實是優勢，而不是弱點呢？如果絕望其實是我的盟友，不是我的敵人呢？要是在寫作時圍繞我的負面感受，其實為我帶來了虛懷若谷和求知若渴的能力，讓我能夠為寫作付出所有，並相信只有在覺得寫作幾乎像要殺了我時，我才能寫好呢？

絕望的人，我在想妳會不會也是這樣。妳想為自身社群帶來正面影響的渴望，有多少是出於妳的絕望感？妳是如何透過妳的工作為他人帶來美麗和希望，並打擊醜陋的呢？妳的憤怒、悲傷、恐懼，又是如何在妳為世界帶來改變時，照亮前方的路途？妳該如何才能擁抱妳對自身工作的意義當中，那些比較不討人喜歡的感受，並將其視為動力，而非阻礙呢？

用更長遠的視角來檢視現況，可能會有所幫助。為了建立一個更平等、更正義的國家所進行的奮鬥，並不是最近才開始的，而且也不會太快結束。妳為正面的社會改革所做的所有努力，都是在延續先妳而來的無數人為了達成同樣的夢想所做的努力。絕望的人，而妳的努力，那些妳稱為「徒勞無功」的努力，也正屬於世世代代為社會改革貢獻的一部分，妳的努力會啟發他人一同加入這個志業。

如果妳正視這點，會為妳的觀點帶來什麼改變呢？妳對自身工作意義的絕望感，只有在妳相信最狹隘的故事版本時才會自給自足，不斷孳生，也就是那個假設妳對更大的善的貢獻，只能以一個結果衡量才算數的版本。但是並不是這樣的。妳也知道，社會改革並不是如此運作，而是和我那年夏天在學校時一樣——在知道「幹」仍會捲土重來的情況下，還是把「幹」給磨掉。

我們站在先賢的肩膀上，就算他們的任務失敗了依然如此；而就算我們的任務也失敗了，後進也仍然會站在我們的肩膀上。我們需要妳站在那裡，絕望的人，即便妳覺得自己軟弱，我們還是需要妳強壯的肩膀。妳工作的意義並非由誰輸誰贏衡量，而是以妳無數的善行所擁有的改變世界的力量來衡量。

真正的故事永遠都是最寬廣的版本，是那個起起伏伏，喜樂參半的版本，會回顧過去，也會著眼未來，是鋸齒線，而非直線，告訴我們即便看似不可能，仍然必須堅持下去，而妳手上拿著能夠使其再度美麗的工具，所以去吧！

Sugar

一帖良藥

親愛的Sugar：

如果妳的小孩去野外當背包客一個禮拜或更久的時間，妳會堅持要他們帶手機，並常常打給妳報平安嗎？

擔心的人

親愛的擔心的人：

我不會。但接著我會整天都迷失在擔憂之中，擔心他們是不是還好；我會想像他們坐在荒郊野外的河岸邊，看著閃閃發光的河水潺潺流過，思考著只有坐在荒郊野外的河岸邊，看著閃閃發光的河水潺潺流過才能思考的事，來讓自己放心，而我會超他媽的高興他們沒有帶手機去。

我會跟所有我認識的人宣傳：「我的小孩去野外當背包客，而且他們沒帶手機！」然後我會覺得自己變成那個我期待自己多數時候都是、實際上卻不是的超棒媽媽，因為我會知道這是正確之舉、勇敢之舉，讓他們養成自己的個性，而不是當直升機父母。

我不會要我的孩子去野外當背包客時帶著手機，因為我知道大自然是一帖良藥，而手機會把我們的靈魂吸乾，抵銷療效。也因為我知道，正是不帶手機出門，和一切都暫時斷線，我的孩子才能找到任何人和任何事都無法帶給他們的深度連結。不去要求我的孩子在深入野外時定期和我或他們的爸爸報平安，其實是在幫助他們成長、找到他們的優勢、並搞清楚自己是誰。

我不會要我的孩子帶著手機，接著我會躺在床上無法入眠，對自己生氣——為什麼不強迫他們帶手機呢？我會咒罵自己，幹嘛不堅持要他們不管身處多偏僻、多不方便、多危險的野外，都應該要打給我報平安，天知道他們會發生什麼事啊。

再來我會伸手拿我的手機，在我母愛爆棚的人生中，手機每一晚都會放在我頭上的床頭櫃，離我只有幾公分，然後我會上網google，是手機發明前比較多人死在野外，還是發明後，並在一個小時後把手機放下，躺在床上想著我漂亮又勇敢的孩子們。

我會用人們一直以來默默把他們的愛送過宇宙、直達深愛的人身邊的方式，默默把我的愛送過宇宙、到達我的孩子身邊。而我也會打從心底知道，他們平安收到了我的愛——如此我便會平靜下來。

Sugar

注釋

注1：Substack是一家創立於二〇一七年，總部位於美國加州舊金山的創業公司。其開發的平台，讓幾乎任何人都可以撰寫並發布新聞信息，設置訂閱功能，通過付費讀者獲得收入。

注2：一位普救會（Unitarian），透過一位論（Unitarian）與普救派（Universalist）合併，於西元一九六一年在美加成立的自由教派。

注3：待降節（Advent），為聖誕節前的一段預備期。待降節期從聖誕節前的四個主日（及星期天）開始，為期四週。

注4：托拜亞斯・伍爾夫（Tobias Wolff），美國長篇小說家。

注5：貝爾・胡克斯（bell hooks），本名葛勞瑞亞・珍・沃特金（Gloria Jean Watkins），是一位美國作家、教授、女權主義者和活動家。筆名bell hooks刻意使用小寫字母，一方面是把自己和祖母區分開來，一方面也為了讓人們把注意力放在作品而非個人身上。

注6：X世代通常是指欠缺身份認同、面對着前景不明朗、甚至惡劣的未來的一群青年。這個詞彙在一九六〇年代中到一九七〇年代中期被使用。

致謝

感謝史蒂夫・阿蒙德（Steve Almond），謝謝你對我的信任，以及我們之間的友誼。你數不盡的好，我會一直銘記於心。

感謝成千上萬寫信給我以及閱讀TheRumpus.net上《親愛的Sugar》專欄的人。沒有你們，就沒有這本書。

感謝以撒・費茲傑羅（Isaac Fitzgerald）、斯蒂芬・埃利特（Stephen Elliott）、茱莉・葛雷修斯（Julie Greicius）、安托妮雅・克雷恩（Antonia Crane）、艾莉莎・巴希斯特（Elissa Bassist）、南西・史密斯（Nancy Smith）、華特・格林（Walter Green），以及其他許多TheRumpus.net的同事們。謝謝你們的支持、你們的恣意、你們的才華橫溢，以及你們的愛。

感謝克莉絲汀・弗比斯（Kristen Forbes）——我可愛的杯子蛋糕——謝謝妳的幫助，也謝謝妳是一個這麼好的人。

感謝羅賓・戴塞（Robin Desser）、珍奈特・席爾威（Janet Silver）、羅素・派洛（Russell Perreault）、安潔莉娜・薇妮西雅（Angelina Venezia）、珍妮佛・寇迪拉（Jennifer Kurdyla），以及所

有任職於Knopt、Vintage及Zachary Shuster Harmsworth出版社的夥伴，是你們讓《我們害怕的，始終只是自己》有面世的機會。

感謝普拉雅（Playa），在完成本書的期間提供我住所。

感謝布萊恩・林德斯楚（Brian Lindstrom，也就是Sugar先生）以及芭比和卡佛・林德斯楚（Bobbi and Carver Lindstrom，也就是Sugar寶寶們）。想對你們致上謝意的理由難以勝數，但我最感謝的是，有你們這群如此真實而誠摯地愛著我的狠角色們。

最後，感謝我過世的母親：芭比・藍布列特（Bobbi Lambrecht）。史蒂夫・阿蒙德曾稱她為「原版的Sugar」——此言實是貼切至極。而她是對的！那件大衣，真的很襯我。

心靈養生 FJ2059X

我們害怕的，始終只是自己

雪兒．史翠德的人生相談室，為愛與生命而寫的62封真誠情書

TINY BEAUTIFUL THINGS: ADVICE ON LOVE AND LIFE FROM DEAR SUGAR

本書初版原名《暗黑中，望見最美麗的小事：接受不完好、活出自己的56道練習》

作者	雪兒．史翠德（Cheryl Strayed）
譯者	賈可笛、楊詠翔
責任編輯	沈沛緗（初版）、郭淳與（二版）
封面設計	吳佳璘
行銷業務	陳彩玉、林詩玟
發行人	凃玉雲
編輯總監	劉麗真
出版	臉譜出版 城邦文化事業股份有限公司 台北市中山區民生東路二段141號5樓 電話：886-2-25007696 傳真：886-2-25001952
發行	英屬蓋曼群島商家庭傳媒股份有限公司城邦分公司 台北市中山區民生東路141號11樓 客服專線：02-25007718；25007719 24小時傳真專線：02-25001990；25001991 服務時間：週一至週五上午09:30-12:00；下午13:30-17:00 劃撥帳號：19863813 戶名：書虫股份有限公司 讀者服務信箱：service@readingclub.com.tw 城邦網址：http://www.cite.com.tw
香港發行所	城邦（香港）出版集團有限公司 香港灣仔駱克道193號東超商業中心1樓 電話：852-25086231 傳真：852-25789337
新馬發行所	城邦（新、馬）出版集團 Cite（M）Sdn. Bhd.（458372U） 41, Jalan Radin Anum, Bandar Baru Sri Petaling, 57000 Kuala Lumpur, Malaysia. 電話：+6(03)-90563833 傳真：+6(03)-90576622 電子信箱：services@cite.my
一版一刷	2016年6月
二版一刷	2023年4月
ISBN	978-626-315-266-3
EISBN	978-626-315-288-5 (EPUB)

售價：450元

（本書如有缺頁、破損、倒裝，請寄回更換）

圖書館出版品預行編目資料

我們害怕的，始終只是自己：雪兒．史翠德的人生相談室，為愛與生命而寫的62封真誠情書／雪兒．史翠德（Cheryl Strayed）作；賈可笛，楊詠翔譯. -- 二版. -- 臺北市：臉譜出版：英屬蓋曼群島商家庭傳媒股份有限公司城邦分公司發行, 2023.04

面； 公分. --（心靈養生；FJ2059X）

譯自：Tiny beautiful things: advice on love and life from Dear Sugar

ISBN 978-626-315-266-3（平裝）

1. CST：生活指導

177.2 112001704

城邦讀書花園

www.cite.com.tw